AF472707

PRÉCIS,

OU

TABLEAU CHRONOLOGIQUE DES ÉVÉNEMENS ET DE LA LÉGISLATION DE LA RÉVOLUTION,

SUIVI

D'une *Classification* méthodique et par ordre de matières, des Lois civiles, criminelles, et de police, rendues depuis 1789 jusques et y compris les titres du Code civil, publiés en l'an XI.

PAR C.-G. HEULHARD-MONTIGNY,

Jurisconsulte-défenseur, membre de la Société académique des Sciences, de l'Athénée des Arts, etc.

A PARIS,

CHEZ RONDONNEAU, AU DÉPÔT DES LOIS,

Place du Carrousel.

AN XI. — 1803.

PRÉCIS,

OU

TABLEAU CHRONOLOGIQUE DES ÉVÉNEMENS ET DE LA LÉGISLATION DE LA RÉVOLUTION,

SUIVI

D'une *Classification* méthodique et par ordre de matières, des Lois civiles, criminelles, et de police, rendues depuis 1789 jusques et y compris les titres du Code civil, publiés en l'an XI.

PAR C.-G. HEULHARD-MONTIGNY,

Jurisconsulte-défenseur, membre de la Société académique des Sciences, de l'Athénée des Arts, etc.

A PARIS,

CHEZ RONDONNEAU, AU DÉPÔT DES LOIS,

Place du Carrousel.

AN XI. — 1803.

EXPOSITION.

ARRIVÉS, après douze années d'orages, de troubles et de révolutions, au terme des inquiétudes et des angoisses; rendus enfin au port du salut, il n'est pas possible, il serait inconséquent et quelquefois malheureux d'oublier tant d'événemens mémorables qui occuperont un jour une si grande place dans l'histoire de l'Europe. S'il en est beaucoup que, pour la tranquillité de l'ame et du cœur, l'on doive se féliciter d'avoir oublié, il en est aussi sur lesquels on reporte ses regards avec complaisance, ou qui rappellent des époques précieuses.

Essayer de lire tous les recueils, toutes les annales dans lesquels ils sont déjà consignés, serait une entreprise longue et pénible, même pour le petit nombre de ceux qui auraient le temps de s'y livrer. J'ai pensé que la plupart de ceux qui ont été témoins de la révolution, soit comme acteurs, soit comme observateurs, que l'ami de son pays, le politique et le philosophe, seraient satisfaits de trouver dans un cadre resserré, mais exact et véridique, l'analyse chronologique de faits importans, qui, chaque jour, échappent à leur mémoire. Ils sauront donc quelque gré à celui qui a eu la patience de se livrer a un travail de longue baleine, pour leur présenter un tableau de la révolution, dégagé de toutes réflexions capables de heurter ou d'aigrir les esprits; un tableau dans lequel chacun lira à sa manière, et d'après ses sensations personnelles.

Soit qu'on le considère comme un précis historique, soit qu'on n'y veuille voir que des matériaux pour l'histoire, il aura au moins l'avantage de paraître, par sa nature même, exempt de partialité ou de passion.

Sentant combien il était difficile de peindre une révolution toute récente, qui a blessé ou froissé tant d'individus ; combien il était difficile de faire, sur un sujet aussi délicat, un ouvrage qui pût être goûté, ou qui ne fût pas dangereux, et laissant à ceux qui se croyent assez éclairés ou assez impartiaux, le soin de donner à leurs contemporains l'explication des causes et des mobiles secrets de ces grands événemens, qui ne seront bien jugés qu'au tribunal de la postérité, je me suis borné à offrir, dans celui-ci, l'ensemble des faits et époques qui composent nos souvenirs. On y trouvera toutes les lois d'un grand intérêt, sur chacune des branches de l'administration publique ; on y remarquera les déclarations de guerre, les traités de paix et d'alliance ; en un mot, on lira dans les faits eux-mêmes, la succession des crises et de tous les changemens politiques survenus en France pendant cette étonnante période de 1789 à 1803.

Sous ce premier point de vue, mon travail peut convenir à tous ceux qui mettent quelqu'intérêt à la connaissance des détails relatifs à l'organisation sociale, qui aiment à trouver dans la comparaison du présent avec le passé, des motifs de se féliciter de vivre sous un gouvernement dont toutes les pensées se dirigent vers le bonheur des citoyens, dont tous les efforts tendent à la prospérité publique ; mais il a encore un but plus utile que celui de satisfaire la curiosité du lecteur ; il a été entrepris aussi dans l'intention de faciliter au jurisconsulte l'étude de la législation nouvelle.

Le considérant donc maintenant sous ce dernier rapport, nous dirons qu'il embrasse toutes les lois

ARTICLES OMIS.

Articles.	ERRATA ET OMISSIONS DANS QUELQUES ARTICLES.
1er...	PAGE 8, ligne antépénultième, au lieu de, *c.* 4, lisez : *g.* 4.
2....	Page 11, n°. 22, *a*, au lieu de ces mots : *appartient inclusivement*, lisez : *appartient exclusivement.*
3....	Page 29, n°. 98, *a*, après ces mots : *prend la route de Montmedi*, ajoutez : *Monsieur, parti également, arrive le 25 à Bruxelles, sans avoir été arrêté, et passe en Allemagne.*
4....	Page 46, n°. 42, au lieu des mots, *tribunaux militaires*, lisez : *tribunaux maritimes.*
5....	Page 69, n°. 42, au lieu des mots, *Mayenne-et-Loire*, lisez : *Maine-et-Loire.*
6....	Page 72, n°. 231, *b*, au lieu de la date, 16, lisez : 6 *avril.*
7....	Page 83, n°. 270, *b*, au lieu de, *Howe*, lisez : *Hood.*
8....	Page 87, n°. 289, *c*, au lieu de, *Kersaint, Manuel*, lisez : *Kersaint et Manuel.*
9....	Page 100, n°. 350, après les mots, *officiers publics*, ajoutez : *et aux moyens de se faire délivrer les papiers sous scellés.*
10....	Page 106, n°. 381, *a*, au lieu de, *Simon*, lisez : *Simond*, et après le mot *député*, ajoutez : *Gobel, ex-constituant et évêque de Paris, etc.*
11....	Page 112, n°. 415, *b*, au lieu, de *périt caché dans une carrière à Bourg-la-Reine*, lisez : *découvert dans les carrières de Clamart, et conduit à Bourg-la-Reine, s'empoisonne dans sa prison.*
12....	Page *idem*, n°. 415, *c*, au lieu de, *qui a précédé*, lisez : *qui précéda.*
13....	Page 119, n°. 438, au lieu de, *tirage*, lisez : *triage.*
14....	Page 139, n°. 494, *a*, au lieu de *Lauman*, lisez : *Lanneau.*
15....	Page 151, ligne 5, au lieu de, *e.* 3, lisez : *c.* 3.
16....	Page 158, au lieu de, n°. 661 (dans la colonne) lisez : n°. 561.

Articles.	*Errata et omissions dans quelques articles.*
17....	Page 159, n°. 568, au lieu de la date, 22, lisez : 27 *germinal.*
18....	Page 176, n°. 552, au lieu de, *Dunan Lavilleurnois*, lisez *Dunan, Lavilleurnois.*
19....	Page 186, au lieu de, *remplace Merlin au ministère de la justice*, lisez : *remplace François (de Neufchâteau) au ministère de l'intérieur.*
20....	Page 187, n°. 672, *c*, au lieu de, *remplace François (de Neufchâteau) au ministère de l'intérieur*, lisez : *remplace Merlin au ministère de la justice.*
21....	Page 188, n°. 676, au lieu de, *les deux tiers limitrophes*, lisez : *les deux lieues limitrophes.*
22....	Page 197, n°. 701, *a*, au lieu de, *Réunion des corps électoraux à Paris et dans plusieurs départemens. Ces, etc.* lisez : *Réunion des corps électoraux. A Paris et dans plusieurs départemens, ces, etc.*
23....	Page 197, placez le n°. 702 (de la colonne) et la date qui l'accompagne, en face des mots *Dispositions, etc.*
24....	Page 209, n°. 747, *c*, au lieu de, *Milet-Moreau*, lisez : *Milet-Mureau.*
25....	Pege 228, n°. 897, au lieu de la date, 23, lisez : 24 *ventose.*
26....	Page 243, n°. 815, *f*, au lieu de ces mots : *le ministre de l'intérieur présente au nom des Consuls, etc.* lisez : *le ministre de l'intérieur prononce le discours d'ouverture. Le* 2, *les conseillers d'état Regnier, Gouvion Saint-Cyr et Najac présentent au nom des Consuls, etc.*
27....	Page 255, n°. 841, *a*, au lieu de, *devront être embarqués et conduits*, lisez : *devront être embarquées et conduites, etc.*
28....	Page 357, n°. 841, *f*, après les mots *Voyez* 18 *germinal an* 10, ajoutez : *le pape, par son bref du* 15 *août* 1801, *demande à tous les évêques français, anciens et nouveaux, leur démission ; par suite, il destitue ceux qui la refusent, et confirme ceux que le premier Consul lui a désignés pour occuper les sièges épiscopaux nouvellement circonscrits. Voyez* 4 *prairial an* 10.

Articles.	*Articles totalement omis.*
29....	Page 305, chap. II, § 5, au lieu de, *traitement,* lisez : *indemnités.*
30....	Page 320, ligne 9, au lieu de, *missions de papier-monnaie*, lisez : *émissions de papier-monnaie.*
31....	*A la table alphabétique*, page 374 et à la fin de la 2e. colonne, après le nom d'*Aubry*, ajoutez : (*Ces quatre derniers n'ont été mis en arrestation qu'après le 13 vendémiaire an 4, et n'étaient pas inéligibles.*)

ARTICLES TOTALEMENT OMIS.

1791.

32.... 28 *Mars.* Les membres du club monarchique, assiégés dans le lieu de leurs séances, par un attroupement séditieux, sont obligés de se retirer.

33.... 25 *Août.* Entrevue du roi de Prusse et de l'Empereur avec M. d'Artois, au château de *Pilnitz* : ils y signent un traité pour concourir au rétablissement du roi de France dans toute son autorité.

34.... 25 *Septembre.* M. de Talleyrand présente à l'Assemblée un plan complet d'instruction publique, et propose plusieurs articles, comme urgens à décréter, entr'autres, l'organisation d'un *institut national* des sciences et des arts.

1792.

35.... 18 *Avril.* M. de Fleurieu, ci-devant intendant de la marine, est nommé par le roi, gouverneur du prince royal.

36.... 13 *Août.* Le roi et sa famille sont enfermés au Temple.

37.... 24 *Août.* M. Delaporte, ci-devant intendant de la marine, puis de la liste civile, et M. Durosoy, littérateur, accusés du crime de léze-nation, sont

Articles.	*Articles totalement omis.*
	condamnés à mort par le tribunal extraordinaire créé le 17, et exécutés place du carrousel.
38....	11 *Octobre*. La Convention nomme un comité pour travailler à une nouvelle constitution : les membres qui le composent, sont Sieyes, Thomas Payne, Brissot, Pétion, Vergniaud, Gensonné, Barrère, Danton et Condorcet.
	AN 2.
39....	18 *Frimaire*. Noël, député, est condamné à mort et exécuté.
	AN 10.
40....	24 *Fructidor*. Sénatus-consulte *organique*, portant réunion des départemens du Pô, de la Doire, de Marengo, de la Sesia, de la Stura et du Tanaro (formés du ci-devant Piémont) au territoire de la République française.
41....	27. Arrêté qui nomme le conseiller d'état Regnier, grand-juge et ministre de la justice. *Voy*. 6 nivose an 11.
42....	27. Arrêté portant qu'à dater du 1er. brumaire an 11, les départemens du Golo et du Liamone rentreront sous l'empire de la constitution.
43....	27. Les conseillers d'état Fourcroy et Boulay sont chargés, le premier de la direction de l'instruction publique, le second du contentieux des domaines nationaux.
44....	28. Suppression du ministère de la police, et réunion de ses attributions à celles du grand-juge.
45....	30. Arrêté qui règle le traitement fixe des greffiers des tribunaux de police dans les villes où il y a plusieurs justices de paix. (*Bull*. n°. 1988.)

civiles et criminelles, décrets et arrêtés rendus depuis 1789 jusqu'au Code civil. On sentira facilement les raisons qui ont déterminé à présenter dans un même cadre, des matières qui, au premier coup-d'œil, semblaient devoir être traitées séparément, si l'on veut considérer que les deux parties qui composent ce précis, sont, quoique distinctes, dans une dépendance réciproque, et se prêtent des avantages précieux : c'est en effet par le rapprochement d'une loi avec les circonstances qui l'ont précédée ou accompagnée, que l'on en découvre le véritable esprit, qu'on en trouve l'interprétation, et que l'on reconnait le motif et l'intention du législateur. Ainsi l'on voit paraître des lois plus ou moins sévères avant et après ces grandes catastrophes, qui laissent toujours après elles des traces profondes ; des lois qui portent un caractère de justice ou de partialité, selon que le législateur est plus ou moins alarmé, plus ou moins subjugué par l'ascendant de quelques hommes accoutumés à se rendre maîtres des délibérations, dans tous les instans critiques.

Pour donner à cette seconde partie, qui n'est pas la moins essentielle, toute l'utilité dont elle peut être susceptible, je me suis attaché avec soin, 1°. à élaguer toutes les lois d'intérêt local ou particulier, et en même temps à n'omettre aucune de celles, même d'ordre du jour, qui peuvent aider dans la solution d'une question de droit ou de procédure ; 2°. à indiquer à chacune des autres, les abrogations ou modifications qui les ont suivies ; 3°. à leur donner en général pour titre un sommaire analytique, assez clair et assez développé pour dispenser des recherches pénibles auxquelles l'on est presque toujours forcé, en consultant les tables ou répertoires ordinaires, faute d'une énonciation succincte de l'objet de la loi. Quelle idée, par exemple, peut fournir d'une loi un titre ainsi conçu : *loi sur les prêtres, loi sur les colonies, sur l'instruction publique, sur les domaines nationaux, etc?* Comment peut-il juger à travers la multitude de celles rendues sur la matière, laquelle est celle dont il a besoin? et si, pour s'en assurer, il faut qu'il parcoure les dispositions de toutes celles qui portent un titre analogue, que de temps perdu, que d'impatiences à éprouver! 4°. enfin, à faire un classement par ordre de matières, des seules lois rendues sur l'ordre judiciaire, civil et criminel, c'est-à-dire, de toutes celles dont l'application peut être invoquée devant les tribunaux.

Cet ouvrage peut donc être regardé comme le manuel de tous les jurisconsultes, qui, à l'aide de ce guide, pourront, promptement et facilement, trouver les lois qu'ils sont dans le cas de consulter. Ils n'auront pas à craindre d'omissions ni de fausses dates : toutes les vérifications que l'attention la plus scrupuleuse peut suggérer ont été faites, et l'on n'a pas regretté d'apporter toute la patience possible à un travail dont le premier mérite doit consister dans l'exactitude. Commencé depuis long temps, j'ai cru ne devoir le publier qu'à l'époque où paraîtrait le Code civil, qui devait être sur la partie la plus importante de notre législation, le terme nécessaire de toutes les lois transitoires ou de circonstances.

Si Linné et Tournefort ont pu classer des plantes dont le nombre est, pour ainsi dire, inépuisable et les nuances de l'une à l'autre imperceptibles; si le physicien est parvenu à mettre de l'ordre dans l'immense nomenclature des êtres compris dans le domaine des sciences naturelles, pourquoi le légiste n'essayerait-il pas aussi d'abréger l'étude des lois par l'application d'une méthode dans leur classification? Le nombre de celles à conserver dans un tableau de ce genre n'est pas aussi grand qu'on se l'imagine communément : il est d'ailleurs, en législation, des points de division déterminés par la nature des choses ; d'où il résulte que quelque méthode que l'on adopte, on ne risque jamais de se laisser entraîner par l'arbitraire ou par l'esprit de système.

Quoiqu'au 1er. prairial an 6, le député d'Arracq ait annoncé à la tribune que déjà la révolution avait donné naissance à vingt-deux mille deux cent soixante et onze lois ; quoique l'imagination s'étonne de la fécondité prodigieuse du législateur, quand on voit, dans les deux derniers mois de 1792 seulement, la Convention rendre près de trois cents décrets, l'on ne se laissera pas effrayer, si l'on veut réfléchir que dans ce déluge de lois qui ont, pour ainsi dire, inondé la France, il n'en est pas mille qui puissent être considérées comme ayant un rapport direct à l'étude de la jurisprudence. C'est beaucoup encore, j'en conviens, et le lecteur peut juger par cet apperçu si, pour fouiller dans ce chaos, il n'a pas fallu quelque courage et un vif desir d'être utile. Il suffira au surplus de jeter les yeux sur la classification qu'on en a faite par titres, chapitres et paragraphes, pour être frappé de la simplicité de la méthode qui a été adoptée.

Long-tems encore les lois de la révolution seront applicables aux transactions passées sous leur empire ; plus nous avancerons, plus cependant elles s'oublieront, et plus on les méconnaîtra. La difficulté de les appliquer sera plus grande encore pour ceux qui entrent dans la carrière du barreau, et qui, par conséquent, n'ont pu se familiariser avec elles. C'est donc rendre un service important à tous ceux qui s'occupent de la noble, mais longue étude de la jurisprudence, que de leur offrir, dans un ordre aussi clair que commode, les seules lois qu'il leur importe de connaître, et qui séparent l'ancienne législation du code nouveau, qui désormais va régir tous les intérêts et toutes les conventions. Ce travail économisera un temps précieux qu'ils consument à regret dans des recherches pénibles et souvent infructueuses.

Une introduction placée en tête de la classification par ordre de matières, explique les règles que l'on a suivies dans la division des titres ; de courtes notices précèdent les chapitres, répandent la clarté sur toutes les subdivisions, font connaître les motifs et l'objet des lois principales que chacune renferme, et, de leur ensemble, résulte l'esquisse historique de la législation civile et criminelle, depuis 1789 jusqu'à l'époque de la publication du Code civil.

AVIS.

IL est bon de remarquer, 1°. Que tous les décrets portent, dans ce tableau, la date du jour où ils ont été rendus ; que celle de la sanction se trouve ajoutée à la suite de chacun d'eux, pendant tout le temps que le roi a conservé le droit d'y apposer son *veto*, ou de leur donner son acceptation, qu'ainsi on n'en trouvera plus dans l'intervalle de sa suspension en 1791, ni après le 10 août 1792 ; que c'est aussi de cette dernière époque que les décrets, ayant par eux-mêmes force de loi, indépendamment de toute autre condition, commencent a être désignés sous le nom de *loi ;*

2°. Que l'on a cru ne devoir citer, comme recueil authentique des lois, que le Bulletin officiel, et l'indiquer, non par son numéro, mais par celui que porte la loi dans chacune des trois séries qui le composent (la 1re. série commence au 21 prairial an 2, la 2e. au 5 brumaire an 4, et la 3e. au 11 nivose an 8). Quant aux lois antérieures à l'an 2, on les trouvera, avec le seul secours de la date, soit dans l'édition du Louvre, soit dans la collection de Baudouin, soit dans le journal des Débats ou autres Recueils chronologiques ;

3°. Que pour faciliter la distinction des lois relatives à l'ordre judiciaire, civil et criminel, d'avec celles d'administration publique, qui ont paru assez remarquables pour être rapportées avec les faits et époques de la révolution, les premières sont rangées dans une colonne particulière et accompagnées d'un numéro d'ordre, destiné à les désigner dans la classification par ordre de matières, et que les autres, ainsi que toute la partie historique, se trouvent imprimées à deux tiers de page, de sorte qu'il ne sera jamais possible de confondre les unes avec les autres ;

4°. Que, dans la partie historique, il ne faut pas s'attendre à trouver, sans choix, tout ce qui s'est passé depuis 1789 jusqu'à prairial an 11, mais seulement ce qui est exclusivement relatif à la révolution ; il ne faut donc y chercher les noms de personnages jadis marquans ou célèbres, qu'autant qu'ayant joué un rôle quelconque dans les affaires publiques, la mention de leur existence ou de leur mort aura pu ajouter quelques traits propres à peindre les mœurs et l'esprit du peuple français ou de son gouvernement, à diverses époques.

D'après les mêmes principes, il ne sera parlé des états voisins qu'autant que certains événemens ou certaines circonstances qui les concernent, pourront servir à donner une connaissance plus exacte de leurs rapports politiques avec la France.

Il est nécessaire d'observer encore que *les lois, faits et époques remarquables* qui se trouvent dans l'intervalle d'un numéro à un autre, sont accompagnés d'une série de caractères italiques, au moyen desquels il a été facile de les indiquer dans la table alphabétique. Il a suffi de citer le numéro et la *lettre italique*, sous lesquels chaque article est rangé.

Enfin, les *errata et omissions* qui ont pu échapper, et qu'il était essentiel de réparer, sont renvoyés à la suite de la Table : on les trouvera sous la désignation générale d'*Articles omis.*

TABLEAU

TABLEAU

DES ÉVÉNEMENS DE LA RÉVOLUTION

ET

DE LA LÉGISLATION

CIVILE ET CRIMINELLE.

ASSEMBLÉE CONSTITUANTE.

Législation civile et criminelle.		*Faits, Époques et Lois remarquables.*
Nos.	Dates.	*MAI* 1789.
0		*a.* 4. Procession à Versailles pour l'ouverture des Etats-généraux.
		b. 5. Ouverture des Etats-généraux.
		c. 6. Le tiers-état se rend dans la salle générale, et les deux autres ordres dans des chambres particulières.
		d. 13. La noblesse refuse de se réunir au tiers-état pour faire en commun la vérification des pouvoirs. Le clergé également invité par le tiers-état propose de nommer des commissaires conciliateurs.
		e. 19. Le roi permet aux journaux de rendre compte des opérations des Etats-généraux.
		f. 20. Renonciation du clergé à ses priviléges pécuniaires.
		g. 22. La noblesse renonce comme le clergé à ses priviléges pécuniaires, et consent à être imposée à raison des biens qu'elle possède.

Législation civile et criminelle.		*Faits, Epoques et Lois remarquables.*
Nos.	Dates.	*JUIN* 1789.

h. 17. La chambre du tiers-état se constitue en assemblée nationale.

i. 19. La chambre du clergé vote pour la réunion des trois ordres.

k. 20. La salle de l'Assemblée nationale est fermée, les députés se rendent au jeu de paume et prononcent le serment de ne se dissoudre qu'après avoir donné une constitution à la France.

l. 23. Séance royale. Le roi casse les arrêtés du tiers-état, lui ordonne de se retirer et de se rendre le lendemain, ainsi que les deux autres ordres, dans des chambres séparées.

Le roi parti, le tiers-état prend un arrêté par lequel il déclare qu'il persiste dans ses précédens arrêtés et que la personne des députés est inviolable.

Apostrophe de Mirabeau à M. de Brezé, maître des cérémonies, qui voulut faire exécuter les ordres du roi : *vous qui n'avez ici*, lui dit-il, *ni place, ni voix, ni droit de parler, vous n'êtes pas fait pour nous rappeler le discours du roi ; allez dire à votre maître que nous sommes ici par la puissance du peuple, et qu'on ne nous en arrachera que par celle des bayonnettes.*

m. 24. L'Assemblée nationale recommence ses travaux ; la majorité des députés du clergé s'y réunit.

n. 25. Neuf ecclésiastiques et vingt-quatre membres de la noblesse se réunissent à l'Assemblée nationale.

o. 27. Réunion totale des trois ordres de l'État.

JUILLET.

p. 5. Les troupes allemandes approchent de toutes parts.

Législation civile et criminelle.		*Faits, Epoques et Lois remarquables.*
Nos.	Dates.	*JUILLET* 1789.
		q. 8. L'Assemblée décide à l'égard des mandats impératifs des députés, jusqu'à la révocation desquels on voulait qu'elle suspendît ses opérations, qu'il n'y a pas lieu à délibérer, et que son activité ne peut être suspendue par les protestations ou l'absence de quelques-uns de ses membres.
		r. 11. Renvoi et départ de M. Necker, contrôleur-général des finances, et premier ministre.
		s. 13. Arrêté pour demander au roi l'établissement des gardes bourgeoises, l'éloignement des troupes, et la responsabilité des ministres. Réponse négative du roi.
1	14.	Ordonnance du roi portant suppression des coups de plats de sabre dans ses troupes.
		a. 14. Le peuple de Paris s'insurge, enlève les armes déposées aux Invalides, brûle les barrières, et s'empare de la Bastille. M. de Launay gouverneur de cette forteresse est massacré sur les marches de l'Hôtel-de-ville. M. de Flesselles prévôt des marchands est tué d'un coup de pistolet.
		b. 15. Le roi se rend à l'Assemblée nationale et lui annonce le renvoi des troupes. Le peuple commence la démolition de la Bastille. Émigration des princes et autres personnes marquantes de la Cour.
		c. 16. Le roi promet aux commissaires de l'Assemblée nationale le rappel de M. Necker. M. Bailly est nommé maire de Paris, et M. de Lafayette commandant de la garde nationale parisienne.
		d. 17. Le roi se rend à Paris pour calmer les inquiétudes du peuple. M. Bailly le reçoit aux barrières; arrivé à l'Hôtel de ville, il lui présente une cocarde nationale; le roi l'accepte et retourne à Versailles, couvert des applaudissemens du peuple.

Législation civile et criminelle.		*Faits, Époques et Lois remarquables.*
Nos.	Dates.	*JUILLET* 1789.
		c. 22. M. Foulon intendant de la marine, agé de 75 ans, est saisi par le peuple en fureur, il est pendu à une lanterne au coin de la place de Grève; sa tête portée sur une pique est présentée à M. Bertier son gendre, intendant de Paris, qui lui-même est bientôt après massacré en sortant de l'Hôtel de ville. Son cœur, au bout d'un sabre, est porté en triomphe dans les rues.
		AOUT.
		f. 4. Séance célèbre de la nuit du 4 août, dans laquelle les élans patriotiques des membres de l'Assemblée nationale se confondant dans un seul et même sentiment, celui du bien public, sont suivis des plus généreux sacrifices de la part du clergé et de la noblesse, qui rivalisent de dévouement. L'Assemblée, en terminant cette séance mémorable, proclame Louis XVI *restaurateur de la liberté française*. *Voyez* 11 suivant.
2	11..	Décret portant rédaction des arrêtés pris le 4 août et jours suivans, par lesquels l'assemblée abolit le régime féodal, les justices seigneuriales, la vénalité des offices de judicature et de municipalité, etc. (*Sanctionné* le 3 novembre.)
		a. 11. Décret qui supprime la pluralité des bénéfices.
		b. 12. Arrêté de l'Assemblée nationale portant que chacun de ses membres aura une indemnité de 18 livres par jour.
		c. 20. Le préambule et les premiers articles de la déclaration des droits de l'homme sont décrétés.
		d. 23. La liberté des opinions religieuses est décrétée.

Législation civile et criminelle.		*Faits, Époques et Lois remarquables.*
Nos.	Dates.	*AOUT* 1789.
		c. 27. Décret concernant un emprunt national de 80 millions.
3	29.	Décret sur la libre circulation des subsistances. (*Sanctionné* le 3 novembre.)
		a. 30. Députation d'un rassemblement du Palais-royal, pour porter à l'Assemblée nationale un vœu contre l'adoption du *veto*. Le marquis de Saint-Huruge est à la tête ; la députation est improuvée par la municipalité de Paris ; Saint-Huruge et quelques autres sont arrêtés.
		b. 31. Ordonnance du roi qui supprime le régiment des gardes françaises.
		SEPTEMBRE.
		c. 9. L'Assemblée nationale se déclare permanente.
		d. 15. Décret sur l'inviolabilité du roi, sur l'indivisibilité et l'hérédité de la couronne.
4	18.	Décret sur la circulation des grains, qui prononce des peines contre l'inexécution de l'article XI de celui du 29 août. (*Sanctionné* le 5.)
		a. 23. Décret qui modère l'impôt de la gabelle ; et porte qu'à compter du 1er. octobre prochain, le sel ne sera plus payé que 6 sols la livre. *Voyez* 21 mars 1790.
		b. 25. Décret sur les contributions de 1789 et 1790 en général, et en particulier sur celles des ordres privilégiés.
5	28.	Décret qui supprime les droits de franc-fief et ordonne la cessation des poursuites y relatives.
		a. 28. Déclaration du roi concernant un emprunt de 80 millions. (*Sanctionné* le 5 novembre.)
		OCTOBRE.
		b. 1er. Fête donnée par les gardes du corps aux

Législation civile et criminelle.		*Faits, Époques et Lois remarquables.*
Nos.	Dates.	OCTOBRE 1789.
		officiers des troupes de ligne, dans laquelle, dit-on, la cocarde nationale fut foulée aux pieds dans l'égarement de l'ivresse.
6	2.	Décret sur le prêt à intérêt, et qui permet des stipulations dans les prêts à termes. (*Sanct.* le 12 octobre.)
		a. 5. Acceptation par le roi de la déclaration des droits de l'homme et des articles décrétés de la constitution.
		b. 5 au 6. Le peuple de Paris, excité par des conspirateurs et des esprits effervescens, se porte à Versailles, force les grilles et les portes du château et massacre plusieurs gardes du corps. La vie des membres de la famille royale est très-exposée. Le roi se rend à Paris dans la journée du 6, escorté d'un peuple immense et de ses gardes désarmés.
		c. 6. Décret portant qu'il sera levé une contribution patriotique sur le quart du revenu de toutes les propriétés. *Voyez* pour le mode de paiement le décret du 27 mars 1790.
		d. 7. Décret portant que les contributions seront réparties également sur toutes les fortunes.
7	9.	Décret sur la réformation de la procédure criminelle, l'abolition de la sélette et de la question, et l'adjonction de notables pour l'instruction des procédures criminelles. (*Sanct.* le 3 novembre.)
8	14.	Décret qui attribue au Châtelet de Paris la connaissance des crimes de lèze-nation. (*Sanct.* le 3 novembre.) *Voyez* 25 octobre 1790.
		a. 14. Exil de M. le duc d'Orléans. Il part pour l'Angleterre sous le prétexte d'une commission particulière dont il est chargé par le roi.
		b. 15. Décret qui abolit les costumes des députés et la distinction des places dans la salle de l'assemblée. *Voyez* 12 juillet 1792.

Législation civile et criminelle.		*Faits, Époques et Lois remarquables.*
Nos.	Dates	*OCTOBRE* 1789.
		a. 19. Première séance de l'Assemblée nationale à Paris. Elle siége à l'archevêché.
9	21.	Décret portant des mesures contre les attroupemens, et l'établissement de la loi martiale. (*Sanctionné* le 3 novembre.) *Voyez* 23 juin 1793.
		a. 21. Discours de M. le garde des sceaux à l'Assemblée nationale, sur la sanction et publication des lois.
		b. 26. Décret qui surseoit à toute convocation de provinces et d'états.
		c. 28. Décret qui suspend provisoirement les vœux monastiques.
		NOVEMBRE.
		d. 2. Décret qui met les biens du clergé à la disposition de la nation.
		e. 3. Décret qui proroge les vacances des parlemens.
10	5.	Décret sur la transcription et l'enregistrement des décrets de l'Assemblée nationale. (*Sanct.* le 6.) *Voyez* 9 juin suivant.
		a. 5. Décret portant qu'il n'y a plus de distinctions d'ordres de citoyens dans l'Etat.
11	9.	Décret sur la présentation, la sanction et la forme de promulgation des lois. (*Sanctionné* le 9.)
		a. 9. Première séance de l'Assemblée nationale en la salle du manége.
12	16.	Décret qui abolit les provisions de judicature, les droits de centième denier et de mutation. (*Sanctionné* le 29.)
		a. 22. La création des assignats est décrétée en principe.
		DÉCEMBRE.
		b. 11. Décret sur la conservation des bois et forêts.

Législation civile et criminelle.		*Faits, Epoques et Lois remarquables.*
Nos.	Dates.	*DÉCEMBRE* 1789.
13	14.	Décret contenant la constitution des municipalités et l'instruction de l'Assemblée nationale sur leur formation dans toute l'étendue du royaume. Ce décret défend *aux municipalités d'acquérir ou d'aliéner* sans la convocation du conseil-général et l'avis de l'administration départementale. (*Sanctionné* le 18.)
		a. 17. Arrêt du conseil relatif aux protestations du parlement de Metz contre le décret du 3.
		b. 19. Décret portant création de la caisse de l'extraordinaire et de *quatre cent millions d'assignats*, pour le remboursement desquels il sera vendu des biens du clergé. *V.* 14 mai suivant.
		c. 22. Décret sur l'administration des départemens et des districts, les assemblées primaires et administratives. *Voyez* 15 janvier suivant.
		d. 24. Décret qui admet les non-catholiques à toute fonction publique. L'Assemblée se réserve par le même décret de statuer sur le sort des juifs. *Voyez* 28 janvier suivant.
		e. 26. *Monsieur*, frère du Roi, va à l'Hôtel-de-Ville à l'occasion de M. *de Favras* arrêté la veille pour cause de conspiration. Monsieur prononce devant l'assemblée de la commune un discours tendant à se justifier des faits de complicité répandus sur son compte. *Voyez* 19 février suivant.
		f. 27. Lettres-patentes du roi pour prohiber la disposition de tous bénéfices à l'exception des cures.
		JANVIER 1790.
		c. 4. Décret qui invite le Roi à fixer lui-même la somme destinée à la liste civile. *Voyez* 9 juin suivant.

Législation civile et criminelle.		*Faits, Epoques et Lois remarquables.*
Nos.	Dates.	*JANVIER* 1790.
14	12.	Décret qui autorise tous juges ordinaires à informer de tous crimes, sauf le renvoi au Châtelet des crimes de lèze-nation. (*Sanctionné* le 16.)
		a. 15. Décret portant division de la France en 83 Départemens et leur nomenclature.
15	21.	Décret qui déclare que la confiscation des biens des condamnés ne pourra être prononcée en aucun cas, et que les peines étant personnelles la famille d'un condamné n'est pas flétrie. (*Santionné* le 25.) *Voyez* 11 mars 1793.
		a. 22. Décret qui ordonne la formation d'un comité de liquidation pour constater la dette publique.
		b. 22. Le journaliste Marat est décrété de prise de corps par l'Assemblée nationale.
		c. 28. Décret qui accorde aux juifs le droit de cité. *Voyez* 16 avril et 20 juillet suivans.
		FÉVRIER.
		d. 4. Le Roi se rend à l'Assemblée ; il prononce un discours sur la situation du royaume, il manifeste son amour pour la nation et contracte avec elle l'engagement d'aimer, de maintenir et de défendre la constitution. Les députés prononcent le serment civique.
		e. 13. Décret portant suppression des vœux monastiques.
		f. 19. M. de Favras, condamné par jugement du Châtelet de Paris, prononcé à minuit après une séance de onze heures, est pendu sur la place de Grève, à 8 heures du soir, à la lueur des torches.
16	20.	Décret portant que les religieux sortans de leurs maisons ne pourront recevoir par donation entre-vifs ou testamentaires que des pensions

Législation civile et criminelle.		*Faits, Epoques et Lois remarquables.*
Nos.	Dates.	*FÉVRIER* 1790.
		ou rentes viagères. (*Sanctionné* le 26 mars.) *Voyez* 19 mars.
17	23.	Décret contre les perturbateurs de la tranquillité publique. (*Sanctionné* le 26.)
18	24.	Décret portant abolition des droits féodaux honorifiques. *Voyez* 15 mars suivant.
		a. 26. Décret sur le remplacement de la gabelle en 1790. *Voyez* 21 mars suivant.
		MARS.
19	15.	Décret général sur la suppression et le rachat des droits féodaux; et portant entre autres dispositions, défense de créer à l'avenir des rentes foncières non rachetables, suppression des droits d'aînesse et de masculinité, sauf quelques exceptions. (*Sanctionné* le 28.) *Voyez* 15 mai suivant, 8 avril 1791, 25 août 1792, 4 janvier et 17 juillet 1793.
		a. 8. Décret qui déclare que les Colonies forment une partie de l'empire français, et les autorise à faire connaître leur vœu sur la constitution, la législation et l'administration qui leur conviennent.
		b. 16. Décret pour la mise en liberté des personnes détenues par lettres de cachet ou ordres arbitraires.
		c. 18. Décret portant que les biens du clergé seront vendus.
20	19.	Décret sur la capacité des religieux sortis du cloître, pour hériter à l'exclusion du fisc et disposer de leurs biens. (*Sanctionné* le 26.) *Voyez* 8 octobre, et 18 vendémiaire an 2.
		a. 21. Décret relatif à la suppression de la gabelle, à dater du 1er. avril prochain, et au mode de son remplacement.
21	23.	Décret qui détermine à quel tribunal sera porté

Législation civile et criminelle.		*Faits, Époques et Lois remarquables.*
Nos.	Dates.	*MARS* 1790.
		l'appel des jugemens de police rendus par les municipalités. (*Sanctionné* le 20 avril.)
22	24.	Décret qui suspend toutes les opérations relatives aux échanges des domaines de la couronne. *Voyez* 22 novembre 1790.
		a. 28. Décret concernant une instruction pour les assemblées coloniales. Un décret du 29 détermine les fonctions des commissaires du Roi pour la formation de ces assemblées.
		Le même jour, 28 mars, l'assemblée de Saint-Domingue rendait le décret par lequel elle déclare qu'*à elle seule appartient inclusivement* le droit de statuer sur son régime intérieur, et qu'en ce qui concerne ses rapports avec la métropole, le nouveau contrat doit être formé d'après le vœu et le consentement des parties contractantes; que le présent décret sera envoyé à l'acceptation de l'Assemblée nationale et du Roi.
		AVRIL.
		b. 3. Décret qui déclare libre à tous français le commerce au-delà du Cap de Bonne-Espérance.
		c. 9. Décret qui déclare les *dettes du clergé* dettes nationales.
		d. 13. Refus fait par l'Asssemblée d'adopter la proposition de déclarer que la religion catholique sera toujours la religion de l'État. *Voyez* 18 germinal an 10.
		e. 14. Décret sur l'entretien des ministres des autels.
		f. 16. Décret qui met les juifs sous la sauve-garde de la loi. *Voyez* 20 juillet suivant.
		g. 17. Décret sur le nombre, la forme et la fabrication des assignats, et le remplacement par ceux-ci des billets de la caisse d'escompte.
23	19.	Décret concernant l'abolition des droits de

Legislation civile et criminelle.		*Faits, Epoques et Lois remarquables.*
Nos.	Dates.	*AVRIL* 1790.
		ravage, fautrage, préage, etc. (*Sanctionné* le 25.)
		a. 19. Décret concernant les députés auxquels il n'a été accordé de pouvoirs que jusqu'à une époque déterminée.
24	22.	Nouvelle rédaction des décrets sur la réforme de la procédure criminelle, les fonctions des adjoints et le conseil de l'accusé. (*Sanctionné* le 25.)
25	23.	Décret portant défense de chasser sur le terrein d'autrui. (*Sanctionné* le 30.)
		a. 30. Décret qui fixe les conditions pour que les personnes nées hors du royaume exercent les droits de citoyens actifs.
		MAI.
26	3.	Décret général sur le principe, le mode et le taux du rachat des droits seigneuriaux déclarés rachetables par les articles I et II du décret du 15 mars 1790. (*Sanctionné* le 5.) *Voyez* 5 juillet.
		a. 8. Décret sur le titre des monnoies. *Voyez* 7 germinal an 11.
		b. 8. Décret relatif à l'établissement de nouvelles mesures, et qui invite l'académie des sciences à s'adjoindre des membres de la société royale de Londres. *Voyez* 1er. vendémiaire an 4.
		c. 9. Décret qui déclare les domaines de la couronne aliénables.
		d. 14. Décret concernant le mode d'aliénation des biens nationaux, leur vente aux municipalités et leur revente aux particuliers. *Voyez* 3 novembre suivant.
27	15.	Décret portant interprétation de articles XXX et XXXI du titre II du décret du 15 mars sur les droits féodaux. (*Sanctionné* le 26.)
28	17.	Décret portant que toute demande en retrait

Législation civile et criminelle.		*Faits, Epoques et Lois remarquables.*
Nos.	Dates.	*MAI* 1790.
		féodal ou censuel doit demeurer sans effet. (*Sanctionné* le 21.)
29	20.	Décret portant qu'il ne sera reçu sur les galères de France aucune personne condamnée par des jugemens étrangers. (*Sanctionné* le 27.)
		a. 21. Décret sur l'organisation de la municipalité de Paris.
		b. 22. Décret portant que le droit de guerre et de paix appartient à la nation.
		c. 30. Décret sur l'extinction de la mendicité et l'établissement d'ateliers de charité. *Voyez* 6 juin suivant.
		JUIN.
30	2.	Décret sur la punition et repression des brigandages, attroupemens et autres crimes commis particulièrement dans les départemens du Cher, de l'Allier, de la Nièvre et de la Corrèze. (*Sanctionné* le 3.)
		a. 3. Décret portant que chaque département ne formera qu'un seul diocèse. *Voyez* 18 germinal an 10.
		b. 6. Décret provisoire sur les mendians détenus, sur leur nourriture et l'emploi de leur travail.
		c. 8. Décret portant que l'aniversaire du 14 juillet sera célébré par une confédération générale et qui détermine le nombre de députés qui devra être envoyé par les gardes nationales et les troupes de lignes.
		d. 9. Le roi écrit à l'Assemblée et demande 25 millions pour sa liste civile : décrété sur-le-champ.
		e. 10. Décret qui fixe le douaire de la reine à 4 millions.
		f. 12. Décret qui oblige au service dans la garde nationale pour conserver les droits de citoyen actif.

Législation civile et criminelle.		*Faits, Epoques et Lois remarquables.*
Nos.	Dates.	*JUIN* 1790.
31	13.	Décret qui supprime différentes espèces de retraits. (*Sanctionné* le 18.) *a.* 15. Instruction de l'Assemblée sur les droits féodaux, invitation aux habitans des campagnes de payer ceux qui ne sont pas supprimés ou qui sont déclarés rachetables.
32	18.	Décret qui ordonne le paiement de la dîme pour l'année 1790 et celui des redevances foncières en nature non supprimées jusqu'au rachat. (*Sanctionné* le 23.) *a.* 19. Décret qui supprime la noblesse héréditaire, les titres de comte, marquis, etc. *b.* 19. Décret pour l'enlèvement des 4 figures enchaînées aux pieds de la statue de Louis XIV, place des Victoires. *c.* 20. Décret qui supprime les ordres de chevalerie, titres, livrées et armoiries. *d.* 20. Décret qui autorise les communes à reprendre leurs anciens noms. *e.* 26. Décret sur la constitution et l'organisation de l'armée navale. *f.* 26. Décret concernant la confection des rôles de supplément sur les ci-devant privilégiés, pour les six derniers mois de 1789.
		JUILLET.
33	3.	Décret additionnel à celui du 3 mai sur le rachat des droits féodaux. (*Sanctionné* le 26.)
34	9.	Décret portant suppression des offices de jurés-priseurs créés par l'édit de 1771. (*Sanctionné* le 26.) *Voyez* 21 du présent. *a.* 9. Décret relatif au commandement des gardes nationales, à la place du roi, à celle de l'Assemblée nationale et au serment du roi et des gardes nationales à la fête de la fédération.
35	10.	Décret qui ordonne que les biens des religion-

Législaton civile et criminelle.		*Faits, Epoques et Lois remarquables.*
Nos.	Dates.	*JUILLET* 1790.
		naires fugitifs seront remis à leurs héritiers. (*Sanctionné* le 18.) *Voyez* 9 decembre suivant.
		a. 12. Décret sur la constitution civile du clergé.
		b. 12. Décret qui déclare nationaux tous les biens des fondations.
		c. 14. Fédération générale au Champ-de-Mars, le roi et sa famille y assistent, l'Assemblée nationale les entoure et le président (M. de Bonnay) est assis à la droite du roi.
36	19.	Décret qui prononce l'abolition du retrait lignager, de demi-denier, d'escart et de plusieurs autres droits de même nature. (*Sanctionné* le 23.)
		a. 19. Décret qui régle l'uniforme de toutes les gardes nationales du royaume.
		b. 20. Décret qui prononce l'abolition du droit d'habitation, protection et tolérance perçu sur les juifs.
37	21.	Décret portant que les fonctions ci-devant attribuées aux jurés-priseurs, seront exercées à l'avenir par les notaires, greffiers ou huissiers ordinaires. (*Sanctionné* le 16.)
38	26.	Décret concernant les droits de voierie et de plantations d'arbres sur les chemins publics. (*Sanctionné* le 15 août.)
		a. 28. Décret qui établit les directoires de département et de district et qui détermine leurs fonctions.
39	31.	Décret qui mande à la barre le procureur du roi au Châtelet de Paris, pour lui ordonner de poursuivre les écrits excitans le peuple à l'insurrection.
		AOUT.
40	6.	Décret portant abolition du droit d'aubaine et de détraction. (*Sanctionné* le 18.) *Voyez* 13 avril 1791 et 17 ventose an 11.

Législation civile et criminelle.		*Faits, Époques et Lois remarquables.*
Nos.	Dates.	*AOUT* 1790.
41	16.	Décret concernant l'organisation judiciaire, les juges en matière civile, de police et de commerce; les juges de paix, bureaux de paix, tribunaux de famille, arbitrages, etc. (*Sanctionné* le 24.) *Voyez* 2 et 7 septembre suivant.
42	21.	Décret sur le code pénal de la marine et l'établissement des tribunaux militaires. (*Sanctionné* le 22.) *Voyez* 27 octobre suivant et 22 janvier 1791.
		a. 21. Décret qui condamne aux arrêts un député pour avoir manqué gravement de respect envers l'Assemblée.
		b. 25. Décret portant que les ecclésiastiques seront inéligibles aux fonctions judiciaires. *Voyez* 2 septembre suivant.
		c. 31. Troubles de Nancy, dévouement du jeune Desilles qui se précipite à la bouche d'un canon pour empêcher qu'on n'y mette le feu et que l'on ne fasse couler le sang français. Il tombe lui-même percé de balles.
		SEPTEMBRE.
43	2.	Décret qui fixe le traitement des juges de paix, des juges de district, etc. (*Sanctionné* le 7.)
44	2.	Décret faisant suite à celui du 16 août, sur l'organisation judiciaire, l'éligibilité et le costume des juges. (*Sanctionné* le 11.)
		a. 4. Démission de M. Necker.
45	7.	Décret sur la police et la sûreté des arsenaux, la forme des jugemens et la punition des forçats et autres particuliers atteints et convaincus de trahison et attentats. (*Sanctionné* le 9.)
46	7.	Décret additionnel sur l'organisation judiciaire, la suppression des parlemens et anciens tribunaux, la compétence des tribunaux et corps administratifs en matière de contribution et de

grande

Législation civile et criminelle.		*Faits, Epoques et Lois remarquables.*
Nos.	Dates.	*SEPTEMBRE* 1790.
		grande voierie, et l'établissement de chancellerie près les tribunaux de district. (*Sanctionné* le 11.)
		a. 15. Décret relatif à la discipline intérieure des corps militaires.
47	19.	Décret sur les formalités de nantissement vest et devest, les successions de biens féodaux ou censuels, et la révision des cantonnemens de bois communaux prononcés depuis moins de trente ans. (*Sanctionné* le 27.)
48	22.	Décret sur la compétence, l'organisation et la manière de procéder des tribunaux militaires. (*Sanctionné* le 29 octobre.)
		a. 29. Décret qui crée 800 millions d'assignats et fixe à 1200 millions le maximum des assignats qui pourront être mis en circulation. *Voyez* 19 juin 1791.
		OCTOBRE.
49	7.	Décret qui détermine l'administration de la grande voierie et qui défend de traduire les administrateurs devant les tribunaux pour raison de leurs fonctions, même sous prétexte d'incompétence, dont l'examen appartient au roi chef de l'administration publique. (*Sanctionné* le 14.)
50	8.	Dispositions sur les successions des religieux et curés réguliers, et sur la capacité accordée aux religieuses de recevoir des dons et pensions, de disposer des biens, meubles et immeubles qu'ils ont acquis depuis leur sortie du cloître, etc. article XXXI du titre Ier. et XXI du titre II du *décret* qui fixe le traitement des religieux et religieuses qui vivent séparément. (*Sanctionné* le 14.)
51	12.	Décret sur l'exercice des fonctions des tribunaux

Législation civile et criminelle.		*Faits, Époques et Lois remarquables.*
Nos.	Dates.	OCTOBRE 1790.
		de district en matière civile et criminelle. (*Sanctionné* le 19.)
		a. 13. Décret pour la continuation de l'instruction publique et la conservation de tous les monumens et objets qui y sont relatifs.
52	14.	Décret contenant réglement pour la procédure devant la justice de paix. (*Sanctionné* le 26.)
		a. 16. Décret sur l'emplacement des tribunaux et corps administratifs.
53	23.	Dispositions portant que les actes d'adjudication des domaines nationaux emporteront hypothèque, article XIV du titre II du *décret* sur la désignation des biens nationaux à vendre et sur leur administration ; l'art. XIII du titre III détermine le mode d'intenter les actions contre la nation. (*Sanctionné* le 5 novembre.)
		a. 25. Révocation de l'attribution donnée au Châtelet de Paris de juger les crimes de lèze-nation.
54	27.	Décret portant quelques modifications du code pénal de la marine. (*Sanct.* le 2 novembre.)
		NOVEMBRE.
55	2.	Décret portant que tous les décrets acceptés et sanctionnés par le roi, promulgués sous les divers titres de lettres patentes, proclamations du roi, déclarations, arrêtés du conseil ou tous autres, sont également lois du royaume, et qui détermine le mode d'acceptation, de promulgation et d'envoi des lois, etc. (*Sanctionné* le 5.)
		a. 3. Décret modificatif de ceux rendus sur la vente et le paiement du prix des biens nationaux.
56	4.	Dispositions portant peine de mort contre les fabricateurs de faux assignats, article VII du *décret* sur la fabrication des assignats. (*Sanctionné* le 10.)

Législation civile et criminell.		*Faits, Epoques et Lois remarquables.*
Nos.	Dates.	*NOVEMBRE* 1790.
		a. 9. Décret tendant à autoriser le sieur Brulé à ouvrir un canal depuis l'embouchure de la rivière d'Ourcq jusqu'à Paris. *Voyez* 29 floréal an 10.
57	14.	Décret qui régle les conditions auxquelles les tuteurs, curateurs, etc. pourront liquider les rachats de droits féodaux qui leur seront offerts. (*Sanctionné* le 19.)
		a. 14. Décret qui établit des receveurs de district à la place des anciens receveurs généraux des finances.
		b. 15. Décret relatif à l'élection, à la consécration des évêques et à la circonscription des paroisses.
		c. 18. Décret portant que les assignats seront stipulés au *porteur* et non à ordre, et que le roi commettra trente personnes pour les signer.
58	22.	Décret général sur la législation domaniale. (*Sanctionné* le 1er. décembre.) *Voyez* 27 août 1792.
		a. 23. Décret sur l'établissement d'une contribution foncière et en particulier sur celle de 1791.
		b. 25. Premier massacre des blancs par les nègres, au quartier Dondon, à St.-Domingue. *Voyez* 23 août 1791.
59	27.	Décret portant organisation du tribunal de cassation et qui régle sa compétence; qui supprime le conseil des parties et l'office de chancelier de France. (*Sanctionné* le 1er. décembre.)
		a. 27. Décret relatif au serment à prêter par les évêques, curés et autres fonctionnaires publics. *Voyez* 4 janvier 1791.
		b. 29. Décret portant que les seigneurs hauts-justiciers ne seront plus chargés du sort des enfans trouvés de leur territoire, et qui régle la manière dont il sera pourvu à leur subsistance. *Voyez* 27 frimaire an 5.

Législation civile et criminelle.		*Faits, Epoques et Lois remarquables.*
Nos.	Dates	DÉCEMBRE 1790.
60	1er.	Décret qui oblige les fermiers à payer aux propriétaires, à compter de 1791, la valeur de la dîme ecclésiastique ou inféodée. (*Sanctionné* le 12.)
61	1er.	Décret portant établissement d'un tribunal provisoire à Paris, pour juger les affaires criminelles seulement. (*Sanctionné* le 5.)
62	5.	Décret qui établit le droit d'enregistrement des actes civils et judiciaires et portant qu'à défaut d'enregistrement les actes notariés ne vaudront que comme des actes sous signature privée. (*Sanctionné* le 19.)
		a. 6. Décret qui organise la Caisse de l'Extraordinaire, créée le 21 décembre 1789. *Voyez* 4 janvier 1793.
63	9.	Décret sur les concessionnaires ou autres détenteurs des biens des religionnaires fugitifs. (*Sanctionné* le 15.) *Voyez* 20 septembre 1792.
64	15.	Décret portant suppression de la vénalité et de l'hérédité des offices ministériels ou de postulation près les tribunaux, et à l'établissement des avoués et huissiers. (*Sanctionné* le 20 mars 1791.
65	18.	Décret sur le rachat des rentes foncières, la défense d'en créer d'irrachetables, le remploi du remboursement que devront faire les tuteurs et les maris, etc. (*Sanctionné* le 29.) *Voyez* 15 septembre 1791.
		a. 20. Décret portant que les presbytères des cures dépendantes des ci-devant monastères, chapitres ou communautées seront distraits de la vente de ces biens.
		b. 26. Le roi envoye à l'Assemblée son acceptation du décret sur la constitution civile du clergé.
		c. 26. Décret concernant le desséchement des marais.
		d. 27. Cinquante-huit ecclésiastiques députés,

Législation civile et criminelle.		*Faits, Époques et Lois remarquables.*
Nos.	Dates.	*DÉCEMBRE* 1790.
		ayant le curé Grégoire à leur tête, prêtent le serment voulu par la constitution du clergé. Le cit. Grégoire prononce un discours dans lequel il expose les motifs de cette démarche.
66	30.	Décret qui assure la propriété aux auteurs de découvertes utiles. (*Sanctionné* le 7 janvier.) *Voyez* 14 mai 1791.
		JANVIER 1791.
		a. 1er. Décret qui détermine l'ordre du travail de l'Assemblée nationale.
		b. 4. Décret portant que le serment prescrit par le décret du 27 novembre dernier, sera prêté purement et simplement sans explication ni restriction.
67	13.	Décret concernant la propriété des ouvrages dramatiques et la liberté des théâtres. (*Sanctionné* le 19.) *Voyez* 19 juillet 1791.
		a. 13. Décret sur l'établissement d'une contribution mobiliaire, et en particulier sur celle de 1791, son assiette, recouvrement, etc.
		b. 16. Organisation de la ci-devant maréchaussée en gendarmerie nationale.
68	22.	Décret contenant des articles additionnels au code pénal de la marine.
69	27.	Décret sur les conservateurs des hypothèques et des insinuations. (*Sanctionné* le 4 février.)
		a. 27. Décret relatif au remplacement des ecclésiastiques fonctionnaires publics qui n'ont pas prêté le serment.
70	29.	Décret particulier à la ville de Paris, sur les scellés, partages, criées et ordonnances de référé (*Sanctionné* le 9 février.)
71	29.	Décret qui détermine ce qu'il convient de faire en cas d'absens intéressés à des inventaires, comptes et partages. (*Sanctionné* le 11 février.)

Législation civile et criminelle.		Faits, Époques et Lois remarquables.
Nos.	Dates.	**FÉVRIER** 1791.
		a. 1er. Décret relatif à l'envoi dans la colonie de Saint-Domingue, de trois commissaires civils pour y maintenir l'ordre et la tranquillité publique, et de deux autres dans la colonie de Cayenne et de la Guyanne française.
72	3.	Décret portant que les dispenses pour le mariage seront accordées gratuitement. (*Sanctionné* le 11.)
73	5.	Décret portant que les corps administratifs ne peuvent acquérir sans y être autorisés par le corps législatif. (*Sanctionné* le 18.) *Voyez* 17 novembre 1792.
74	7.	Décret général sur le nouveau timbre et sur son tarif. (*Sanctionné* le 18.) *Voyez* 5 floréal an 5.
		Nota. Le tarif a varié selon la *dépréciation du papier-monnoie*, on n'indique pas ces lois de circonstances.
75	8.	Dispositions sur la durée de l'action hypothécaire qui pourra être exercée sur les biens de la caution des receveurs de l'enregistrement, art. III du décret sur leur cautionnement. (*Sanctionné* le 18.)
		a. 8. Décret qui fixe le traitement des curés qui n'auraient pas prêté le serment.
		b. 10. Décret qui ordonne la vente des immeubles réels affectés à l'aquit des fondations de messe, etc.
76	11.	Décret sur le traitement et costume des juges du tribunal de Cassation. (*Sanctionné* le 18.) *Voyez* 3 brumaire an 4.
77	12.	Décret qui maintient l'ancienne forme de requêtes civiles, et ordonne qu'elles seront portées à l'un des sept tribunaux d'arrondissement. (*Sanctionné* le 18.) *Voyez* 19 août 1793.
		a. 16. Decret portant suppression de tous les droits d'aides, des maitrises et jurandes et qui établit les patentes. *Voyez* 1er. janvier 1793.

Législation civile et criminelle.		*Faits, Epoques et Lois remarquables.*
N°s.	Dates.	*FÉVRIER* 1791.
		b. 19. Décret portant suppression des droits d'octroi et d'entrée à dater du 1er. mai 1791. *Voyez* 1er. mai 1791.
		c. 19. Décret relatif aux haras et à la suppression, pour l'avenir, des dépenses faites à cet égard par le trésor public.
		d. 24. L'Assemblée déclare qu'aucune loi ne s'oppose au libre voyage de Mesdames tantes du roi, arrêtées à Arnay-le-Duc par ordre de la municipalité.
78	28.	Décret sur les règles d'obéissance à la loi et le respect dû aux juges. (*Sanctionné* le 17 avril.)
		a. 28. Journée dite des *chevaliers du poignard* de ce que beaucoup de chevaliers de St.-Louis furent découverts au château des Tuileries, armés de poignards, et chassés par la garde nationale.
		MARS.
		b. 2. Décret relatif à l'organisation du trésor public. *Voyez* 27 du présent.
		c. 2. Tarif général des droits qui seront perçus à l'entrée et à la sortie du royaume. *Voyez* 8 floréal an 11.
79	5.	Décret qui établit, à Orléans, un tribunal provisoire pour juger les crimes de lèze-nation. (*Sanctionné* le 30, *supprimé* le 20 septembre suivant.
80	6.	Décret relatif au nouvel ordre judiciaire, à la procédure devant les juges de paix et de district; frais d'avoués et au dépôt, aux greffes des tribunaux de district, de tous les registres des justices supprimées. (*Sanctionné* le 27.)
81	9.	Décret relatif aux adjudications d'immeubles et de baux judiciaires, en vertu de jugement des tribunaux de Paris. (*Sanctionné* le 15.)
82	13.	Décret relatif à l'établissement, à Paris, de six tribunaux criminels pour juger les procès

Législation civile et criminelle.		*Faits, Epoques et Lois remarquables.*
Nos.	Dates.	*MARS* 1791.
		existans avant le 25 janvier dernier. (*Sanct.* le 14.)
		a. 13. Décret sur les maisons où se retireront les religieux qui voudront vivre en commun.
		b. 15. Décret contenant des dispositions relatives à l'organisation des corps administratifs et à la manière de juger les contestations sur la validité des élections et la qualité de citoyen actif.
		c. 16 et 17. Décret relatif à la fixation des contributions foncières et mobiliaires. *Voyez* 30 du présent et 27 mai suivant.
		d. 20. Décret qui déclare la culture du tabac libre en France.
83	24.	Décret portant que les appels des jugemens de tribunaux de commerce seront provisoirement portés devant l'un des sept tribunaux auxquels ressortissent les tribunaux de district dans le ressort desquels ils sont situés. (*Sanctionné* le 30.)
		a. 26. Décret qui adopte le quart du méridien terrestre pour base du nouveau système de mesure.
		b. 27. Décret relatif à l'organisation du trésor public et portant que l'administration en sera confiée à 6 commissaires nommés par le roi.
84	30.	Décret portant que les qualités pour être président ou accusateur public près les tribunaux criminels, seront les mêmes que celles prescrites pour être juge des tribunaux de district. (*Sanctionné* le 17 avril.)
		a. 30. Décret additionnel à ceux des 16 et 17 sur la contribution mobiliaire.
		AVRIL.
		b. 2. Mort de *Mirabeau*, consternation générale à cette nouvelle. Les spectacles sont fermés, et

Législation civile et criminelle.		*Faits, Epoques et Lois remarquables.*
Nos.	Dates.	AVRIL 1791.
		l'Assemblée nationale arrête que tous ses membres assisteront à ses funérailles.
		c. 4. Décret portant que la nouvelle église de Sainte-Geneviève sera destinée à recevoir les cendres des grands hommes. Le même jour le corps de Mirabeau y est déposé, et son éloge est prononcée à Saint-Eustache par M. *Cerutti.* *V.* 5 frimaire an 2.
		d. 5. Décret qui maintient provisoirement jusqu'en janvier 1792, les rentes, dîmes, etc. dues aux hopitaux et maisons de charité.
		e. 7. Décret portant qu'aucun député ni membre du tribunal de Cassation ne pourra entrer aux ministère que quatre ans après la fin de la législature.
85	8.	Décret sur les successions *ab intestat*; l'abolition du droit d'aînesse, qui n'est conservé qu'en faveur des personnes mariées ou veuves ayant des enfans. (*Sanct.* le 15.) *Voyez* 4 janvier 1793.
		a. 9. Décret sur la nouvelle empreinte des monnoies.
86	13.	Décret qui prononce l'abolition de plusieurs droits seigneuriaux et qui détermine le mode de rachat de ceux conservés. (*Sanctionné* le 20.)
87	13.	Décret portant suppression du droit d'aubaine et de détraction, même dans les Colonies. (*Sanctionné* le 17.)
88	14.	Décret relatif à l'installation du tribunal de Cassation et à la suppression des avocats au conseil.
		a. 14. Décret portant que l'établissement formé pour la réunion de toutes les recettes et dépenses portera le nom de *Trésorerie.*
		b. 17. Le roi veut partir pour Saint-Cloud avec sa famille; la foule s'oppose à son passage; le roi ne voulant pas qu'on emploie la force contre la résistance qu'il éprouve, rentre aux Tuileries et se décide à différer son départ.
		c. 19. Le roi se rend à l'Assemblée et prononce

Législation civile et criminelle.		*Faits, Epoques et Lois remarquables.*
Nos.	Dates.	*AVRIL* 1791.
		un discours dans lequel il se plaint de la violence qu'on lui a faite le 17. Il déclare qu'il persiste à faire le voyage de Saint-Cloud. Réponse du président qui le remercie de sa confiance dans l'Assemblée. Le roi se retire au milieu des applaudissemens.
		Le lendemain le roi écrit au département que son voyage n'aura pas lieu.
		d. 21. Décret qui supprime les offices et commissions d'agens de change, de banque d'assurance, etc. et qui déclare ces fonctions libres à tous les citoyens. *Voyez* 28 ventose an 9.
		e. 23. Décret sur l'organisation de la régie des douanes nationales. *Voyez* 8 mai suivant.
		f. 23. Le roi fait notifier aux puissances étrangères son serment irrévocable de maintenir la constitution.
89	27.	Décret relatif aux affaires pendantes aux conseils des parties, des finances, des dépêches, etc. (*Sanctionné* le 6 juillet.)
90	28.	Décret relatif aux tribunaux établis dans les villes dans lesquelles l'ordonnance de 1667 n'a été ni publiée ni exécutée. (*Sanctionné* le 8 mai.)
		a. 28. Décret sur l'organisation de la marine, sur le mode d'admission et d'avancement. *Voyez* 18 juillet suivant.
		b. 30. Décret portant que les cendres de Voltaire seront portées au Panthéon. *Voyez* 11 juillet suivant.
		MAI.
		c. 1er. Les barrières s'ouvrent, on ne paye plus de droits d'entrée dans tout l'intérieur du royaume. *Voyez* 27 vendémiaire an 7.
		d. 1er. Décret sur la fabrication de la monnoie avec le métal des cloches.
		e. 8. Décret concernant l'établissement et l'or-

Législation civile et criminelle.		*Faits, Epoques et Lois remarquables.*
Nos.	Dates	*MAI* 1791.
		ganisation des régies de l'enregistrement du timbre et des domaines. *Voyez* 18 du présent.
91	10.	Décret relatif à la formation de la haute cour nationale. (*Sanctionné* le 15.)
		a. 13. Décret portant qu'aucune loi sur l'état des personnes non libres ne pourra être faite par le corps législatif, pour les Colonies, que sur la demande formelle des Assemblées coloniales. *Voyez* 15 du présent.
		b. 14. Décret portant qu'il sera délivré des brevets d'invention aux auteurs des découvertes utiles.
		c. 15. Décret portant que les gens de couleur des pères et mères libres seront admis dans les assemblées paroissiales et coloniales futures ; que l'Assemblée nationale ne décidera rien sur les gens de couleur nés de père et mère libres sans le vœu préalable des Colonies. *Voyez* 29 du présent.
		d. 16. Décret portant que les membres de l'Assemblée nationale ne pourront être réélus à la prochaine législature.
		e. 18. Décret sur l'organisation de la régie de l'enregistrement, timbre, hyothèques et domaines nationaux. *Voyez* 6 juillet et 14 août 1793.
		f. 21. Décret relatif à l'organisation des monnoies et à la surveillance et vérification du travail de la fabrication des espèces d'or et d'argent. *Voyez* 7 germinal an 11.
		g. 27. Décret relatif à la répartition, entre les départemens, des contributions foncière et mobiliaire pour 1791. *Voyez* 11 juin suivant.
		h. 28. Décret portant que les Tuileries et le Louvre seront destinés à l'habitation du roi et à la réunion de tous les monumens des sciences et des arts.
		i. 29. Exposé des motifs qui ont déterminé l'Assemblée nationale à rendre les décrets du 13 et

Législation civile et criminelle.		*Faits, Epoques et Lois remarquables.*
N°.	Dates	*MAI* 1791.
		du 15 sur les Colonies. *Voyez* 25 juin suivant.
92	30.	Décret sur les domaines congéables. *Voyez* celui du 7 juin *dans lequel celui-ci est compris.*
		JUIN.
93	5.	Décret relatif à la liberté de l'agriculture et qui défend de saisir et vendre pour dettes les ustencilles de labourage. (*Sanctionné* le 12.)
94	5.	Décret qui ôte au roi le droit de faire grâce. *Voyez* 16 thermidor an 10.
95	7.	Décret sur les domaines congéables et les droits successifs matrimoniaux y relatifs, et sur la liberté de faire à l'avenir tels baux qu'il plaira aux parties. (*Sanctionné* le 6 août.) *Voyez* 27 août 1792.
96	7.	Décret relatif à la retenue sur les intérêts et rentes en 1791. (*Sanctionné* le 10.) *Voyez*, pour les années subséquentes, les lois sur les contributions directes des 30 juillet 1792, 3 août 1793, 23 nivose an 3 et 3 frimaire an 7.
		a. 9. Décret portant que les brefs, rescrits, bulles; etc., provenant de la cour de Rome, seront réputés nuls s'ils n'ont été approuvés par le corps législatif et sanctionnés par le roi. *Voyez* 18 germinal an 10.
97	10.	Décret additionnel sur le timbre. (*Sanctionné* le 27.)
		a. 11. Décret sur le mode de répartition des contributions foncières et mobiliaires parmi les contribuables de chaque département.
		b. 11 et 13. Décret relatif au serment à prêter par les soldats et officiers de l'armée, et à une conscription libre de gardes nationales dans la proportion d'un sur vingt. *Voyez* 21 du présent.
		c. 14. Décret qui anéantit toute corporation et

Législation civile et criminelle.		*Faits, Epoques et Lois remarquables.*
Nos.	Dates.	*JUIN* 1791.
		défend toute assemblée de citoyens d'un même état ou d'une même profession.
		d. 18. Proclamation du roi pour la suppression des charges de sa maison et de celles de la reine.
		e. 19. Création nouvelle de six cents millions d'assignats. *Voyez* 30 pluviose an 4.
98	20.	Décret relatif à la marque distinctive des commissaires de police.
		a. 21. Le roi s'échappe de Paris, pendant la nuit; il part avec toute sa famille, muni de faux passeports, et prend la route de Montmédi.
		b. 21. Décret pour mettre la garde nationale en activité et qui règle la formation des compagnies et des bataillons. *Voyez* 14 mai 1792.
99	21.	Décret qui enjoint au ministre de la justice de sceller les décrets de l'Assemblée sans qu'il soit besoin de la sanction du roi.
		a. 22. Proclamation de l'Assemblée nationale aux Français, sur les circonstances dans lesquelles l'a placée la fuite du roi.
		b. 22. A neuf heures du soir, le président communique à l'assemblée nationale une lettre de la municipalité de Varennes, annonçant que le roi a été arrêté à Varennes le 21 au soir. Elle demande que l'assemblée lui prescrive la conduite qu'elle doit tenir.
		c. 23 L'Assemblée nationale envoye trois de ses membres, MM. Latour-Maubourg, Péthion et Barnave, à Varennes, pour accompagner le roi à son retour.
		d. 24. Décret portant que les gardes nationales seront incorporées dans les troupes de ligne selon le besoin.
		e. 25. Décret contenant des dispositions relatives à la sûreté du roi et la garde particulière de l'héritier présomptif de la couronne, à la

Législation civile et criminelle.		*Faits, Epoques et Lois remarquables.*
N°s.	Dates.	*JUIN* 1791.
		manière dont seront reçues les déclarations du roi et de la reine, à la continuation du scellement des décrets sans la sanction du roi, etc.
		MM. Tronchet, Duport et Dandré sont nommés commissaires de l'assemblée pour entendre les déclarations du roi et de la reine.
		f. 25. Décret et instruction sur le régime intérieur des Colonies et sur leurs relations avec la métropole.
		g. 25. Le roi est ramené à Paris, le peuple oblige les nombreux spectateurs qui bordent la route à rester la tête couverte.
		h. 28. Décret relatif à la nomination d'un Gouverneur pour l'héritier de la couronne.
		JUILLET.
		i. 4. Décret portant suppression de la chambre des comptes et établissement d'un bureau de comptabilité.
		k. 8. Décret sur la conservation des places de guerre et la démarcation des pouvoirs entre l'autorité civile et l'autorité militaire, entre les troupes de ligne et les gardes nationales, et sur la cessation de l'autorité civile pendant l'état de siège des villes, etc.
		l. 9. Décret qui oblige les émigrés à rentrer sous trois mois, sinon à payer une triple imposition. *Voyez* 9 novembre 1791.
		m. 10. Décret sur le secret et l'inviolabilité des lettres.
		n. 11. Les cendres de Voltaire sont portées en triomphe au Panthéon français, l'Assemblée nationale fait partie du cortège.
100	12.	Décret portant que les mines et minières sont à la disposition de la nation et ne pourront être exploitées sans son consentement, et qui détermine les obligations des concessionnaires

Législation civile et criminelle.		*Faits, Epoques et Lois remarquables.*
Nos.	Dates.	JUILLET 1791.
		par rapport à la nation et aux particuliers propriétaires de mines.
		a. 13. Décret concernant l'évaluation et la cotisation à la contribution foncière de bois, forêts et tourbières.
		b. 14. Fédération, au Champs-de-Mars, célébrée par les troupes et gardes nationales du département de Paris.
		c. 17. Attroupemens au Champs-de-Mars ; on y signe, sur l'autel de la patrie, une pétition tendante à obtenir de l'Assemblée nationale que la nation soit consultée sur la question de la déchéance du roi. La municipalité fait publier la loi martiale ; les séditieux ne se retirent pas, la garde fait feu, plusieurs personnes sont tuées.
101	18.	Décret contre les perturbateurs et les séditieux, et ceux qui insulteraient des fonctionnaires publics en fonctions ou conseilleraient la désobéissance à la loi.
102	19.	Décret sur la propriété des ouvrages dramatiques. *Voyez* 30 août 1792.
103	19.	Décret sur la police correctionnelle et municipale, et la distinction des délits qui sont du ressort de l'une et de l'autre.
104	23.	Décret concernant le remboursement à faire par la caisse de l'Extraordinaire, à ceux qui ont acquis du domaine ou des justices seigneuriales, des droits féodaux qui depuis ont été supprimés sans indemnités.
105	25.	Décret relatif à la poursuite et à la punition des délits contre la discipline militaire.
106	27.	Décret sur la réquisition et l'action de la force publique dans l'intérieur du royaume, et sur les attroupemens séditieux.
107	27.	Décret relatif à la déclaration à faire par les habitans de Paris, des noms et qualités des

Législation civile et criminelle.		*Faits, Epoques et Lois remarquables.*
Nos.	Dates.	*JUILLET* 1791.
		français et étrangers qui seront logés dans leurs maisons. *Voyez* 27 ventose an 4.
		a. 30. Décret qui supprime les corporations et ordres de chevalerie.
		b. 30. Décret sur les écoles de mathématiques et d'hydrographie de la marine.
		AOUT.
		c. 5. Décret portant convocation des assemblées électorales pour élire les membres du corps législatif. *Voyez* 19 septembre suivant.
		d. 5. Décret sur l'administration centrale des ponts et chaussées.
108	6.	Décret sur les douanes, la forme de procéder lors des saisies et procès-verbaux de contravention, etc.
109	9.	Décret sur la police de la navigation et des ports de commerce.
		a. 16. Décret sur l'organisation de la Trésorerie nationale.
110	18.	Décret portant que les pensions ou secours accordés par l'Assemblée nationale pourront être saisis jusqu'à la moitié de leur montant.
		a. 19. Décret qui fixe l'époque à laquelle les régisseurs de l'enregistrement commenceront la régie de tous les domaines nationaux corporels ou incorporels, et qui régle la manière dont cette régie sera exercée.
		b. 21. Décret relatif à la répartition de la contribution assignée à chaque département, district et municipalité, et aux demandes en réduction qui seront formées par les propriétaires, communes et districts.
		c. 22. Brevet pour l'établissement de la caisse d'épargne et de bienfaisance du Sieur Joachim Lafarge.
		d. 23. Une conjuration générale contre les blancs

éclate

Législaton civile et criminelle.		Faits, Epoques et Lois remarquables.
Nos.	Dates.	AOUT 1791.
		éclate parmi les nègres de Saint-Domingue, des flots de sang coulent, le fer et la flamme ravagent cette Colonie jadis si florissante.
111	27.	Décret sur les fonctions de l'agent de la Trésorerie, relativement aux poursuites judiciaires des créances actives de la nation et aux demandes et répétitions formées judiciairement contre la nation.
		a. 27. Décret qui décerne à Jean-Jacques Rousseau les honneurs du Panthéon.
		SEPTEMBRE.
112	3.	La Constitution est achevée, une députation de soixante membres de l'Assemblée nationale la présente au roi. *Voyez* le 13 du présent. Par l'article VII du titre II, le *mariage* n'est plus considéré que comme *contrat civil.*
113	5.	Décret qui abroge toutes clauses impératives ou prohibitives contraires aux mœurs dans les testamens.
114	8.	Décret qui enjoint, sous peine de nullité, aux notaires de faire mention de la déclaration des testateurs, s'ils savent ou ne savent pas signer.
115	9.	Décret qui détermine ce que les juges de la cour martiale auront à faire lorsque les jurés de jugement leur rapporteront que l'accusé est coupable mais excusable.
116	13.	Décret qui accorde six mois pour faire les déclarations de command ou élection d'ami. (*Sanctionné* le 16 octobre.)
		a. 13. Le roi écrit à l'Assemblée nationale qu'il accepte la Constitution.
		b. 13. Décret qui annulle toute procédure relative aux événemens de la révolution et au départ du roi. *Voyez* 4 brumaire an 4.
		c. 13. Décret qui défend à tous français de porter les marques distinctives des ordres supprimés,

Législation civile et criminelle. N°s.	Dates.	*Faits, Epoques et Lois remarquables.* SEPTEMBRE 1791.
		et ne conserve qu'au roi et au prince royal les décorations dont ils sont revêtus.
		d. 14. Décret portant qu'Avignon et le comtat Venaissin sont réunis au territoire français.
		e. 14. Le roi se rend dans le sein de l'Assemblée nationale pour signer la Constitution. Il jure de la maintenir et ne veut pas profiter de la faculté, qu'un décret lui avait donné, de se retirer où il voudrait, pour l'accepter plus librement.
117	15.	Décret additionnel à ceux rendus sur le rachat des droits ci-devant seigneuriaux. (*Sanctionné* le 9 octobre.)
118	15.	Décret sur le mode et le taux du rachat des droits ci-devant seigneuriaux dont sont grevés les biens possédés à titre de bail emphitéotique ou de rente foncière non perpétuelle. (*Sanctionné* le 16 octobre.)
		a. 15. Décret sur l'administration forestière et portant que chaque propriétaire est libre d'administrer ses bois et d'en disposer comme bon lui semble. *Voyez* 16 nivose an 9.
		b. 15. Décret pour la proclamation de la Constitution et pour que son achevement soit célébré par une fête. *Voyez* 18 du présent.
		c. Décret sur le mode d'admission aux écoles de génie.
119	16.	Décret concernant la police de sûreté, la justice criminelle et l'institution des jurés. (*Sanctionné* le 29.)
120	17.	Décret qui fixe l'époque et la durée des vacances pour les tribunaux. (*Sanctionné* le 23.)
		a. 17. Décret sur les encouragemens à accorder aux sciences et aux arts.
		b. 17. Décret relatif à la cessation des fonctions des chambres des comptes, à la reddition et présentation des comptes de deniers publics et

Législation civile et criminelle.		Faits, Epoques et Lois remarquables.
Nos.	Dates	SEPTEMBRE 1791.
		aux formes à suivre par les comptables pour les rendre.
		c. 18. Fête brillante pour la célébration de l'achevement de la Constitution, le roi fait les frais d'illuminations superbes au château des Tuileries ; il va même participer aux plaisirs des citoyens réunis aux Champs-Elisées.
		d. 19. Décret portant que l'Assemblée constituante se séparera le 30 du présent.
		e. 19. Décret qui fixe l'époque à laquelle s'assembleront chaque année les conseils de district et de département.
121	20.	Décret portant établissement de cours martiales dans divers ports, création de commissaires ordonateurs, grands juges militaires, commissaires auditeurs, etc., et qui détermine leurs fonctions dans les cours martiales. (*Sanctionné* le 12 octobre.)
		a. 20. Décret sur les écoles de concours pour la marine.
122	21.	Décret qui détermine les fonctions des commissaires de police. (*Sanctionné* le 29.) *Voyez* 1er. juin 1792.
123	21.	Décret relatif à l'établissement, dans la ville de Paris, de vingt-quatre officiers de police sous le nom d'officiers de paix, et qui détermine leurs fonctions. (*Sanctionné* le 29.) *Voyez* 25 germinal an 3.
124	21.	Décret portant que les citations devant les bureaux de paix de la ville de Paris, ne pourront être faites que par les huissiers des juges de paix. (*Sanctionné* le 13 octobre.)
125	21.	Décret relatif à la police municipale de la ville de Paris. (*Sanctionné* le 29.)
		a. 21. Décret qui supprime les lieutenances générales, lieutenances du roi et majorités.
		b. 21. Décret concernant une nouvelle administration de la marine et des ports.

3 *

Législation civile et criminelle.		*Faits, Epoques et Lois remarquables.*
Nos.	Dates.	*SEPTEMBRE* 1791.
		c. 24. Décret constitutionnel relatif au régime des Colonies, portant que les relations extérieures des Colonies seront réglées par la métropole exclusivement, et que les lois sur l'état des personnes de couleur et non libres seront faites par les assemblées coloniales, sauf la sanction du roi. *Voyez* 28 mars 1792.
		d. 24. Décret portant établissement dans chaque département d'un payeur général.
126	25.	Décret contenant le code pénal. (*Sanctionné* le 6 octobre.) *Voyez* 3 brumaire an 4.
127	26.	Dispositions portant désignation des choses qu'il n'est pas permis de saisir pour paiement des contributions, article XVI du *décret* sur la perception des contributions foncière et mobilière. (*Sanctionné* le 2 octobre.)
		a. 26. Décret portant que tous les établissemens d'instruction et d'éducation actuellement subsistans, continueront provisoirement d'exister. *Voyez* 15 septembre 1793.
128	27.	Décret portant défense à tous citoyens français de prendre dans aucun acte les titres et qualifications supprimées. (*Sanctionné* le 16 octobre.)
129	27.	Décret relatif à la peine de mort et à l'abolition de la marque, et qui accorde quinzaine au condamné pour se pourvoir en cassation. (*Sanctionné* le 30 décembre.) *Voyez* 23 floréal an 10.
		a. 27. Décret qui supprime les chambres de commerce.
		b. 27. Décret portant réunion des pays de Dombes et d'Henrichemont à la France.
		c. 28. Décret portant que tout homme de quelque couleur et religion qu'il soit, sera admissible en France à tous les droits que donne la Constitution, si toutefois il remplit les conditions qu'elle exige.

Législation civile et criminelle.		*Faits, Époques et Lois remarquables.*
Nos.	Dates	*SEPTEMBRE* 1791.
130	28.	Décret sur la police rurale, les biens et les usages ruraux. (*Sanctionné* le 6 octobre.)
131	29.	Décret sur la nouvelle organisation du notariat, le remboursement des offices de notaires et la création de notaires publics. (*Sanctionné* le 6 octobre.) *Voyez* 25 ventose an 11.
132	29.	Instruction sur la procédure criminelle. (*Sanctionné* le 21 octobre.)
133	29.	Décret additionnel à ceux rendus sur le droit d'enregistrement. (*Sanctionné* le 9 octobre.)
134	29.	Décret sur les propriétaires de redevances annuelles sujettes à la retenue du cinquième. (*Sanctionné* le 22 octobre.)
		a. 29. Décret sur l'organisation de la garde nationale.
		b. 29. Décret qui fixe pour l'année 1792, la contribution foncière à 240 millions, (même somme qu'en 1791), la contribution mobilière à 60 millions, (au lieu de 66 millions à laquelle elle avait été fixée en 1791), et qui en détermine la répartition entre les départemens.
135	30.	Décret sur la juridiction militaire, les délits et les peines militaires. (*Sanct.* le 19 décembre.)
136	30.	Décret d'amnistie pour les enfermés, bannis ou condamnés aux galères depuis 1788, pour émeutes ou révoltes. (*Sanctionné* le 18 janvier 1792.)
137	30.	Décret qui supprime la vénalité et l'hérédité des offices de receveurs de consignations et commissaires aux saisies réelles. (*Sanctionné* le 19 octobre.)
		a. 30. Décret relatif aux moyens de maintenir les clubs ou associations de citoyens dans de justes bornes.
		b. Décret sur l'organisation de la garde constitutionnelle du roi. *Voyez* 24 janvier 1791.
		c. 30. L'Assemblée nationale constituante déclare que sa mission est remplie et que ses séances sont terminées.

Législation civile et criminelle.		*Faits, Époques et Lois remarquables.*
Nos.	Dates.	

ASSEMBLÉE LÉGISLATIVE.

OCTOBRE 1791.

d. 1er. Première séance de l'Assemblée législative à la salle du Manége.

e. 4. Tous les membres de l'Assemblée législative prêtent le serment individuel et *solemnel* de maintenir la Constitution.

f. 5. L'Assemblée arrête que l'on ne donnera plus au roi le titre de *sire* ou de *majesté* et que sa place, fixée par la Constitution, au milieu de l'estrade du président, ayant le président à sa droite, sera disposée de manière que le roi se trouve sur la même ligne que le président de l'assemblée.

g. 6. *Ajournement* de l'arrêté de la veille sur le cérémonial dans les rapports de l'Assemblée législative avec le roi.

L'opinion publique se prononce fortement contre cet arrêté; il est, quelques jours après, entiérement rapporté.

h. 8. M. de la Fayette donne sa démission de commandant de la garde nationale parisienne et écrit aux citoyens soldats, une lettre dans laquelle il leur retrace leurs devoirs et les prémunit contre les suggestions de la malveillance.

i. 11. Les bataillons de la garde parisienne offrent à M. de la Fayette une épée à garde d'or, en reconnaissance de ses services.

k. 16. Lettre du roi aux princes, ses frères, pour les rappeler en France.

l. 26. L'Assemblée charge son comité de législation de rédiger une adresse aux citoyens et aux étrangers, pour les inviter à communiquer

Législation civile et criminelle.		*Faits, Époques et Lois remarquables.*
Nos.	Dates.	OCTOBRE 1791.
		leurs vues sur l'amélioration de la législation et la confection du code civil.
		m. 30 et 31. Décret et proclamation du roi pour requérir Louis-Stanislas Xavier, prince français, de rentrer dans l'intérieur du royaume. *Voyez* 9 novembre suivant et 2 janvier 1792.
		NOVEMBRE.
		n. 3. L'Assemblée charge son comité de législation de lui présenter un projet de décret pour faire constater, par des officiers civils, l'état des naissances, mariages et décès. *Voyez* 20 septembre 1792.
138	9.	Décret portant que les biens des émigrans et des princes sortis de France seront séquestrés, et qui prononce la peine de mort contre les émigrans rassemblés au-delà des frontières, s'ils ne rentrent avant le 1er. janvier. *Voyez* 27 juillet 1792.
		a. 12. *Veto* du roi sur le décret du 9 contre les émigrans.
		b. 12. Décret pour la formation et convocation de la haute cour nationale. *Voyez* 21 du présent.
		c. 14. M. Pétion est nommé maire de la ville de Paris.
		d. 14. Proclamation du roi concernant les émigrans.
		e. 21. Décret pour mettre la haute-cour nationale en activité à Orléans.
		f. 26. Le député Chabot entre chez le roi *le chapeau sur la tête.*
		g. 29. Décret portant que les prêtres qui n'ont pas prêté ou qui ont refusé le serment civique, seront obligés de le prêter dans la huitaine devant leur municipalité, sous peine de pri-

Législation civile et criminelle.		*Faits, Epoques et Lois remarquables.*
Nos.	Dates.	*NOVEMBRE* 1791.

vation de traitement et d'une surveillance spéciale. *Voyez* 11 et 19 décembre suivant.

h. 29. Message de l'Assemblée au roi, relativement aux rassemblemens d'émigrés.

DÉCEMBRE.

i. 11. Le directoire du département de la Seine invite le roi à ne pas accepter le décret du 29 novembre sur les prêtres.

k. 14. Le roi se rend à l'Assemblée et lui fait part des mesures qu'il a déjà prises et qu'il se propose de prendre contre les émigrans. L'Assemblée ordonne l'impression du discours du roi, et l'envoi aux départemens.

Le roi sorti, le ministre de la guerre communique à l'Assemblée les nominations que le roi a faites de MM. Lukner, Rochambeau et Lafayette, qui commanderont chacun une armée de 50,000 hommes.

l. 19. *Veto suspensif* du roi sur le décret du 29 novembre contre les prêtres. *Voyez* 19 juin 1792.

m. 28. Décret relatif à l'organisation, solde, armement et habilement des gardes nationales volontaires.

n. 29. Déclaration solemnelle de l'Assemblée, au sujet de la guerre. On y remarque cette phrase : *la nation française renonce à entreprendre aucune guerre dans la vue de faire des conquêtes, et n'emploiera jamais ses forces contre la liberté d'aucun peuple.*

Il est décrété que cette déclaration sera envoyée aux départemens et aux armées.

Députation de l'Assemblée législative au roi, pour lui présenter la déclaration dont elle vient d'ordonner la publication.

Législation civile et criminelle.		*Faits, Époques et Lois remarquables.*
Nos.	Dates.	*JANVIER* 1792.
139	2.	L'Assemblée déclare que l'an 4 de la liberté a commencé le 1er. janvier 1792, et décrète que tous les actes publics porteront dorénavant l'inscription de l'ère de la liberté. *V.* 22 septembre suivant.
		a. 2. Décret d'accusation contre *Monsieur* frère du roi, M. le comte d'Artois, M. le prince de Condé, M. de Calonne, M. le vicomte de Mirabeau et M. Delaqueuille.
		b. 4. Décret qui ordonne une fabrication d'assignats de 10, 15, 25 et 50 sols.
		c. 12. Décret portant que les frais funéraires de M. de Mirabeau seront acquittés par le trésor public.
140	18.	Décret qui charge le comité de législation de comprendre dans son plan général des lois civiles, celles relatives à l'adoption. *Voyez* 25 janvier et 2 février 1793.
		a. 18. Louis-Stanislas Xavier, prince français, est définitivement déclaré déchu de son droit à la régence.
		b. 25. Le Corps législatif invite le roi à déclarer à l'Empereur qu'à défaut par lui de donner à la nation française satisfaction sur divers griefs, son silence sera regardé comme une déclaration de guerre.
		c. 28. Lettre du roi à l'Assemblée dans laquelle il déclare inconstitutionnelle l'invitation qui lui a été portée le 25.
		FÉVRIER.
		d. 1er. Décret portant que toute personne qui voudra voyager dans l'intérieur du royaume, sera tenu de se munir d'un passeport.
		e. 8. Décret d'amnistie en faveur des sous-officiers et soldats de l'armée qui, ayant passé en

Législation civile et criminelle.		*Faits, Époques et Lois remarquables.*
Nos.	Dates.	*FÉVRIER* 1792.
		pays étranger avant le 1er. juin 1789, rentreront en France dans le courant de 1792.
		f. 8. Décret relatif à l'organisation du bureau de comptabilité.
		g. 9. Décret qui met les biens des émigrés sous la main de la nation. *Voyez* 30 mars suivant.
		h. 10. Décret portant que le commandement général de la garde nationale parisienne demeurera deux mois dans les mains de chaque chef de légion.
		i. 13. Formule de serment qui devra être prêté par la garde soldée du roi.
		k. 13. Lettre de la propre main du roi à la municipalité de Paris, pour démentir les bruits semés de son prochain départ.
		l. 13. Le Corps législatif établit près de lui un corps d'artillerie sous le nom de garde d'honneur.
		Quelques individus commencent à porter le bonnet rouge.
141	14.	Décret rélatif aux saisies et oppositions à former au trésor public. (*Sanctionné* le 19.) *Voyez* 30 mai 1793.
		a. 24. Pillage du sucre dans les magasins des épiciers à Paris.
142	25.	Décret relatif à la manière de poursuivre les fabricateurs et distributeurs de faux assignats et de fausse monnaie. (*Sanctionné* le 26.)
143	27.	Décret portant qu'il y a incompatibilité entre les fonctions de député et celle de juré. (*Sanct.* le 7 mars.)
		MARS.
		a. 1er. On répand à Paris un manifeste des émigrés, tendant à justifier leur cause et à faire envisager le roi comme captif.

Législation civile et criminelle.		*Faits, Époques et Lois remarquables.*
Nos.	Dates.	MARS 1792.
		b. 3. Le maire d'Etampes est assassiné dans une émeute, victime de son zéle à remplir ses fonctions. *Voyez* 3 juin suivant.
		c. 10. Décret d'accusation, sur la proposition de Brissot, prononcé contre le sieur Delessart, ministre des affaires étrangères. *Voyez* 9 septembre suivant.
		d. 16. Installation et revue de la nouvelle garde du roi. *Voyez* 30 mai.
		Discours du roi à la garde nationale et à sa maison militaire.
		e. 17. M. Dumourier est nommé ministre des affaires étrangères, et M. Lacoste ministre de la marine.
144	20.	Décret sur le mode de décolation des condamnés à mort ; adoption de la machine appelée *guillotine*, du nom de son inventeur, M. Guillotin médecin. (*Sanctionné* le 25.)
		a. 22. Décret qui oblige tous les employés à justifier de la prestation du serment civique. *Voyez* 15 août 1792.
		b. 24. Le roi appelle au ministère deux hommes du parti populaire, MM. Roland et Clavière, le premier est nommé ministre de l'intérieur, le second ministre des finances.
		c. 28. Décret portant que les hommes de couleur et les négres libres seront admis à voter dans toutes les assembleés paroissiales ; que les colonies émettront leur vœu sur la constitution qui leur convient et nommeront des députés à l'Assemblée nationale. *Voyez* 27 avril 1793.
145	30.	Dispositions qui déclarent nulles toutes aliénations de propriété ou d'usufruit, etc. faites par des émigrés. (Article II du *décret* sur l'administration des biens des émigrés, *sanct.* le 8 avril.)
		a. 31. Le roi dénonce à l'Assemblée un traité

Legislation civile et criminelle.		*Faits, Epoques et Lois remarquables.*
Nos.	Dates.	*MARS* 1792.
		conclu le 3 février 1792 entre les princes français et le prince de Hohenlohe.
		AVRIL.
146	1er.	Décret qui assujétit au timbre et à l'enregistrement les certificats d'emploi, les expéditions et extraits délivrés par le bureau de comptabilité. (*Sanctionné* le 4.)
		a. 6. Prohibition de tous les costumes des ecclésiastiques, religieux et religieuses, de quelques communautés et congrégations qu'ils soient.
147	10.	Décret relatif au jugement des procédures criminelles qui seront portées au tribunal de cassation. (*Sanctionné* le 15.)
		a. 15. Fête célébrée en l'honneur des soldats suisses de Chateauvieux, tués le 31 août 1790, dans les troubles de Nancy.
		b. 20. Déclaration de guerre au roi de Bohême et de Hongrie.
		c. 28. Suppression des pélerins et des péniteus de toutes couleurs.
		MAI.
		d. 1er. Décret sur l'organisation de l'artillerie et de l'infanterie de la marine.
		e. 3. Décret d'accusation contre les journalistes Marat, rédacteur de l'*Ami du peuple*, et Royou, rédacteur de l'*Ami du roi*.
148	12.	Décret sur la tenue des cours martiales, la forme des jugemens militaires en campagne, et la police correctionnelle militaire dans les armées. (*Sanctionné* le 16.)
149	13.	Décret qui abolit toute espèce de retrait.
		a. 14. Décret qui porte à 214 le nombre des bataillons à fournir par les gardes nationales départementales.

Législation civile et criminelle.		*Faits, Époques et Lois remarquables.*
Nos.	Dates.	MAI 1792.
150	17.	Décret qui détermine les cas où tout militaire sera réputé déserteur, et les peines qui seront prononcées contre lui. (*Sanctionné* le 23.)
		a. 26. Décret qui ordonne aux administrations départementales de prononcer la déportation d'un ecclésiastique non assermenté, lorsque vingt citoyens actifs du canton se réuniront pour la demander.
151	29.	Décret sur le nombre des jurés qu'un accusé peut récuser. (*Sanctionné* le 6 juin.)
		a. 30. Le roi se voit forcé par un décret de renvoyer sa nouvelle maison militaire, et de se livrer sans défense aux coups qu'on lui prépare.
		Le même jour décret d'accusation contre M. de Brissac, commandant de cette garde.
		b. 31. Le conseil général de la commune de Paris se déclare permanent.
		JUIN.
		c. 1er. Décret qui détermine la forme d'élection des commissaires de police.
		d. 3. Fête célébrée au Champ-de-Mars pour l'apothéose du maire d'Étampes, tué dans l'exercice de ses fonctions.
		e. 4. Le ministre de la guerre, *sans avoir consulté le roi*, propose à l'assemblée la formation d'un camp de 20,000 hommes près Paris.
		f. 8. Décret qui ordonne la formation d'un camp de 20,000 hommes près Paris.
		g. 10. Pétition signée de 8,000 citoyens, et présentée à l'assemblée législative et au roi contre l'établissement de ce camp. *Voyez* 19 du présent.
		h. 13. Le roi renvoie les ministres, Servan, Roland et Clavière, le premier, ministre de la guerre, le deuxième, de l'intérieur, et le

Législation civile et criminelle.		*Faits, Epoques et Lois remarquables.*
N^os.	Dates.	*JUIN* 1792.
		troisième, ministre des finances. *Voyez* 11 août suivant.
152	18.	Décret qui abolit sans indemnité tous les droits féodaux casuels et censuels et tous ceux qui en sont représentatifs, dérogeant par là aux articles Ier. et XI du titre III du décret du 15 mars 1790 et à toutes lois à ce relatives; et qui n'excepte que les droits qui seraient justifiés être le prix d'une concession de fonds. (*Sanctionné* le 6 juillet.) *Voyez* 25 août suivant.
		a. 19. Décret qui ordonne que tous les titres généalogiques qui se trouveront dans un dépôt public, quel qu'il soit, seront brûlés.
		b. 19. *Veto absolu* du roi sur le décret contre les prêtres et sur celui qui ordonne l'établissement d'un camp prés Paris.
		c. 20. Insurrection du peuple des faubourgs St.-Antoine et St.-Marceau; il se porte en foule aux Tuileries, innonde toutes les avenues, et pénètre jusques dans l'appartement du roi, dont il brise les portes et dans lequel on traine un canon par ordre de Santerre chef de cet attroupement. Le roi, pour complaire à la multitude, met sur sa tête un bonnet rouge qui lui est présenté. On lui demande la sanction des décrets sur les émigrans et les prêtres, il a le courage de ne pas céder à cette foule séditieuse, il promet seulement d'examiner le vœu qui lui est exprimé. Le même jour le roi donne des ordres pour que le jardin des Tuileries soit fermé au public. *Voyez* 26 juillet.
		d. 21. Lettre du roi à l'assemblée sur les événemens de la veille.
		e. 22. Proclamation du roi dans laquelle il déclare que jamais la violence ne lui arrachera

Législation civile et criminelle.		Faits, Époques et Lois remarquables.
Nos.	Dates.	JUIN 1792.

son consentement à ce qu'il croira contraire à l'intérêt public.

f. 28. M. de Lafayette se présente à la barre de l'Assemblée nationale; il déclare qu'il est l'organe de l'indignation de son armée à l'occasion de la journée du 20 juin, etc.

g. 30. L'effigie de M. de Lafayette est brûlée au Palais-Royal.

JUILLET.

h. 1er. Décret portant que les séances des corps administratifs seront publiques, sauf quelques cas particuliers.

i. 1er. Pétition appuyée de 20,000 signatures de citoyens de Paris, qui expriment à l'Assemblée leur improbation, et leur indignation contre ce qui s'est passé le 20 juin.

k. 4. Le roi écrit à l'assemblée pour lui exprimer le desir de se trouver avec elle à la fête de la fédération et d'y recevoir le serment des français qui se réunissent volontairement à leurs frères de Paris.

l. 5. Décret qui détermine les mesures de sûreté générale lorsque l'assemblée nationale a déclaré la patrie en danger. *Voyez* le 11 du présent.

m. 6. Arrêté du département de Paris qui, considérant que M. Pétion n'a pas fait son devoir pour empêcher les désordres du 20 juin, le suspend de ses fonctions. *Voyez* 11 et 13 du présent.

n. 6. Message du roi à l'Assemblée pour lui faire part des intentions hostiles du roi de Prusse contre la France, et l'inviter à prendre les mesures convenables.

o. 7. L'Assemblée nationale, sur la proposition de Lamourette, prononce d'enthousiasme et

Législation civile et criminelle.		*Faits, Époques et Lois remarquables.*
N^os.	Dates	*JUILLET* 1792.
		par un mouvement simultané, le serment de *ne jamais souffrir, ni par l'introduction du système républicain, ni par celui des deux chambres, aucune altération quelconque à la constitution.* Une députation de vingt-quatre membres porte au roi l'extrait du procès-verbal de l'Assemblée. Le roi avec tous ses ministres et la députation se rend à l'Assemblée ; il exprime sa satisfaction et son attendrissement, de voir l'union s'établir entre les deux premières autorités, pour la défense de la constitution. Il se retire au milieu des applaudissemens.
153	10.	Décret qui autorise les tribunaux de commerce a se nommer quatre suppléans. (*Sanctionné* le 16.)
		a. 10. Les ministres, fatigués des dénonciations continuelles dirigées contre eux dans le sein de l'assemblée nationale, donnent tous leur démission. *b.* 11. Le roi approuve la suspension de M. Pétion. *c.* 11. L'Assemblée déclare la patrie en danger. *d.* 12. Décret sur le costume que doivent porter les membres du Corps législatif et des administrations de département et de district, lorsqu'ils sont en fonctions. *Voyez* 3 brumaire an 4. *e.* 12. Décret qui règle le cérémonial qui aura lieu à la fête de la fédération relativement au roi et à l'assemblée, et qui porte que le roi sera placé à la gauche du président et sur la même ligne. *f.* 13. L'Assemblée nationale lève la suspension du maire de Paris. *g.* 14. Fête de la Fédération. Le roi y assiste avec toute sa famille ; il *y est insulté.* Par tout

l'on

Législation civile et criminelle.		Faits, Epoques et Lois remarquables.
Nos.	Dates.	JUILLET 1792.

l'on voit écrit avec de la craie sur les chapeaux de la multitude : *vive Petion.*

h. 17. Décret qui ordonne que les deux tiers des gardes suisses partiront pour la frontière.

i. 19. Décret qui ordonne la vente des palais des évêques, et accorde à ceux-ci un supplément de traitement pour leur tenir lieu de logement.

k. 24. L'Assemblée voyant que le jardin des Tuileries reste fermé, décrète que la terrasse des Feuillans fait partie de l'enceinte de la salle de ses délibérations et qu'elle est sous la police du corps législatif.

On place un cordeau le long de cette terrasse pour faire distinguer la ligne de démarcation d'avec le reste du jardin dont la jouissance est interdite au public.

l. 25. Les sections de Paris se déclarent en permanence.

m. 26. Discours de Brissot au sujet des propositions faites de déclarer la déchéance du roi. Il fait adopter en principe que la commission extraordinaire est chargée d examiner, 1°. quels sont les actes qui peuvent faire encourir la déchéance ; 2°. si le roi s'en est rendu coupable ; 3°. à faire une adresse au peuple pour le prémunir contre les mesures impolitiques et inconstitutionnelles qu'on pourrait lui suggérer.

n. 27. Décret qui ordonne la confiscation et la vente des biens des émigrés au profit de la nation. *Voyez* 14 août suivant.

o. 30. Arrivée d'un bataillon de Marseillais à Paris : ils proscrivent les cocardes de rubans ; ils inspirent déjà la terreur par leurs violences ; M. Duhamel expire sous leurs coups dans une rixe qu'il eut avec quelques-uns d'entre eux, aux Champs-Elisées.

Législation civile et criminelle.		Faits, Epoques et Lois remarquables.
Nos.	Dates.	*AOUT* 1792.

p. 2. L'Assemblée nationale décrète que les cocardes peuvent être de toutes sortes d'étoffes, pourvu qu'elles soient aux trois couleurs.

q. 3. Pétition présentée à l'Assemblée par M. Pétion, au nom des sections de Paris, pour obtenir la déchéance du roi.

Plusieurs sections désavouent cette pétition.

r. 8. Décret portant qu'il n'y a pas lieu à accusation contre M. de la Fayette. *Voyez* 19 du présent.

s. 9. La section du Théâtre français (sur laquelle est caserné le bataillon des Marseillais) et celle des Gravilliers déclarent *qu'elles ne reconnaissent plus d'autorité constituée.*

De prétendus commissaires des sections se constituent *conseil général de la commune*, et organisent l'insurrection.

Les Marseillais se joignent aux citoyens des faubourgs, qui s'arment et se rassemblent, sollicités par les émissaires de la commune.

M. Mandat, commandant de la garde nationale dispose tout aux Tuileries pour mettre l'habitation du roi à l'abri de la violence. Il est appelé à la commune, et en y arrivant est massacré sur les marches de l'Hôtel-de-ville. Santerre est nommé à sa place.

La multitude s'avance avec des canons et veut pénétrer aux Tuileries, dont les avenues sont gardées. Dans la nuit du 9 au 10, le canon est tiré, grand nombre de citoyens et de soldats sont tués, le château est assiégé de toutes parts. Le roi se réfugie avec sa famille dans le sein de l'Assemblée nationale; le massacre continue, le château est forcé, le peuple y pénètre de toutes parts, immole tous les suisses, qui ne peuvent s'échapper, et demande à grand cris la déchéance du roi.

t. 10. L'Assemblée nationale décrète, 1°. la

Législation civile et criminelle.		Faits, Epoques et Lois remarquables.
Nos.	Dates.	AOUT 1792.
		convocation d'une Convention nationale ; 2°. la suspension provisoire du roi, jusqu'à ce que la Convention ait prononcé ; 3°. la réorganisation du ministère sous le nom de *conseil exécutif provisoire* ; 4°. que le roi et sa famille seront gardés en ôtage.
154	10.	Loi portant que *tous les décrets rendus jusqu'à ce jour auront force de loi, quoique non revêtus de la sanction du roi, qu'il en sera de même de ceux qui seront désormais rendus,* qu'ils seront tous scellés par le ministre de la justice.
		a. 10. L'Assemblée arrête qu'elle restera en permanence.
		b. 11. Les ministres Servan, Roland et Clavière sont rappelés au ministère ; Danton est nommé au ministère de la justice, Lebrun à celui des affaires étrangères, et Monge à celui de la marine.
		c. 11. L'Assemblée nationale accorde 30 sols par jour aux Marseillais, à dater de leur arrivée à Paris, et le remboursement de leurs frais de route.
		d. 11. Loi qui ordonne l'enlèvement des statues existantes sur les places de Paris.
		e. 11. Loi qui convoque les assemblées primaires pour le choix des électeurs qui nommeront à la Convention, qui *détruit la distinction entre les citoyens actifs et les citoyens non actifs,* et qui déclare que pour être nommé député, nulles autres conditions ne sont requises que celles d'être agé de 21 ans, d'être domicilié depuis un an dans un département, et de n'être pas en état de domesticité.
		f. 11. Loi pour le renouvellement des comités de sections et des juges de paix accusés d'être attachés à la Constitution.

Législation civile et criminelle.		*Faits, Epoques et Lois remarquables.*
Nos.	Dates.	*AOUT* 1792.
		g. 11. Loi qui charge les municipalités de la police de sûreté générale.
		h. 11. Loi qui supprime la prime accordée par l'arrêt du conseil de 1784, pour la traite des négres. *Voyez* 27 juillet 1793.
		i. 11. Tous les ambassadeurs étrangers quittent Paris.
		k. 13. Le roi et sa famille sont enfermés au Temple. L'intendant de la liste civile, M. Laporte, est décrété d'accusation.
155	14.	Loi qui ordonne que les propriétés communales seront partagées entre les habitans des communes et que les biens des émigrés seront donnés à rente par petits lots. *Voyez* 28 août et 2 septembre suivant.
		a. 14. Loi portant que tous les fonctionnaires publics prêteront le serment d'être fidèles à la nation et de maintenir la liberté et l'égalité. *Voyez* 22 décembre suivant et 12 thermidor an 7.
		b. 14. Loi qui ordonne l'enlèvement des statues, bas reliefs, inscriptions et autres monumens de la féodalité.
		c. 14. Loi qui révoque l'édit de Louis XIII, concernant la procession du 15 août.
		d. 15. Loi qui consigne dans leurs municipalités respectives, les pères, mères, femmes et enfans des émigrés.
		e. 15. Arrestation à Sedan des commissaires de l'Assemblée nationale, envoyés près l'armée de la Fayette.
		f. 15. Décret d'accusation contre MM. Alexandre Lameth et Barnave, ex-constituans, MM. Duport-Dutertre, Duportail, Bertrand, Montmorin et Tarbé, ex-ministres.
156	17.	Loi qui établit un tribunal pour juger des crimes

Législation civile et criminelle.		*Faits, Epoques et Lois remarquables.*
Nos.	Dates.	*AOUT* 1791.
		commis dans la journée du 10. *Voyez* 29 novembre suivant.
		a. 18. Loi qui supprime les congrégations séculières et les confrairies de toute espèce, qui ordonne que leurs biens et ceux des collèges et séminaires soient administrés et vendus comme les autres biens nationaux.
157	19.	Loi qui autorise le tribunal de cassation à connaître des demandes en relief de temps et en révision.
		a. 19. Loi qui ordonne que les immeubles réels affectés aux fabriques des églises cathédrales, paroissiales et succursales, seront vendus comme les autres biens nationaux.
		b. 19. Décret d'accusation contre M. de la Fayette.
		Le général Dumouriez le remplace au commandement de l'armée du Nord.
158	20.	Loi sur le mode de rachat successif et divis des droits, fixes et casuels ci-devant féodaux, et sur la prescription des arrérages de rentes foncières.
		a. 20. M. de la Fayette et une partie de son état-major passent chez l'étranger ; il est arrêté en Allemagne par ordre de l'Empereur et renfermé avec ses compagnons d'émigration. *Voyez* 16 vendémiaire an 6.
159	22.	Loi qui assujétit à l'enregistrement tous les effets publics au porteur.
		a. 23. Prise de Longwi par l'armée prussienne. *Voyez* 22 octobre suivant.
		b. 24. Loi qui décerne le titre de citoyen français à tous les philosophes qui ont défendu la liberté et l'égalité.
160	24.	Loi portant que tous les effets publics au porteur émis ou à émettre par des compagnies particulières, seront soumis à l'impôt du cinquième

Législation civile et criminelle.		*Faits, Epoques et Lois remarquables.*
Nos.	Dates.	*AOUT* 1792.
		comme les biens fonds, et que l'endossement sera sujet à l'enregistrement.
161	25.	Loi relative à la vente des biens des émigrés dans les colonies, et à leurs créanciers.
162	25.	Loi portant que la contrainte par corps ne pourra avoir lieu pour dette de mois de nourrice.
163	25.	Loi qui supprime sans indemnité tous les droits féodaux dont le titre primitif ne prouve pas qu'ils sont le prix d'une concession, notamment ceux de bacq et voitures d'eau provisoirement conservés par le décret du 15 mars 1790, et qui supprime également le droit de rabattement de décret, usité dans le ci-devant parlement de Toulouse.
		a. 25. L'Assemblée nationale ordonne que les sections de Paris resteront en permanence.
164	26.	Loi portant que dans une ville assiégée, tout citoyen qui parlera de se rendre sera puni de mort.
		a. 26. Cérémonie funèbre aux Tuileries en mémoire des citoyens morts à la journée du 10 août.
		b. 26. Loi portant que tous les ecclésiastiques qui étant assujétis au serment prescrit par la loi du 26 décembre 1790, ne l'ont pas prêté ou qui l'ont retracté, seront tenus de sortir du royaume ou seront déportés, sauf les exceptions en faveur des sexagénaires ou infirmes. *Voyez* 17 septembre suivant et 18 mars 1793.
		c. 26. Loi relative aux demandes en décharge et réduction de la contribution mobiliaire.
165	27.	Loi qui déclare propriétaires définitifs tous les échangistes des biens de la couronne dont les échanges ont été confirmés par l'Assemblée nationale. *Voyez* 3 septembre suivant.
166	27.	Loi qui abolit la tenure convenancière et qui rend les domaniers propriétaires du fond. *V.* 9 brumaire an 6.

Législation civile et criminelle.		*Faits, Epoques et Lois remarquables.*
Nos.	Dates.	*AOUT* 1792.
167	27.	Loi relative au droit d'enregistrement à percevoir à chaque mutation sur les effets publics au porteur, et qui prononce la confiscation faute du *visa*. (Cette dernière disposition a été abrogée par une loi du 3 floréal an 7.)
168	28.	Loi portant rétablissement des communes et des citoyens dans les propriétés et droits dont ils ont été dépouillés par l'effet de la puissance féodale.
169	28.	Loi portant que les majeurs ne seront plus soumis à la puissance paternelle.
170	29.	Loi qui autorise les tribunaux criminels de département à juger, sans avoir recours au tribunal de cassation, les attroupemens séditieux et le crime d'embauchage. *Voyez* 4 ventose an 5.
		a. 29. Loi qui autorise les sections de Paris à nommer chacune deux citoyens pour former le conseil général de la commune..
171	30.	Loi relative à la faculté de jouer les pièces de théâtre et à la durée du droit d'auteur. *Voyez* 1er. septembre 1793.
172	30.	Loi qui prononce la confiscation des biens des auteurs des troubles et conspirations.
173	31.	Loi portant que les femmes enceintes condamnées au carcan ne subiront point cette peine ; mais resteront un mois en prison à dater de leur jugement.
		a. 31. Loi portant que les tribunaux ne prendront pas de vacances cette année, vu les circonstances urgentes où se trouve la patrie.
		SEPTEMBRE.
		b. 2. Loi qui déclare nationaux tous les biens meubles et immeubles des émigrés, et règle ce qui est relatif à leur aliénation, etc. *Voyez* 23 octobre suivant.

Législation civile et criminelle.		*Faits, Epoques et Lois remarquables.*
Nos.	Dates.	SEPTEMBRE 1792.
		c. 2. Prise de la ville de Verdun par l'armée prussienne ; le commandant Beaurepaire se brûle la cervelle pour n'être pas témoin de la reddition de cette place. *Voyez* 13 octobre suivant.
		d. 2 et 3. Massacre dans les prisons de Paris, aux Carmes et à Saint-Firmin ; nulle opposition de la part des autorités constituées..... *On massacrait encore* le 6 à la force.
174	3.	Loi qui révoque toutes les concessions de domaines nationaux faites à titre d'engagement par l'ancien gouvernement
175	3.	Loi portant qu'il ne sera plus reçu sur les galeres de France aucun étranger condamné par un jugement étranger.
176	3.	Loi qui défend à tout particulier de fabriquer ou faire fabriquer des monnaies de métal de quelque forme ou dénomination qu'elles soient.
177	3.	Loi portant que les demandes en abolition ou commutation de peines afflictives ou infamantes prononcées d'après les anciennes lois, seront portées devant les tribunaux criminels, qui réduiront les peines à celles que prononce le nouveau code pénal.
		a. 3. Lois qui abolissent tous procès criminels et jugemens rendus pour faits relatifs à la liberté de la presse, ainsi que ceux relatifs aux émeutes qui ont pu avoir lieu à l'occasion des grains et des partages de biens communaux.
		b. 3. Loi relative à la sûreté des personnes et des propriétés, qui enjoint à la municipalité, au conseil général et au commandant de la garde de Paris, de les maintenir sous leur responsabilité. *Voyez* 19 du présent.
178	7.	Loi concernant le *transit* de l'étranger par les départemens du Haut et du Bas Rhin, de la

Législation civile et criminelle.		*Faits, Époques et Lois remarquables.*
Nos.	Dates.	SEPTEMBRE 1792.
		Meuse et de la Moselle, et qui détermine les peines en cas de contraventions.
		a. 7. Loi qui défend aux ecclésiastiques salariés par la nation de recevoir aucune espèce de casuel pour leurs fonctions.
		b. 8. Massacre des prisonniers d'Orléans pendant leur transport à Versailles.
179	10.	Loi sur le mode de purger les hypothèques des biens acquis par le roi au nom de la nation.
		a. 12. Loi qui oblige les pères et mères d'émigrés à fournir l'habillement, armement et solde de deux hommes par chaque enfant émigré.
		b. 12. L'armée prussienne avance dans l'intérieur. On se presse de former des lignes et un camp dans la plaine de Saint-Denis, pour protéger Paris. Par-tout il se fait un grand nombre d'enrôlemens volontaires.
		c. 13. Les armées françaises se replient sur Châlons ; l'ennemi est maître d'une partie de la Champagne.
180	15.	Loi pénale contre les individus qui, sans avoir le droit de la porter, se trouveraient revêtus d'une décoration de fonctionnaire public.
		a. 15. Arrêté du conseil général de la commune de Paris, portant que M. le duc d'Orléans et sa famille porteront désormais pour nom de famille celui d'*Égalité*.
		b. 15. Loi qui prohibe l'exportation des matières d'or et d'argent, monnayées ou non. *Voyez* 17 prairial an 10 et 23 ventose an 11.
181	16.	Loi qui fixe l'âge requis pour être élu juge de paix.
		a. 17. Loi qui défend d'accorder aux prêtres insermentés et bannis, des passeports pour se rendre dans les pays en guerre avec la République.

Législation civile et criminelle.		*Faits, Epoques et Lois remarquables.*
Nos.	Dates.	*SEPTEMBRE* 1792.
		b. 17. Vol au garde-meuble de quantité de bijoux et des plus beaux diamans de la couronne.
		c. 19. Loi pour le rétablissement de l'ordre et de la sûreté individuelle des citoyens de la ville de Paris, qui ordonne qu'il y ait à chaque section un corps de force armée de réserve et que chaque citoyen soit muni d'une carte de sûreté.
		d. 19. Loi qui ordonne la vente des biens de l'ordre de Malte, et accorde des pensions aux usufruitiers actuels de ces biens.
		e. 19. Loi portant que les tableaux et autres monumens des beaux-arts provenans des maisons nationales et autres, seront transportés au dépôt du Louvre.
182	20.	Loi qui détermine le mode de constater l'état civil des citoyens, et qui défend à toutes personnes autres que celles désignées, de s'immiscer dans la tenue des registres de l'état civil. *Voyez* 31 janvier 1793 et 28 nivose an 2.
183	20.	Loi qui permet le divorce, qui en détermine les causes, le mode et les effets. *Voyez* 19 *déc.*
184	20.	Loi relative au délai accordé aux religionnaires fugitifs pour se pourvoir en main-levée de leurs biens.
		a. 20. Belle contenance des généraux Dumouriez et Kellermann en face des Prussiens, qui ne peuvent entamer l'armée française. *Voyez* 28 du présent.
		b. 20. *Les nouveaux députés*, réunis aux Tuileries à cinq heures et demie du soir, au nombre de 371, dans la nouvelle salle préparée pour la convention, arrêtent que la formule de vérification ne portera que sur l'examen des procès-verbaux et la reconnaissance des individus. Ils se *constituent* de suite en *Convention nationale*.

Législation civile et criminelle.		*Faits, Epoques et Lois remarquables.*
Nos.	Dates.	CONVENTION NATIONALE.
		SEPTEMBRE 1792.
		c. 21. Première séance de la Convention nationale. M. Pétion est élu président.
		d. 21. Loi portant que la royauté est abolie en France.
185	21.	Loi portant que les lois non abrogées seront provisoirement exécutées.
		a. 21. La Convention déclare qu'il ne peut y avoir de Constitution que celle qui est acceptée par le peuple, et qu'elle met sous la sauvegarde de la nation les personnes et les propriétés.
186	22.	Loi portant qu'à compter du 21 septembre 1792 on datera de l'an 1er. de la République. *Voyez* 2 janvier et 5 octobre 1793.
187	22.	Loi portant que tous les juges pourront être pris parmi tous les citoyens indistinctement.
		a. 22. Loi portant que les corps administratifs et les tribunaux seront renouvellés.
		b. 24. Loi qui supprime les rentes apanagères des princes français.
188	25.	Loi qui supprime la Haute-Cour nationale.
		a. 25. Loi qui déclare la République française, une et indivisible.
		b. 27. La Convention arrête qu'il n'y aura plus de séances du soir.
		c. 27. Loi qui réduit au *maximum* de 1000 liv. les pensions des ecclésiastiques non employés.
		d. 28. Victoire gagnée dans les plaines de Champagne, par les Français, sur les Prussiens, qui par suite se trouvent forcés de négocier leur retraite.
		e. 29. Loi portant que les ministres ne pourront pas être choisis dans le sein de la Convention.

Législation civile et criminelle.		*Faits, Epoques et Lois remarquables.*
Nos.	Dates.	SEPTEMBRE 1792.
		f. 29. Bombardement de la ville de Lille par les Autrichiens.
189	30.	Loi qui charge les départemens de transmettre aux districts et aux municipalités tous les actes imprimés, dont la Convention aura ordonné l'envoi.
		a. 30. L'armée prussienne, après avoir essuyé un terrible échec, et affaiblie par les maladies, lève le *camp de la Lune* et effectue sa retraite.
		OCTOBRE.
190	6.	Loi qui remplace provisoirement la peine des fers par celle des galères.
		a. 6. La Convention ordonne que les anciens sceaux, le sceptre et la couronne seront brisés et convertis en monnaie.
		b. 6. Loi qui autorise les assemblées électorales à nommer un nombre de suppléans égal à celui des députés qui pourraient avoir donné leur démission ou refusé d'accepter.
191	9.	Loi portant que les émigrés pris les armes à la main seront exécutés dans les vingt-quatre heures. *Voyez* 23 du présent.
		a. 9. Les dénominations de *citoyen* et *citoyenne* remplacent celles de *monsieur* et *madame*, dans les assemblées de sections et de la commune.
192	13.	Loi qui supprime les commissaires du pouvoir exécutif près les tribunaux criminels. *Voyez* le 20.
		a. 13. Reprise de la ville de Verdun par l'armée française.
		b. 15. Suppression de la décoration de la croix de Saint-Louis.
193	20.	Loi qui attribue aux accusateurs publics les fonctions de commissaires près les tribunaux criminels.

Législation civile et criminelle.		*Faits, Epoques et Lois remarquables.*
Nos.	Dates.	*OCTOBRE* 1792.
		a. 22. Reprise de la ville de Longwi par les Français.
194	23.	Loi qui bannit à perpétuité les émigrés du territoire de la république. *Voyez* 28 mars 1793.
195	25.	Loi qui régle ce qui est relatif aux substitutions ouvertes ou qui s'ouvriront à l'avenir. (le IIIe. art. n'a été décrété que le 14 novembre suivant)
		a. 29. Dénonciation de J. B. Louvet contre Robespierre et Marat, faite à la tribune de la Convention.
		b. 29. Arrêté de la commune de Paris qui transfère Louis XVI dans la grosse tour du Temple; le prive de plumes, encre, papier et de toutes armes offensives et défensives.
		c. 30. Loi sur les comptes à rendre par les ministres.
		NOVEMBRE.
		d. 6. Bataille mémorable de *Jemmape*, gagnée sur les autrichiens par les français.
196	8.	Loi concernant les billets au porteur, billets de confiance, billets patriotiques de secours, etc. émis par des corps administratifs ou des particuliers, et qui défend d'en émettre à l'avenir.
		a. 12. Loi sur les écoles de mathématiques et d'hydrographie de la marine.
197	14.	Loi sur les substitutions ouvertes lors de la loi du 25 octobre dernier. (cette loi fait le IIIe. art. de celle du 25 octobre précédent.)
198	17.	Loi relative aux demandes des corps administratifs, tendante à faire des acquisitions d'immeubles.
		a. 19. La Convention déclare que le *peuple français accordera fraternité et secours à tous les peuples qui voudront recouvrer leur liberté.*
		b. 20. Découverte au château des Tuileries de papiers cachés dans une muraille, sous une porte de fer.

Législation civile et criminelle.		*Faits, Epoques et Lois remarquables.*
Nos.	Dates.	*NOVEMBRE* 1792.
199	22.	Loi portant que la formule d'exécution des lois sera conçu ainsi : *Au nom de la République le conseil exécutif*, etc.
		a. 24. Rapport préparatoire de la commission des vingt-quatre pour le jugement de Louis XVI.
		b. 27. Loi qui prononce la réunion de la Savoie à la France. *Voyez* 31 janvier 1793.
		c. 29. Loi qui supprime le tribunal créé le 17 août pour juger les crimes commis dans la journée du 10.
		DÉCEMBRE.
		d. 2. Une députation de la commune de Paris vient demander à la Convention qu'elle accélère le jugement de Louis Capet ; elle déclare que demander *s'il est jugeable*, c'est un blasphème politique. L'Assemblée ordonne l'envoi de l'adresse aux quatre-vingt-quatre départemens.
		e. 3. La Convention décrète que Louis XVI sera jugé par elle. *Voyez* 15 et 17 janvier 1793.
		f. 3. Robespierre propose à la tribune de la Convention de condamner, sur-le-champ, Louis XVI à mort *en vertu d'une insurrection.*
		g. 3. Chambon, médecin, est élu maire de Paris, et, le 7 suivant, Luillier est nommé procureur-général - syndic du département. *Voyez* le 12 suivant
200	4.	Loi portant peine de mort contre quiconque proposerait de rétablir la royauté en France.
		a. 4. Suppression des inspecteurs, visiteurs et contrôleurs des rôles.
201	5.	Loi portant peine de mort contre quiconque exportera des grains ou farines.
		a. 5. La Convention décréte que la statue de Mirabeau sera voilée jusqu'au rapport qui sera fait

Législation civile et criminelle.		*Faits, Époques et Lois remarquables.*
N°s.	Dates.	DÉCEMBRE 1792.
		à son sujet. *Voyez* 10 du présent et 5 frimaire an 2.
		b. 6. La Convention décrète que Louis Capet sera traduit à la barre, pour y subir interrogatoire sur les crimes dont il est accusé. *Voyez* le 11 suivant.
202	9.	Loi qui défend aux agens du pouvoir exécutif de faire le commerce de grains, sous peine de deux années de fers.
203	10.	Loi portant que les demandes en obtention de relief de laps de temps seront portées à la section des requêtes du tribunal de Cassation.
		a. 10. Loi portant que les ministres du culte catholique ne peuvent être qualifiés de fonctionnaires publics.
		b. 10. Le buste de Mirabeau est pendu par le peuple de Paris.
		c. 11. Louis XVI paraît à la barre de la Convention accompagné du général Santerre; il répond d'un ton ferme et assuré à toutes les interpellations qui lui sont faites.
		d. 12. Louis demande pour défenseurs les citoyens Tronchet et Target; ce dernier refuse.
		e. 12. Chaumette, ci-devant maître d'école à Nevers, est nommé procureur de la commune de Paris.
204	13.	Loi qui rétablit les fonctions de commissaire auditeur dans les cours martiales
		a. 14. Le citoyen Malesherbes demande à remplacer le citoyen Target dans la défense de Louis XVI; *j'ai été honoré de la faveur du roi pendant sa prospérité, je ne dois pas, dit-il, l'abandonner dans son malheur.* La Convention lui accorde sa demande. *V.* 3 floréal an 2.
		b. 15. Madame Olympe de Gouges écrit à l'Assemblée pour être admise à défendre le roi. La Convention passe à l'ordre du jour. *Voyez* 13 brumaire an 2.

Législation civile et criminelle.		*Faits, Epoques et Lois remarquables.*
Nos.	Dates.	*DÉCEMBRE* 1792.
205	16.	Loi portant peine de mort contre quiconque proposera ou tentera de rompre l'unité de la république.
		a. 16. Loi portant que les membres de la famille des Bourbons autres que ceux enfermés au Temple et le duc d'Orléans, sortiront du territoire de la République.
206	19.	Loi additionnelle concernant le mode de constater l'état civil des citoyens, notamment les actes de divorce.
		a. 19. La Convention acquiesce à la demande des citoyens Tronchet et Malesherbes, de s'adjoindre le citoyen Deseze.
		b. 22. Loi portant que pour être admis à voter dans les assemblées primaires, il faudra prêter le serment *à la liberté et à l'égalité.*
207	25.	Loi contre les accaparemens de grains et farines.
		a. 25. Loi portant que l'on travaillera dans les bureaux les fêtes et dimanches. *Voyez* 17 thermidor an 6.
		b. 25. Le testament de Louis XVI est rendu public.
		c. 26. Louis paraît une deuxième fois à la barre, il parle après ses défenseurs.
		JANVIER 1793.
		d. 1er. Suppression du droit de patente. *Voyez* 6 fructidor an 4.
208	2.	Loi portant des peines contre les préposés à la vente des meubles nationaux qui commettraient des malversations. *Voyez* 24 avril 1793.
		a. 2. Loi portant que la deuxième année de la république datera du 1er. janvier 1793. *Voyez* 5 octobre suivant
209	4.	Loi qui abroge les exceptions portées dans les décrets du 15 mars 1790 et du 8 avril 1791, relatives au droit d'aînesse réservé dans les

successions

Législation civile et criminelle.		*Faits, Époques et Lois remarquables.*
Nos.	Dates.	*JANVIER* 1793.

successions *ab intestat* en faveur des personnes mariées ou veuves ayant des enfans.

a. 4. Loi qui supprime la caisse de l'Extraordinaire et qui la réunit à la Trésorerie nationale.

b. 8. Le ministre des relations extérieures communique à la Convention la proposition que fait l'Espagne de rester neutre envers la coalition si l'on veut conserver la vie du roi. La Convention passe à l'ordre du jour. *Voyez* 8 mars suivant.

c. 13. Le secrétaire de légation, Basseville, est assassiné par le peuple de Rome, pour avoir substitué à la porte de l'académie française l'écusson de la république à l'écusson royal. L'hôtel de France est brûlé et pillé. *Voyez* 2 février suivant.

d. 15. La Convention, après un appel nominal, déclare que *Louis Capet est coupable de conspiration contre la liberté de la nation et d'attentat à la sûreté générale*, à la majorité de 693 voix sur 719.

e. 17. Louis est condamné à mort à la majorité de 366 voix sur 721.

f. 18. Kersaint donne sa démission de député. Le lendemain, Manuel en fait autant; ils expriment, dans leurs lettres à la Convention, les motifs de leur démission : ils déclarent qu'ils ont été nommés législateurs et non pas *juges*. *Voyez* 25 brumaire et 15 frimaire an 2.

g. 19. Appel nominal sur la question de savoir *s'il sera sursis à l'exécution du jugement de Louis*. Sur 690 votans 380 votent contre le sursis.

h. 20. Louis demande un sursis de trois jours pour se préparer à la mort. La Convention passe à *l'ordre du jour*.

i. 20. L'arrêt de mort est notifié à Louis par le ministre de la justice, le secrétaire du conseil

Législation civile et criminelle.		*Faits, Epoques et Lois remarquables.*
Nos.	Dates.	JANVIER 1793.

exécutif, le maire de Paris et deux commissaires du département.

k. 20. Loi qui ordonne la poursuite des massacres de septembre. *Voyez* 8 février suivant.

l. 21. Louis XVI, âgé de 38 ans, est conduit pour subir sa sentence, au milieu d'une foule immense et d'une escorte nombreuse, sur cette place de la Révolution et au lieu même où, quelques mois auparavant, s'élevait la statue de Louis XV son ayeul. Comme il monte à l'échaffaud son confesseur lui crie : *Allez, fils de Saint-Louis, montez au ciel.*

Louis veut adresser au Peuple quelques paroles sur son innocence et le pardon qu'il accorde à ceux qui l'ont condamné, Santerre commandant de la garde, ordonne aux tambours de faire un *roulement*, et Louis ne peut se faire entendre..... *Il est exécuté aux cris de vive la République.*

m. 21. Michel Lepelletier de Saint-Fargeau est assassiné, au Palais-Royal, par Pâris ancien garde du corps, pour avoir voté la mort du roi.

La Convention décrète que son corps sera porté au Panthéon.

n. 23. Le ministre Rolland donne sa démission. *Voyez* 22 brumaire an 2.

o. 24. Obsèques de Michel Lepelletier : toute la Convention y assiste. Il est déposé au temple des grands hommes.

p. 25. La Convention *adopte*, au nom de la patrie, la fille de Michel Lepelletier. *Voyez* 2 février suivant.

q. 30. Loi qui dispense les conseils généraux de communes, les administrations de département et de district d'expliquer les causes de leurs refus pour les certificats de civisme. *Voyez* 1er. mars suivant.

210	31.	Loi interprétative de celle du 20 septembre

Législation civile et criminelle.		*Faits, Epoques et Lois remarquables.*
Nos.	Dates.	*JANVIER* 1793.
		1792, et qui fixe la majorité à 21 ans pour l'exercice de tous les droits civils.
		a. 31. Loi sur le *mode de provoquer la réunion* de différens pays à la France. *Voyez* ci après.
		b. 31. Loi portant réunion du comté de Nice à la France. *Voyez* 14 février, mars et 8 mai suivant, 9 vendémiaire et 3 brumaire an 4, et 18 ventose an 9.
		c. 31. Loi sur l'armement en course et les lettres de marque.
		FÉVRIER.
		d. 1er. Déclaration de guerre au roi d'Angleterre et au Stathouder des provinces unies.
		e. 2. La Convention charge le conseil exécutif de tirer une vengeance éclatante de l'attentat commis à Rome, sur le citoyen Basseville, et *adopte* son fils au nom de la patrie.
211	4.	Loi portant que pour savoir s'il y a lésion dans les actes de vente, l'estimation doit se faire d'après la valeur au moment de la vente.
		a. 6. Loi sur la légende et l'empreinte des monnaies d'or et d'argent.
		b. 8. La convention ordonne la suspension des procédures sur les massacres de septembre. *Voyez* 4 messidor an 3.
212	12.	Loi interprétative des articles XVIII et XIX du décret du 25 août 1792, sur les rabattemens de décrets, introduits par la jurisprudence du ci-devant parlement de Toulouse.
		a 13. Le citoyen Pache, ex-ministre de la guerre, est nommé maire de Paris.
213	14.	Loi qui détermine par qui seront jugées les contestations sur les prises faites sur les ennemis de la république.
		a. 14. Réunion du comté de Monaco à la France.
		b. 23. Loi qui autorise les communes à convertir

Législation civile et criminelle.		Faits, Epoques et Lois remarquables.
Nos.	Dates.	*FÉVRIER* 1793.
		leurs cloches en canons. *Voyez* 23 juillet suivant.
214	25.	Loi qui défend aux tribunaux de district de connaître des faits relatifs à l'émigration.
		a. 25. Pillage de sucre, cassonnade, savon, etc. chez les épiciers de Paris.
		MARS.
215	1er.	Loi qui annulle tous traités d'aillance ou de commerce avec les puissances avec lesquelles la république est en guerre, et qui défend l'introduction des objets manufacturés chez ces puissances.
		a. 1er. Loi portant que le refus d'un certificat de civisme entraîne la perte des fonctions publiques.
		b. 1er. Réunion de Bruxelles et de sa banlieue à la République française.
		c. 2. Réunion de la principauté de Salm.
		d. 2 Loi qui déclare que la ville de Mons et le pays de Hainault feront partie intégrante de la République, sous le nom de département de Jemmappe.
		e. 2. Réunion du pays de Franchimont, Stavelot et Logne, dépendant du pays de Liége. *Voyez* 4 suivant.
		f. 2. Réunion de la ville de Gand et de sa banlieue.
216	4.	Loi portant que la nation aura hypothèque sur les biens des fournisseurs, quoique les marchés soient passés sous signatures privées.
		a. 4. Réunion de Florennes, et de 36 communes des environs.
		b. 6. Réunion de la ville de Tournai et de sa banlieue. *Voyez* 25 du présent.
117	7.	Loi qui abolit la faculté de disposer de ses biens en ligne directe, soit à cause de mort, soit

Législation civile et criminelle.		*Faits, Epoques et Lois remarquables.*
Nos.	Dates.	*MARS* 1793.
		entre-vifs, soit par donation contractuelle. *Voyez* 5 brumaire et 17 nivose an 2.
		a. 7. Déclaration de guerre au roi d'Espagne.
218	8.	Loi portant que les militaires peuvent se marier sans le concours de leurs chefs.
219	8.	Dispositions portant que l'hypothèque sur les biens d'une caution est acquise du jour de la réception du cautionnement, article III de la *loi* sur le cautionnement à fournir par les directeurs des postes.
		a. 8. Loi pour la vente des biens formant la dotation des colléges et établissemens d'instruction publique.
		b. 8. Réunion de la ville de Louvain.
220	9.	Loi qui ordonne l'élargissement des prisonniers détenus pour dettes, et qui abolit la contrainte par corps.
		a. 9. Réunion de la ville d'Ostende.
		b. 9. Réunion de la ville de Namur et de plusieurs villes de la Belgique.
221	11.	Loi relative à la formation d'un tribunal criminel extraordinaire, dont les jugemens attribueront à la République les biens des condamnés à mort. *Voyez* 19 brumaire an 2 et 12 prairial an 3.
		a. 17. Le département de Mayenne-et-Loire est ravagé par des rassemblemens d'insurgés.
222	18.	Loi portant que tout émigré ou déporté qui rentrera en France, sera exécuté dans les vingt-quatre heures.
223	18.	Loi portant peine de mort contre quiconque proposera une loi agraire ou toute autre subversive des propriétés territoriales.
		a. 18. Défaite des français à Nerwinde ; déroute générale à la suite de laquelle la Belgique est évacuée.
		b. 18. Lettre du ministre de la guerre qui annonce des mouvemens insurrectionnels dans le

Législation civile et criminelle.		*Faits, Époques et Lois remarquables.*
Nos.	Dates.	*MARS* 1793.
		département de la Vendée. *Voyez* 22 mars, 30 mai et 31 juillet suivant.
224	19.	Loi portant que ceux qui commettront des profanations dans les églises seront livrés aux tribunaux.
225	19.	Loi qui prononce la confiscation des biens des personnes condamnées pour révoltes contre-révolutionnaires. *Voyez* 19 brumaire an 2.
		a. 19. Réunion de grand nombre de communes de la Belgique et des bords du Rhin.
		b. 20. Réunion de Denting et autres communes voisines du département de la Moselle.
		c. 22. Les départemens de la Loire inférieure et du Morbihan sont en proie à la guerre civile, l'insurrection y éclate de toutes parts.
		d. 23. Réunion du pays de Porentruy sous le nom de département du Mont-Terrible.
		e. 25. Réunion du Tournaisis.
		f. 26. Loi sur le désarmement des gens suspects. *Voyez* 17 septembre 1793.
		g. 27. La Convention met hors de la loi tous les aristocrates ennemis de la Révolution. *Voyez* 22 germinal an 3.
226	28.	Loi contre les émigrés, qui règle ce qui est relatif à la confiscation et à la vente de leurs biens, aux successions, donations et ventes qu'ils ont faites, etc. *Voyez* 25 juillet suivant, 1er. et 9 floréal an 3.
227	28.	Dispositions pénales contre ceux qui achetent les armes des soldats, article XV de la *loi* sur le recrutement et les approvisionnemens des armées.
228	29.	Loi relative aux auteurs et colporteurs d'écrits tendant au rétablissement d'un pouvoir attentatoire à la souveraineté de la nation.
229	29.	Loi qui prononce des peines contre la provocation au meurtre.
		a. 29. Loi qui ordonne d'afficher aux portes

Législation civile et criminelle.		*Faits, Époques et Lois remarquables.*
Nos.	Dates.	*MARS* 1793.
		des maisons les noms, âge, qualité et professions de ceux qui les habitent.
230	30.	Loi qui rétablit la contrainte par corps contre les comptables de deniers publics.
		a. 30. Réunion de Mayence.
		AVRIL.
		b. 1er. Dumourier fait arrêter les députés Camus, Bancal, Quinette et Lamarque, ainsi que le ministre de la guerre Beurnonville, délégués près de son armée par la Convention ; il les livre à l'Autriche.
		c. 1er. Loi qui autorise le pouvoir exécutif à faire l'essai d'un télégraphe proposé par le cit. Chappe, pour correspondre à de grandes distances. *Voyez* 27 juillet suivant.
		d. 3. Le général Dumourier est mis hors la loi.
		e. 4. Ne pouvant déterminer son armée à marcher sur Paris, Dumourier passe chez l'étranger avec les enfans du duc d'Orléans.
		f. 6. Loi portant que toute la famille des Bourbons sera mise en arrestation.
		g. 9. Tous les individus de la famille des Bourbons sont arrêtés et conduits à Marseille ; Philippe Egalité (duc d'Orléans) est du nombre, malgré sa pétition à la Convention pour en être excepté, et *bien qu'il eût voté la mort du roi.*
231	11.	Loi qui défend la vente du numéraire sous peine de six années de fers, et déclare qu'aucuns achats, ventes, traités, conventions ou transactions ne pourront désormais contenir d'obligations qu'en assignats.
		a. 13. Décret d'accusation voté contre Marat, après un appel nominal qui ne se termine qu'à 7 heures du matin. *Voyez* 18 suivant.

Législation civile et criminelle.		*Faits, Époques et Lois remarquables.*
Nos.	Dates.	*AVRIL* 1793.
		b. 16. Création d'un comité de salut public chargé de surveiller et d'accélérer l'administration du pouvoir exécutif dont il peut suspendre les arrêtés. *Voyez* 11 mai suivant.
		c. 18. *Marat est acquitté* par le tribunal criminel extraordinaire ; le peuple lui met une couronne de laurier sur la tête et le porte en triomphe jusques dans le sein de la Convention.
		d. 23. Loi qui déporte à la Guyanne les prêtres insermentés.
232	24.	Loi portant des peines contre les malversations dans la vente des meubles et immeubles nationaux. *Voyez* 7 messidor an 2.
		a. 26. Loi sur l'empreinte des monnaies de cuivre et de bronze.
		MAI.
		b. 5. Loi sur les établissemens particuliers d'instruction publique, et portant que les bourses seront données de préférence aux enfans des défenseurs de la patrie.
		c. 8. Réunion du pays de Liége à la France.
		d. 11. Les membres du comité de salut public sont *prorogés* dans leurs fonctions, qui ne devaient durer qu'un mois. Bientôt ces prorogations ne deviennent plus que de forme, et l'autorité la plus étendue se perpétue dans les mêmes mains. *Voyez* 14 frimaire an 2.
233	12.	Loi contenant le code pénal militaire en temps de guerre. *Voyez* 3 brumaire an 2.
234	12.	Loi concernant l'organisation des tribunaux criminels militaires.
		a. 12. Établissement et organisation à Bordeaux d'une école nationale pour les sourds et muets.
235	15.	Loi portant qu'en cas que des accusés soient condamnés comme auteurs du même délit, et

Législaton civile et criminelle.		*Faits, Epoques et Lois remarquables.*
Nos.	Dates.	*MAI* 1793.
		que les condamnations fassent la preuve de l'innocence de l'un ou de l'autre, le jugement sera revisé par le tribunal le plus voisin.
		a. 18. Etablissement dans le sein de la Convention d'une commission extraordinaire composée de 12 membres, pour prendre connaissance de tous les complots tramés contre la libérté dans l'intérieur de la République. Grand nombre d'individus sont arrêtés, entr'autres Hébert, rédacteur d'un journal fameux intitulé *le Père Duchesne*. *Voyez* 31 du présent et 2 juin suivant.
		b. 20. Etablissement d'un emprunt forcé d'un milliard, qui sera réparti dans la proportion des richesses.
		c. 24. Loi relative au mode de nomination des jurés du tribunal extraordinaire.
		d. 25. La commune de Paris dénonce plusieurs membres de la convention, et demande la suppression de la commission des *Douze*. Isnard president invite les citoyens de Paris à respecter l'indépendance de la Convention; il leur peint le danger des excés auxquels on les excite, et termine sa réponse aux pétitionnaires par cette phrase qui fait une grande sensation : *que bientôt on chercherait sur les rives de la Seine si Paris a existé.*
		e. 27. Dissolution de la commission des *Douze*; le 28 elle est rétablie.
		f. 29. Les Lyonnais se battent dans leurs murs, le parti de la municipalité, à la tête duquel est *Châlier*, procureur de la commune, succombe : il est livré au tribunal criminel de Lyon. *Voyez* 16 juillet suivant.
236	30.	Loi relative aux saisies et oppositions formées ou à former au trésor public.
		a. 30. Loi relative au mode de requisition de la force publique, et qui ordonne un recru-

Législation civile et criminelle.		Faits, Epoques et Lois remarquables.
Nos.	Dates.	MAI 1793.

tement pour combattre les rebelles de la Vendée. Tous les citoyens y sont compris depuis l'âge de 16 ans jusqu'à celui de 45. *Voyez* 23 août suivant.

b. 30. Loi portant établissement d'écoles primaires dans tous les lieux qui ont depuis 400 jusqu'à 1,500 individus.

c. 31. La Convention supprime la commission des *Douze* et ordonne que ses papiers seront déposés au comité de salut public. Les personnes arrêtés sont mises en liberté.

Tous les citoyens de Paris sont appelés à leurs sections respectives au nom de la commune; les adresses se multiplient à la Convention contre ceux de ses membres dénoncés dans la séance du 25.

d. 31. Loi portant qu'il y aura à Paris, le 10 août prochain une fédération générale de tous les départemens.

JUIN.

e. 2. La salle de la Convention est assiégée et cernée par la force armée de quelques sections de Paris, commandée par Henriot, commandant d'un bataillon du faubourg St.-Marceau, créature dévouée à Robespierre et à la commune; le tocsin sonne et le canon d'alarme est tiré d'heure en heure. L'appareil de la force et de la violence porte l'effroi parmi les membres qui ont résisté aux pétitions de la commune.

Le comité de salut public propose aux membres dénoncés de donner leur démission, les uns prennent ce parti, les autres le refusent. Plusieurs membres déclarent que *la Convention n'est pas libre*. L'Assemblée, sur la proposition de Barère, veut prouver le contraire: elle se lève, et parcourt un instant, en corps,

Législation civile et criminelle.		*Faits, Époques et Lois remarquables.*
Nos.	Dates	*JUIN* 1793.
		le jardin des Tuileries, occupé par de nombreux bataillons et plusieurs pièces de canon. Rentrée au lieu de ses séances, elle décrète l'arrestation de 34 de ses membres, parmi lesquels se trouvent tous ceux de la commission des *Douze*. *Voyez* 12 vendémiaire et 18 brumaire an 2.
237	3.	Loi sur les fonctions des jurés d'accusation.
238	4.	Loi sur les enfans nés hors du mariage et sur leur droit de succéder. *V.* 12 brumaire an 2.
239	6.	Loi qui prononce la peine de deux années de fers contre ceux qui dégradent les monumens des arts dépendant des propriétés nationales.
		a. 6 et 9. Protestations de plusieurs députés contre les journées des 31 mai et 2 juin. *V.* 12 vendémiaire an 2.
240	7.	Loi qui condamne à la déportation les personnes convaincues de crimes ou de délits qui n'ont pas été prévus par le code pénal ou d'autres lois.
241	10.	Loi concernant le mode de partage des biens communaux. *Voyez* 19 brumaire an 2 et 21 prairial an 4.
		a. 10. Loi d'organisation du jardin des Plantes de Paris et du cabinet d'histoire naturelle, sous le nom de *Muséum*.
242	13.	Loi portant qu'il y aura dans chaque département un exécuteur des jugemens criminels.
		a. 13. Loi qui *défend* aux autorités constituées *de troubler les sociétés populaires*.
243	16.	Loi portant peine de mort contre le crime d'espionnage dans les places de guerre ou dans les armées.
244	23.	Loi qui abroge la loi martiale établie le 21 octobre 1789.
245	24.	Dispositions sur l'arbitrage forcé et l'arbitrage volontaire, articles 86, 87, 91 et 92 de la *nouvelle constitution*.

Législation civile et criminelle.		*Faits, Époques et Lois remarquables.*
Nos.	Dates	*JUIN* 1793.
		La Convention décrète que la constitution sera soumise à l'acceptation du peuple français *Voyez* 10 août suivant.
246	26.	Loi portant que tous les juges des tribunaux civils et criminels seront tenus d'opiner à haute voix et en public. *Voyez* 5 fructidor an 3.
		a. 26. Loi qui ordonne la formation d'un 87e. département, sous le nom de *Vaucluse.*
		b. 26. Plusieurs départemens s'unissent contre l'exécution des derniers décrets de la Convention ; ils veulent lui rendre sa liberté et protéger ceux de ses membres qu'elle a proscrit ; ils organisent une force armée ; le commandement en est déféré à Félix Wimpfen, qui s'était distingué au siége de Thionville ; la Convention le décrète d'accusation pour l'avoir accepté. *Voyez* 12 juillet suivant.
		c. 27. Loi portant que le traitement des ecclésiastiques fait partie de la dette publique. *V.* 2e. jour complémentaire an 2.
247	29.	Loi portant que les personnes condamnées aux fers selon les anciennes lois ont la faculté de se faire juger d'après les nouvelles.
		a. 30. Un député de Rhône-et-Loire annonce que les administrateurs de ce département ont levé l'étendart de la révolte contre les décrets de la Convention. *Voyez* 3 juillet suivant.
		b. 30. Le département de Paris invite tous les citoyens à faire peindre sur la façade de leurs maisons les mots : *unité, indivisibilité de la République, liberté, égalité, fraternité ou la mort.* Bientôt cette inscription devient générale dans toutes les communes de la République.
		c. 30. Loi sur la recette, la comptabilité et l'emploi des fonds provenant de la vente des bois communaux.

Législation civile et criminelle.		Faits, Epoques et Lois remarquables.
Nos.	Dates	JUILLET 1793.
248	2.	Loi portant que pour décider le partage d'opinion devant les tribunaux de district, sur la question de savoir s'il y a lieu ou non à accusation, les tribunaux appelleront un nouveau juge.
		a. 2. Les jurés du tribunal extraordinaire auront 18 francs par jour.
		b. 2. Henriot est nommé commandant de la garde nationale de Paris. *Voyez* 10 thermidor an 2.
		c. 3. Décret d'accusation contre le procureur général syndic du département, le procureur syndic du district, et le procureur de la commune de Lyon. *Voyez* le 11.
		d. 4. Loi portant que les enfans trouvés porteront le nom d'enfans de la patrie.
		e. 4. Robert Lindet annonce à la tribune que les députés qui se sont soustraits à leur mandat d'arrêt, se sont réfugiés dans le Calvados, où ils forment une espèce de Convention, et dont ils cherchent à faire une seconde Vendée.
249	5.	Loi explicative de celle du 19 mars 1793, relative aux chefs d'émeutes.
250	6.	Loi portant la peine de dix années de fers contre les fourbisseurs et marchands d'armes qui en vendent sans en avoir fait la déclaration à leur municipalité.
		a. 6. Loi relative à l'organisation des droits d'enregistrement, timbre, hypothèques, et des domaines. *Voyez* 14 août suivant.
251	8.	Loi qui dispense les indigens de la consignation de l'amende de 150 francs pour se pourvoir en cassation.
		a. 8. Premier plan de code civil uniforme, lu au comité de législation par Durand-Maillane.
		b. 11. Couthon annonce à la tribune qu'un congrès départemental tenu à Lyon a décidé

Legislation civile et criminelle.		*Faits, Epoques et Lois remarquables.*
Nos.	Dates.	*JUILLET* 1793.
		de ne plus reconnaître l'autorité de la Convention, et a mis la *Montagne* hors la loi.
		c. 12. La Convention autorise le département de Saône-et-Loire, à lever une force armée suffisante pour se mettre en sûreté contre les rebelles de la ville de Lyon. Elle nomme les députés Reverchon et Laporte, commissaires dans les départemens de Rhône-et-Loire et de Saône-et-Loire. *Voyez* le 24.
		d. 12. L'armée des fédéralistes du Calvados est repoussée devant Evreux. *Voyez* le 30.
		e. 13. Marat est assassiné dans sa baignoire par Charlotte Corday, qui s'était introduite chez lui sous prétexte de révélations qu'elle avait à lui faire contre des contre-révolutionnaires.
		f. 14. La Convention décrète que Marat sera enterré au jardin des Cordeliers, lieu où il se réfugia plusieurs fois lors des décrets d'accusation rendus contre lui. *Voyez* 5 frimaire an 2.
		g. 14. La Convention autorise ses commissaires près l'armée des Alpes à requérir le général Kellermann de faire marcher le nombre de troupes nécesssaire pour rétablir l'ordre à Lyon. *Voyez* 8 août suivant.
252	16.	Loi portant qu'il ne sera fait aucun paiement par la République, en vertu de jugemens attaqués par la voie de cassation, sans une caution préalable.
		a. 16. Chalier est condamné à mort par le tribunal criminel de Lyon, et exécuté malgré l'intervention de la Convention.
253	17.	Loi qui supprime, sans indemnité, toutes redevances ci-devant seigneuriales et droits féodaux, même ceux conservés par le décret du 25 août dernier, et qui oblige à brûler tous les titres de féodalité. *Voyez* 30 pluviose an 11.
254	19.	Loi relative au droit de propriété des auteurs

Législation civile et criminelle.		*Faits, Époques et Lois remarquables.*
Nos.	Dates.	JUILLET 1793.
		d'écrits en tous genres, des compositeurs de musique, peintres et dessinateurs.
		a. 19. Loi portant que les prêtres qui se marient ne peuvent être privés de leur traitement, et qui prononce la peine de déportation contre les évêques qui s'opposeraient à ces mariages.
255	20.	Loi qui prononce la peine de mort contre les autorités constituées qui retiendraient ou feraient partir, sans ordre, des vaisseaux de la République.
		a. 23. Loi qui ordonne qu'il n'y aura désormais plus qu'une cloche dans chaque commune.
		b. 23. La ville de Mayence, occupée par les troupes de la République, est remise par capitulation à l'armée prussienne.
		c. 25. Loi concernant l'administration et la vente des biens des émigrés, et la liquidation de leurs dettes.
256	26.	Loi qui prononce la peine de mort contre les accapareurs de denrées de première nécessité, et qui définit quels sont ceux qui doivent être regardés comme tels. *Voyez* 27 brumaire et 12 germinal an 2.
257	27.	Loi portant que le tribunal de cassation sera tenu de statuer sur les affaires criminelles dans la huitaine de l'envoi des pièces.
258	27.	Loi qui condamne à la peine de mort ceux qui auront fait sauter les caissons, volé ou pillé, etc.
		a. 27. Loi qui supprime les primes pour la traite des négres. *Voyez* 16 pluviose an 2.
		b. 27. Loi qui accorde au citoyen Chappe le titre d'ingénieur télégraphe, aux appointemens de lieutenant de génie.
		c. 28. Le comité de salut public est revêtu de la faculté de lancer des mandats d'arrêt.
259	29.	Loi portant que les jugemens criminels rendus

Législation civile et criminelle.		*Faits, Epoques et Lois remarquables.*
Nos.	Dates	*JUILLET* 1793.
		suivant les formes civiles, sont sujets à la cassation.
		a. 30. Le tribunal criminel extraordinaire surchargé d'affaires, est augmenté d'une section. *Voyez* 5 septembre suivant.
		b. 30. Les corps administratifs du Calvados écrivent à la Convention qu'ils reconnaissent leur erreur, qu'ils resteront désormais unis à l'assemblée nationale, qu'il n'existe plus d'armée départementale, que les assemblées primaires votent l'acceptation de la constitution.
		c. 31. Loi sur le retirement de la circulation des assignats à face royale.
		d. 31. La Convention décrète que la garnison de Mayence sera transportée, en poste, dans le département de la Vendée, pour réduire les insurgés.
		AOUT.
260	1er.	Loi qui abolit l'amende pour se pourvoir en requête civile. *Voyez* 1er. thermidor an 6.
		a. 1er. Loi qui met à la réquisition du ministre de la guerre tous les officiers de santé depuis l'âge de 18 ans jusqu'à celui de 45.
		b. 1er. Loi qui bannit de la République tous les individus de la famille des Bourbons, excepté ceux qui sont détenus au temple, et qui traduit Marie-Antoinette au tribunal extraordinaire. *Voyez* 25 vendémiaire an 2.
		c. 1er. La Convention décrète qu'il sera envoyé dans la Vendée des matières combustibles de toutes espèces, pour incendier les bois, les taillis, les genêts ; que les forêts seront abatues, les repaires des rebelles détruits, les récoltes coupées, etc.
		d. 1er. Loi sur l'uniformité et le système général des poids et mesures. *Voyez* 18 germinal an 3.

Législation civile et criminelle.		*Faits, Epoques et Lois remarquables.*
Nos.	Dates.	*AOUT* 1793.
		e. 1er. La Convention ordonne l'arrestation de tous les étrangers avec lesquels la République est en guerre.
		f. 3. On lit à la tribune de la Convention une adresse du conseil général de la ville de Lyon. On y remarque cette phrase : *Nous vous adressons le procès-verbal d'acceptation de la constitution : d'après un pareil acte, qui prouve notre attachement à l'unité, à l'indivisibilité de la République, nous espérons n'avoir plus à craindre les dispositions hostiles dont nous menacent vos commissaires près l'armée des Alpes. Voyez* 23 août suivant.
		g. 3. Loi qui fixe la contribution foncière pour l'année 1793, à la somme de 240 millions, et qui porte que l'on ne pourra être imposé au-delà du cinquième du revenu net.
		h. 6. Dubois-Crancé et Gauthier commissaires près l'armée des Alpes, annoncent à la Convention qu'ils marchent sur Lyon avec 20,000 républicains, commandés par le général Kellermann ; *qu'une heure après la sommation d'obéir, les bombes et le canon.......... Voyez* 23 août suivant.
261	7.	Loi prononçant peine de mort contre les hommes déguisés en femme dans les rassemblemens, et contre les fausses patrouilles.
262	8.	Loi interprétative de l'article 12, section 4 de la loi du 10 juin dernier sur le mode de partage des biens communaux.
		a. 8. Première sortie des lyonnais assiégés par les troupes de la République. La victoire reste aux lyonnais. Ils écrivent à la Convention pour demander justice, et pour qu'on emploie d'autres voies que la force, contre laquelle ils protestent de se défendre jusqu'au dernier soupir.

Législation civile et criminelle.		*Faits, Époques et Lois remarquables.*
Nos.	Dates.	*AOUT* 1793.
		b. 8. Loi qui supprime toutes les académies et sociétés littéraires patentées ou dotées par la nation. *Voyez* 3 brumaire an 4, et 3 pluviose an 11.
		c. 8. Loi portant que les inspecteurs de la salle donneront la consigne dans l'étendue de l'enceinte de la salle de la Convention.
		d. 10. Les députés des assemblées primaires des 44,000 communes de la République déposent sur l'autel de la patrie au champ de Mars, leur vœu d'acceptation de la constitution, qui est ensuite proclamé par Hérault de Sechelles, président de la Convention.
263	12.	Loi pénale contre les prêtres qui porteraient opposition à la loi sur l'état civil des citoyens.
		a. 14. Loi sur l'organisation de l'enregistrement et autres droits y réunis.
264	16.	Loi relative à l'exécution des jugemens criminels dans les pays occupés par les ennemis de la République et par les rebelles.
265	16.	Loi sur les nouveaux tribunaux militaires, et leur traitement ; sur la compétence des tribunaux criminels et des juges de paix, pour connaître les délits commis par les militaires formant les dépôts.
266	16.	Loi qui accorde une indemnité de 3 livres par jour et de 15 sols par lieue, aux jurés d'accusation, de jugement et aux adjoints.
267	19.	Loi qui supprime la formalité d'une consultation de trois hommes de loi pour se pourvoir en requête civile ou en cassation.
268	22.	Au nom du comité de législation, Cambacérés soumet à la discussion le plan du nouveau *Code civil*, et de suite sont adoptés sur l'état des personnes, le titre 1er. contenant des *dispositions générales*; le titre 2 *du Mariage*, le titre 3 *des droits des époux*; les 24, 26, 30 et 31 suivants sont adoptés; le titre 4 *des Enfans*,

Législation civile et criminelle.		*Faits, Époques et Lois remarquables.*
Nos.	**Dates.**	*AOUT* 1793.
		le titre 5 *des rapports entre les père et mère et les enfans*, le titre 6 sur *le Divorce*, le titre 7 *de l'Adoption*, le titre 8 *de la Tutelle*. *V.* 7 et 15 brumaire an 2.
269	22.	Loi portant que le tribunal de cassation sera tenu de juger dans deux mois tous les procès dont les pièces lui sont parvenues, et qui l'autorise à se diviser en trois sections.
		a. 22. Loi relative aux moyens de vérifier et d'apurer l'ancienne comptabilité.
		b. 23. Loi qui détermine le mode de réquisition des citoyens français contre les ennemis de la République, et les met tous à la disposition du ministre, depuis l'âge de 18 ans jusqu'à 25.
		c. 23. Bombardement de la ville de Lyon; le feu se manifeste dans plusieurs endroits. *Voyez* 17 vendémiaire an 2.
270	24.	Dispositions sur les saisies et oppositions au trésor public, § 44 de la *loi qui ordonne la formation d'un grand-livre*, pour inscrire et consolider la dette publique non viagère; la remise et annullation des anciens titres de créance, sous peine de déchéance; la suppression des rentes dues aux fabriques; la reconnaissance des dettes des communes, districts et départemens, comme dettes nationales, etc.
		a. 24. Loi qui supprime la caisse d'escompte et la compagnie d'assurance.
		b. 27. Le port de Toulon est livré à l'amiral Howe, commandant la flotte anglaise. *Voyez* 11 frimaire an 2.
		c. 29. Défense de jouer la comédie de *Paméla*, à l'occasion de laquelle de grands troubles ont eu lieu au théâtre français. *Voyez* le 3 septembre suivant.

Législation civile et criminelle. N^{os}.	Dates.	*Faits, Époques et Lois remarquables.*
		SEPTEMBRE 1793.
271	1er.	Loi relative au droit de propriété des ouvrages dramatiques, et à la police des spectacles.
272	2.	Loi sur les délais accordés aux gens de mer, pour se pourvoir en cassation contre les jugemens rendus en leur absence.
273	2.	Loi qui abolit la faculté de retrait accordé au mari et à ses héritiers par l'article 332 de la coutume de Normandie.
		a. 3. La Convention approuve l'arrêté du comité de salut public, portant que le théâtre de la comédie française sera fermé ; que les comédiens et l'auteur de *Paméla* (François de Neufchâteau) seront mis en arrestation.
		b. 5. Le tribunal criminel extraordinaire est augmenté de deux sections, pour le rendre *plus expéditif. Voyez* 8 brumaire an 2.
		c. 5. Création d'une armée révolutionnaire à Paris.
274	7.	Loi qui autorise provisoirement les mineurs dont les père et mère seraient morts, interdits ou absens pour cause légitime, à contracter mariage sur l'avis d'un conseil de famille.
		a. 9. Loi qui accorde aux citoyens de Paris, vivant de leur travail journalier, un droit d'assistance de 2 francs par séance aux assemblées de leurs sections. *Voyez* 4 fructidor an 2.
		b. 9. Loi portant suppression des écoles militaires.
275	10.	Loi qui interdit aux meûniers le commerce de grains, sous peine de dix années de fers.
		a. 11. Loi qui établit un maximum sur le prix des grains et farines. *Voyez* 29 suivant.
		b. 11. Loi qui défend la vente, cession, négociation ou transport des titres actuels concernant les créances non viagères sur la nation, et qui règle l'échange de ces titres contre un extrait provisoire d'inscription, etc.

Législation civile et criminelle. N^os^.	Dates.	*Faits, Époques et Lois remarquables.*
		SEPTEMBRE 1793.
		c. 11. Suppression des droits sur les denrées coloniales.
276	14.	Loi qui prescrit les formalités pour être admis à se marier lorsqu'on ne peut représenter son acte de naissance.
		a. 15. Loi portant qu'indépendamment des écoles primaires, il sera établi trois degrés d'instruction publique, et qui supprime les colléges, les facultés de théologie, de médecine, des arts et de droit.
277	16.	Loi qui autorise le tribunal criminel extraordinaire à juger concurremment avec les tribunaux criminels les émigrés rentrés en France.
278	17.	Loi qui autorise les notaires, greffiers et huissiers à faire les prisées et ventes de meubles, et qui fixe le prix des vacations.
279	17.	Loi qui déclare les lois relatives aux émigrés, applicables aux déportés. *V.* 22 ventose an 2.
		a. 17. Loi qui ordonne l'arrestation des personnes *suspectes*, et qui détermine qu'elles sont celles qui peuvent être regardées comme telles.
		b. 18. Le traitement des évêques est réduit à 6,000 francs. Suppression des vicaires épiscopaux. *Voyez* 18 germinal an 10.
280	20.	Loi qui accorde trois mois pour se pourvoir contre les arrêts du ci-devant conseil.
		a. 21. Acte de navigation ou loi dont l'objet est de favoriser la construction de vaisseaux et la formation de matelots français, en défendant le cabotage et le transport dans les colonies, par des vaisseaux étrangers.
		b. 21. Loi qui assujétit les femmes à porter la cocarde nationale, sous peine de huit jours de détention, et en cas de récidive d'être regardées comme suspectes.
		c. 21. La cuisine de la prison du Temple est supprimée; les détenus sont réduits au pur nécessaire; les femmes et valets de chambre sont renvoyés.

Législation civile et criminelle.		*Faits, Epoques et Lois remarquables.*
Nos.	Dates.	*VENDÉMIAIRE* AN 2. — *Sept. et Oct.* 1793.
		COMMENCEMENT DE L'AN 2 DE LA RÉPUBLIQUE.
		1er. Vendémiaire an 2 de la République correspondant au 22 septembre 1793. *Voyez* 14 vendémiaire suivant.
		Nota. *Ici commencent les dates et dénominations des mois du nouveau calendrier, décrété le 3 brumaire an 2.*
281	2.	*(ou 23 sept.)* Loi qui ordonne de verser dans la caisse de la trésorerie nationale et dans celles des receveurs de district les dépôts faits chez les officiers publics, et qui règle ce qui est relatif aux saisies faites entre les mains des dépositaires volontaires ou à la trésorerie.
		a. 2. Acte d'accusation contre le député Perrin, qui, le 29 suivant, est condamné par coutumace à 12 années de fers et à 6 heures d'exposition.
		b. 4. *(ou 25 sept.)* Arrêté du comité de salut public, qui ordonne que le fer des églises et des chapelles sera employé à la fabrication des fusils.
		c. 4. La Convention arrête qu'aucun autre comité que celui de la Convention ne pourra prendre le nom de *Comité de salut public.*
		d. 4. Le conseil général de la commune de Paris arrête qu'il ne sera plus permis de parler aux personnes suspectes détenues dans les maisons d'arrêt ; qu'elles ne recevront ni n'écriront aucunes lettres qu'elles n'aient été lues par l'administration de police.
282	8.	*(ou 29 sept.)* Loi portant que dans le cas d'une alliance contractée entre deux juges d'un même tribunal, l'exclusion frappera sur celui qui aura contracté l'alliance.
		a. 8. Etablissement du *maximum* sur le prix de toutes les marchandises de première nécessité.
283	9.	*(ou 30 sept.)* Loi qui abolit l'espèce de retrait

Législation civile et criminelle.		*Faits, Époques et Lois remarquables.*
Nos.	Dates.	*VENDÉMIAIRE* AN 2. — *Sept. et Oct.* 1793.
		accordé à l'aîné par l'article 286 de la coutume de Normandie.
284	9.	Loi qui attribue au directeur du juré les fonctions d'officier de police, pour délits relatifs aux subsistances.
285	9.	Loi portant que les tribunaux criminels connaîtront du crime d'embauchage, sans recours au tribunal de cassation.
286	9.	Loi relative aux procès criminels dans lesquels l'envahissement du territoire français empêchera de produire les preuves nécessaires à la manifestation de la vérité.
287	10.	*(ou 1er. oct.)* Loi qui détermine le mode de répartition des prises faites par les vaisseaux français, et la manière de procéder pour le jugement des contestations y relatives.
288	11.	*(ou 2 oct.)* Loi qui ordonne que les procès des communes, à raison des biens communaux et patrimoniaux, seront jugés par la voie de l'arbitrage. *Voyez* 9 ventose an 4.
289	12.	*(ou 3 oct.)* Loi portant que lorsque les juges d'un tribunal criminel seront partagés d'opinion, ils seront tenus d'appeler un cinquième juge, pris dans le tribunal de district, pour les départager.
		a. 12. Loi portant que les congrégations de filles employées au service des pauvres et des malades ou à l'instruction publique, sont déchus de leurs fonctions, si elles n'ont pas prêté le serment déterminé par la loi.
		b. 12. Loi qui décerne les honneurs du Panthéon à René Descartes.
		c. 12. La Convention décrète *d'accusation* les cinquante-trois députés dont les noms suivent : Brissot, Gensonné, Vergniaux, Guadet, Grangeneuve, Pétion, Gorsas, Barbaroux, Louvet, Valazé, Valadi, Boyer-Fonfrede, Ducos, Royer, Vigier, Kersaint, Manuel (dé-

Législation civile et criminelle.		*Faits, Epoques et Lois remarquables.*
Nos.	Dates.	*VENDÉMIAIRE* an 2. — *Sept. et Oct.* 1793.
		missionnaires, *voyez* 18 janvier 1793) Duchâtel, Lasource, Condorcet, Carra, Lehardy, Hardy, Salles, Rebecqui, Buzot, Rabaut-St.-Etienne, Chambon, Biroteau, Lanjuinais, Chatellain, Doulcet-Pontecoulant, Gardien, Mollevaux, Minvielle, Delahaie, Fauchet, Isnard, Sillery, Duprat, Bonnet, Lacaze, Mazuyer, Savary, Boileau, Antiboul, Beauvais, Dulaure, Bresson, Noël, Coustard, Audrey et Vigée. *Voyez* 16 vendémiaire, 10, 16 et 18 brumaire, 15 frimaire, 29 ventose, 18 et 19 messidor suivant.
		Les députés signataires des protestations des 6 et 9 juin, sont décrétés d'*arrestation*, au nombre de soixante-six. *Voyez* 18 frimaire an 3.
		d. 13. *(ou 4 oct.)* Loi portant que les bois des particuliers, propres au service de la marine, seront marqués et mis à la disposition du ministre.
290	14	*(ou 5 oct.)* Loi portant que les citoyens insolvables, condamnés à des amendes par la police correctionnelle, ne pourront être détenus qu'un mois pour défaut de paiement.
291	14.	*(ou 5 oct.)* Loi portant que l'ère des français compte de la fondation de la République, qui a eu lieu le 22 septembre 1792; qui rapporte celle du 2 janvier 1793, qui fixait le commencement de la deuxième année au 1er. janvier 1793; et qui déclare que *tous les actes passés dans le courant du 1er. janvier au 22 septembre 1793 seront regardés comme appartenans à la première année de la République.*
		a. 14. Loi qui déclare *suspects* les membres de l'Assemblée constituante qui ont signé des protestations ou déclarations contre les décrets

Législation civile et criminelle.		*Faits, Époques et Lois remarquables.*
Nos.	Dates.	*VENDÉMIAIRE* AN 2. — *Sept. et Oct.* 1793.
		de cette assemblée, et qui ordonne qu'ils soient mis en arrestation.
292	16.	Loi portant que les administrations et les tribunaux ne pourront prendre de vacances que les 10, 20 et 30 de chaque mois. *Voyez* 18 germinal an 10.
		a. 16. Le député Gorsas est exécuté sur la place de la Révolution, sans jugement préalable, *comme étant hors de la loi.*
		b. 16. La Convention décrète que le ci-devant duc d'Orléans sera transporté de Marseille à Paris, et traduit au tribunal révolutionnaire. *Voyez* 16 brumaire suivant.
		c. 16. Loi relative aux titre, poids et empreinte des monnaies.
		d. 17. Prise de la ville de Lyon, après un bombardement et un siége de deux mois. *Voyez* le 21.
		e. 17. Loi qui ordonne une levée extraordinaire de chevaux, dans toute l'étendue de la République.
		f. 17. Décret qui supprime les compagnies financières, et qui défend d'en former à l'avenir; qui dissoud la compagnie des Indes, et déclare que la nation rentre dans toutes les concessions qui lui ont été faites. *Voyez* 30 brumaire an 4.
293	18.	Loi qui admet les ci-devant religieux et religieuses au partage des successions à échoir. *Voyez* 17 nivose suivant.
294	18.	Décret *d'ordre du jour*, relatif aux successions à partager entre enfans issus de deux mariages, dans les coutumes de dévolution, *motivé* sur l'article 1er. du décret du 8 avril 1791.
295	18.	Loi qui proscrit du sol de la République les marchandises anglaises, et détermine des peines contre ceux qui contreviendraient à la prohibition.

Législation civile et criminelle.		*Faits, Époques et Lois remarquables.*
Nos.	Dates.	*VENDÉMIAIRE* AN 2. — *Sept. et Oct.* 1793.
		a. 19. La Convention *ajourne* la mise en activité de la constitution de 1793, déclare que le Gouvernement sera révolutionnaire jusqu'à la paix, et place sous la surveillance du comité de salut public, le conseil exécutif provisoire, les ministres, les généraux et les corps constitués. *Voyez* 14 frimaire suivant.
		b. 21. Loi portant que les plaques de cheminées portant des signes de féodalité, seront retournées.
		c. 21. Loi portant que la ville de Lyon sera détruite, et son nom effacé du tableau des villes de la République ; que la réunion des maisons réservée pour le peuple s'appellera *Commune-affranchie* ; qu'il sera nommé une commission extraordinaire, composée de cinq membres, pour faire punir militairement les contre-révolutionnaires qu'elle renferme. *Voyez* 9 brumaire an 2 et 16 vendémiaire an 3.
296	22.	Loi qui autorise le demandeur en divorce à faire apposer les scellés sur les effets mobiliers de la communauté.
297	23.	Décret *d'ordre du jour*, interprétatif de l'art. 10 du § 3 de la loi du 20 septembre sur le divorce.
298	24.	Loi sur la répression et l'extinction de la mendicité, et portant des peines contre les mendians munis d'armes offensives, accusés ou soupçonnés de crimes.
299	25.	Loi qui fixe la publication du mariage au décadi et la célébration à trois jours après.
		a. 25. Déclaration de guerre à la France, par le roi de Naples et de Sicile.
		b. 25. Exécution à mort de Marie-Antoinette d'Autriche, sur la place de la Révolution. Ses défenseurs Tronçon-Ducoudray et Chauveau-Lagarde, nommés d'office par le tribunal, sont mis en état d'arrestation par ordre du

Législation civile et criminelle.		*Faits, Epoques et Lois remarquables.*
Nos.	Dates.	*VENDÉMIAIRE* AN 2. — *Sept. et Oct.* 1793.
		comité de sûreté générale, dans l'espoir d'en tirer quelques renseignemens utiles ; le lendemain ils sont remis en liberté.
		c. 28. Loi qui supprime toutes les loteries, hors celle de France. *Voyez* 25 brumaire suivant.
		d. 28. La ci-devant duchesse de Bourbon fait don de tous ses biens à la Nation.
300	29.	Loi portant peine de mort contre les prêtres sujets à la déportation qui rentreront ou qui, étant pris sur les frontières ou en pays ennemi, seront convaincus d'avoir porté les armes contre la République. (Une loi du 29 pluviose suivant déclare sans appel ni recours en cassation, les jugemens rendus en exécution de celle-ci.)
		a. 30. Loi relative à l'organisation de l'instruction publique, et à la distribution des premières écoles dans les communes.
		BRUMAIRE. — *Oct. et Nov.*
301	1er.	Loi qui détermine les cas pour lesquels il y a lieu à cassation des jugemens en matière criminelle. *Voyez* 28 ventose suivant.
302	1er.	Loi qui défend d'exiger des colons ou métayers aucunes prestations féodales, dîmes, rentes, etc. si elles ont été stipulées dans des baux postérieurs à leur suppression.
303	1er.	Loi portant que la condamnation pour crime de fausse monnaie emportera confiscation des biens.
304	1er.	Loi portant qu'il y a incompatibilité entre les fonctions de notaire et celles de juge de paix.
305	3.	Loi sur la suppression des avoués, sur la nouvelle forme pour l'instruction des affaires, sur l'obligation imposée aux juges de délibérer en public et d'opiner à haute voix.
		a. 3. Loi sur la nouvelle dénomination des mois

Législation civile et criminelle.		Faits, Epoques et Lois remarquables.
Nos.	Dates.	BRUMAIRE AN 2. — Oct. et Nov. 1793.
		et des jours de l'année. *Voyez* 19 du présent et 4 frimaire suivant.
		b. 4. Loi portant que les sujets des puissances avec lesquelles la république est en guerre, seront détenus jusqu'à la paix.
306	5.	Loi contenant des dispositions nouvelles relativement aux testamens, donations entre-vifs et contractuelles, et à l'ordre des successions. *Voyez* 23 brumaire et 17 nivose suivant.
307	6.	Loi sur le jugement des procès criminels, pendans aux ci-devant cours souveraines, élevés incidemment aux procès civils; et sur ceux qui s'éléveront à l'avenir.
308	7.	Loi qui autorise le comité de législation à faire imprimer le code civil, en y rapportant les changemens décrétés. *Voyez* le 13 du présent.
309	8.	Loi portant que pour accélérer les jugemens du tribunal criminel extraordinaire, qui désormais s'appellera *tribunal révolutionnaire*, l'on pourra y procéder de suite, si le troisième jour des débats les jurés déclarent que *leur conscience est suffisament instruite.*
310	9.	Loi qui annulle tous jugemens rendus sur procès intentés depuis 1792, pour droits féodaux.
		a. 9. Les députés Collot-d'Herbois, Montaut et Fouché (de Nantes) sont nommés commissaires de la Convention, pour faire exécuter ses décrets contre la ville et les habitans de Lyon.
		b. 9. Loi qui défend les clubs et sociétes populaires de femmes.
		c. 10. Vingt et un députés condamnés à mort, sont exécutés sur la place de la Révolution: Brissot, Gensonné, Vergniaud, Lasource, Lehardi, Fauchet, Boyer-Fonfréde, Gardien, Boileau, Vigée, Sillery, Ducos, Duchatel, Carra, Minvielle, Duprat, Lacaze, Antiboul,

Législation civile et criminelle.		*Faits, Epoques et Lois remarquables.*
Nos.	Dates.	*BRUMAIRE* AN 2. — *Oct. et Nov.* 1793.
		Beauvais, Duperret et Valazé. Ce dernier se poignarde avant de sortir du tribunal.
		d. 10. Loi qui substitue la dénomination de *commune* à celles de ville, bourg et village.
311	12.	Loi qui détermine les droits des enfans nés hors du mariage, et qui appelle ceux actuellement existans, à recueillir les successions de leurs père et mère morts depuis le 14 juillet 1789. *Voyez* 29 germinal et 14 floréal an 11.
312	13.	Loi qui punit de mort les géoliers et gardiens, s'ils sont convaincus d'avoir favorisé l'évasion des personnes détenues.
313	13.	Loi portant que la rédaction ultérieure du code civil est renvoyée à l'examen d'une commission de six membres, qui seront nommés par le comité de salut public.
		a. 13. Madame Olympe de Gouges est condamnée à mort et exécutée. *Voyez* 15 décembre 1792.
		b. 13. Loi qui déclare national l'actif des fabriques et fondations.
314	15.	Décret portant, sur la question de savoir si les tribunaux criminels sont compétens pour statuer sur les demandes en commutation ou abolition de peines prononcées par les conseils de guerre, *qu'il n'y a pas lieu à délibérer*, parce que ces jugemens sont rendus en dernier ressort.
		a. 16. Exécution à mort du ci-devant duc d'Orléans, et du député Coustard.
		b. 17. Le citoyen Gobel, évêque de Paris, et ses grands vicaires viennent avec les autorités constituées, déclarer à la barre de la Convention, qu'ils abdiquent les fonctions sacerdotales et ne veulent plus exercer d'autre culte que celui de la liberté et de l'égalité.
315	18.	Loi sur les fonctions de notaire, sur les lieux où

Législation civile et criminelle.		*Faits, Epoques et Lois remarquables.*
Nos.	Dates.	*BRUMAIRE* AN 2. — *Oct. et Nov.* 1793.
		ils pourront instrumenter, et les peines en cas de contraventions.
		a. 18. Lidon, député, se brûle la cervelle à Brives. Il avait été du comité des Douze, et décrété d'arrestation le 2 juin précédent.
		b. 18. Loi qui établit à Paris un Institut national de musique.
		c. 18. Biroteau, hors la loi, est condamné à mort par la commission militaire de Bordeaux.
316	19.	Loi interprétative de l'art. 4, sect. 4 du décret du 10 juin, sur le partage des biens communaux.
		a. 19. Loi portant que les enfans, dont la condamnation des père et mère aura emporté confiscation de biens, *seront envoyés à l'hospice des enfans trouvés.*
		b. 19. Loi portant que la quatrième année de chaque *franciade* qui doit recevoir le jour intercallaire, sera appelée l'*année sextile.*
		c. 20. Fête dite de la *Raison*, célébrée dans l'église Notre-Dame (appelée depuis par décret formel, *Temple de la Raison*). La Convention s'y rend en corps, et chante avec le peuple l'hymne à cette nouvelle divinité.
		d. 21. Exécution dans le Champ-de-Mars de Jean-Sylvain Bailly, ancien maire de Paris; avant sa mort, le peuple le couvre de boue et l'abreuve de toutes sortes d'outrages.
		e. 22. L'ex-ministre Roland se donne la mort sur la route de Paris à Rouen.
317	23.	Loi qui ordonne l'exécution de tous les articles d'appendice du Code civil. (Ce sont ceux renfermés dans la loi du 5 brumaire dernier.)
318	24.	Loi relative à la faculté qu'ont les citoyens de prendre tels noms qu'il leur plaît. *Voyez* 6 fructidor suivant.
319	25.	Loi qui prononce la peine de dix années de fer contre ceux qui détourneront de leur destina-

Législation civile et criminelle.		*Faits, Epoques et Lois remarquables.*
Nos.	Dates.	*BRUMAIRE* AN 2. — *Oct. et Nov.* 1793.
		tion les subsistances et approvisionnemens destinés à la marine.
		a. 25. Loi portant suppression de toutes les loteries sans exception. *Voyez* 9 vendémiaire an 6.
		b. 25. Loi portant que les prêtres mariés ne seront sujets ni à la réclusion, ni à la déportation.
		c. 25. Loi portant que les presbytères des communes qui auront renoncé au culte public ou leur produit, seront destinés au soulagement des indigens et à l'instruction publique.
		d. 25. Condamnation et exécution de Manuel, député *démissionnaire*, ci-devant procureur de la commune de Paris; de Cussy, député, déclaré traître à la patrie, le 28 juillet 1793, et de l'ex-président Gilbert de Voisins, etc.
320	27.	Loi portant que les confiscations prononcées contre les accapareurs, appartiendront en totalité à leurs communes respectives, et qui règle le mode d'indemnité à accorder aux commissaires pour leurs recherches.
		a. 27. La Convention déclare relativement à ses relations avec les puissances étrangères, que *le peuple français sera terrible envers ses ennemis, généreux envers ses alliés, et juste envers tous les peuples.*
		b. 27. Loi portant que la liste des émigrés sera arrêtée par les ministres de la justice, de la guerre, de l'intérieur et des contributions publiques.
		c. 27. Arrêté du conseil général de la commune de Paris, qui ordonne que provisoirement un commissaire en bonnet rouge conduira les corps morts au lieu de leur sépulture.
		d. 28. Loi qui ordonne à tout citoyen ayant la croix de Saint-Louis ou autres décorations, de les déposer avec les titres y relatifs, sous huitaine.

Législation civile et criminelle.		Faits, Epoques et Lois remarquables.
Nos.	Dates	*FRIMAIRE* AN 2. — *Nov. et Dec.* 1793.
321	1er.	Loi qui fixe les délais pour se pourvoir en cassation en matière civile.
322	2.	Loi portant que les fabricateurs de fausse monnaie étrangère seront punis de la même peine que les fabricateurs de fausse monnaie nationale.
		a. 2. Loi qui accorde des secours annuels aux prêtres qui renonceront à leur état.
		b. 2. Arrêté du conseil général de la commune de Paris, qui ordonne la fermeture de tous les temples et églises.
323	3.	Loi relative aux frais d'exécution des jugemens criminels. *Voyez* 12 prairial suivant.
		a. 4. Loi sur l'organisation du nouveau calendrier, la distribution et dénomination des jours et des mois.
324	5.	Loi portant que la déportation sera désormais pour la vie entière.
325	5.	Loi relative aux dons faits aux domestiques peu fortunés.
		a. 5. La Convention décrète que le corps de Marat sera porté au Panthéon, et que celui de Mirabeau en sera retiré ; que l'*apothéose de Marat* sera un *jour de fête* pour toute la république. *Voyez* cinquième jour sans-culotide.
326	7.	Loi relative à la poursuite des délits d'escroqueries et d'abus de fidélité.
327	7.	Décret portant qu'*il n'y a pas lieu à délibérer* sur la question de savoir si les actes d'accusation de faux témoignage doivent être portés devant des jurés spéciaux, *motivé* sur ce que le faux qui s'exerce par des actes manuels est le seul qui doive être porté devant des jurés spéciaux.
328	7.	Loi qui prescrit la forme de procéder contre les prévenus de malversation dans la garde, régie ou vente des biens appartenans à la République.

Loi

Législation civile et criminelle.		*Faits, Epoques et Lois remarquables.*
Nos.	Dates.	*FRIMAIRE* AN 2. — *Nov. et Dec.* 1793.
329	8.	Loi sur une condamnation par contumace, antérieure à la loi du 16 septembre 1791, et au code pénal du même mois.
330	8.	Loi interprétative et confirmative de celles qui ont aboli le privilége exclusif de la pêche.
		a. 9. Loi qui fixe la contribution mobiliaire de l'année 1793, pour chaque commune de la république, à la moitié du montant des cotes fixes de la cote mobiliaire réduite au 18e, et de celle d'habitation réduite au 4e, sur les rôles de 1792.
331	10.	Loi portant que la république rentre dans la propriété de tous les domaines de la couronne, engagés ou aliénés. *Voyez* 30 ventose suivant.
		a. 11. Chaumette fait adopter par le conseil général de la commune de Paris, un réquisitoire en faveur de la liberté des cultes.
		b. 11. Reprise de Toulon sur les anglais par le général Dugommier, commandant l'armée française. Napoléon Bonaparte y commandait l'artillerie de siége, et mérita les éloges du général en chef.
332	12.	Loi relative à la sépulture des citoyens dans les cimetières publics, quelles que soient leurs opinions religieuses.
		a. 14. Loi sur un mode de *gouvernement provisoire et révolutionnaire* qui sera confié au comité de salut public; sur la publication d'un *bulletin* des lois et leur envoi, sur leur exécution, sur la compétence et réorganisation des autorités constituées, etc.
		b. 14. Loi relative aux mesures à prendre pour augmenter la fabrication du salpêtre et de la poudre.
333	17.	Décret d'*ordre du jour* relatif aux droits du mari, et à la disposition des biens de la communauté en cas de demande en divorce, *motivé* sur ce que cette demande ne suspend pas les droits du mari.

Législation civile et criminelle.		Faits, Epoques et Lois remarquables.
Nos.	Dates.	*FRIMAIRE* AN 2. — *Nov. et Dec.* 1793.
		a. 17. La Convention autorise les comités révolutionnaires et de surveillance de toute la république, à faire exécuter les mesures de sûreté qu'ils auraient arrêtées, même à l'égard des individus qui ne seraient pas expressément compris dans la classe des suspects.
		b. 17. Loi qui ordonne le sequestre des biens des père et mère dont les enfans sont émigrés. *Voyez* 1er. nivose an 3.
		c. 18. Loi portant que les atteintes à la liberté des cultes, sont contraires à la loi.
334	26.	Loi portant des peines contre les fonctionnaires publics, fournisseurs et entrepreneurs qui auront touché deux fois leur traitement, ou perçu des sommes plus fortes que celles qui leur revenaient.
335	26.	Loi qui détermine le mode de procéder à l'égard des individus qui ont trahi la patrie dans les parties du territoire français envahies par l'ennemi.
		a. 26. Suppression des régisseurs et commis des douanes: réorganisation du bureau des affaires étrangeres.
		b. 29. Loi sur l'organisation de l'instruction publique, et qui oblige les père et mère, tuteurs et curateurs à envoyer leurs enfans et pupilles aux écoles du premier degré. *Voyez* 27 brumaire an 3.
336	30.	Loi relative à la manière de procéder devant les tribunaux criminels sur les délits d'embauchage, introduction de fausse monnaie, etc. *Voyez* 6 ventose suivant.
		NIVOSE. — *Déc. et Janv.*
337	2.	Loi sur un nouveau mode de formation de la liste des jurés, et sur la désignation, la garde et la surveillance des prisons.

Législation civile et criminelle.		*Faits, Epoques et Lois remarquables.*
Nos.	Dates.	*NIVOSE* AN 2. — *Dec.* 1793 *et Janv.* 1794.
338	2.	Loi qui suspend l'application de la peine de mort prononcée par les lois contre les accapareurs.
		a. 6. Carrier, commissaire de la Convention dans le département de la Loire-inférieure, annonce à l'assemblée que Nantes est délivré ; que les républicains, après avoir acculé les vendéens aux bords de la Loire, les ont taillé en pièces ; qu'ils en ont tué ou fait noyer plus de *trente-mille.*
339	8.	Loi qui attribue aux tribunaux de famille la connaissance des contestations relatives aux droits des époux divorcés, et qui fixe les délais après lesquels ils peuvent se remarier.
		a. 15. Exécution des députés Rabaut de Saint-Étienne et Kersaint, démissionnaires.
340	16.	Loi qui fixe les jours, le lieu et les délais des criées. *Voyez* 13 ventose suivant.
341	17.	Loi relative aux donations et successions. *Voyez* 22 et 23 ventose, 9 fructidor an 2, et 5 floréal an 3.
342	17.	Loi explicative de celle du 5 brumaire dernier, relativement aux fortunes excédant 200,000 l.
343	17.	Décret portant qu'*il n'y a pas lieu à délibérer* sur la question de savoir si lorsque dans une procédure dans laquelle sont cumulés deux délits militaires et un délit commun, le tribunal criminel doit en connaître, *motivé* sur les art. 5 et 6 du code militaire.
344	20.	Loi portant peine de mort ou des fers contre les coupables du bris de scellés.
		a. 22. Lamourette, évêque constitutionnel de Lyon, est condamné à mort et exécuté.
345	26.	Loi relative au partage par tête des bois communaux actuellement coupés.
346	28.	Loi interprétative de celles du 25 août 1792, et 9 brumaire dernier, sur les droits féodaux, et qui règle ce qui est relatif aux successions des

Législation civile et criminelle.		*Faits, Epoques et Lois remarquables.*
Nos.	Dates.	*NIVOSE* AN 2. — *Déc.* 1793 *et Janv.* 1794.
		ci-devant main-mortables ouvertes avant le 14 juillet 1789.
347	28.	Décret d'*ordre du jour*, qui décide que c'est devant les tribunaux de district que les époux doivent se pourvoir dans les cas prévus par l'art. 8, sect. 5 du titre 14 de la loi du 20 septembre sur l'état civil.
		a. 30. Loi portant que les députés qui, mis en état d'arrestation, prendront la fuite, seront sur-le-champ remplacés.
		PLUVIOSE. — *Janv. et Fév.*
		b. 2. Fête de l'anniversaire de la mort de Louis XVI.
		c. 2. Bernard, député suppléant de Barbaroux, est condamné et exécuté.
348	3.	Loi sur l'organisation de la justice militaire, sa jurisdiction, sa procédure et ses tribunaux.
		a. 3. Arrêté du conseil général de la commune de Paris, portant qu'il se rendra tous les mois au temple de la Raison pour y faire lecture des lois et du recueil des actes de vertus civiques, morales et guerrières, et que les présidens des sections sont invités à en faire autant tous les *décadis*.
349	5.	Loi qui prononce la peine de mort contre les faux témoins en matière criminelle, lorsqu'il s'agit d'une accusation capitale; et la peine de 20 années de fers, lorsque dans la même accusation ils auront faussement témoigné à décharge.
350	6.	Loi sur le délai pour se pourvoir en cassation, quand les procédures seront sous les scellés apposés après l'arrestation d'officiers publics.
351	8.	Loi portant défense d'insérer dans les actes aucune clause ou expression tendant à rappeler le régime féodal ou nobiliaire, et qui ordonne

Législation civile et criminelle.		*Faits, Epoques et Lois remarquables.*
Nos.	Dates.	*PLUVIOSE* AN 2. — *Janv. et Fév.* 1794.
		un rapport sur la confection d'un grand livre des propriétés territoriales.
		a. 8. Loi portant établissement d'instituteurs de langue française dans les départemens dont les habitans parlent divers idiomes.
352	13.	Loi qui rectifie une erreur aux articles 84 et 85 de celle du 17 nivose. (*Voyez* un arrêté du Directoire du 12 pluviose an 6, relatif à la réparation des mêmes erreurs).
		a. 13. Les puissances coalisées contre la France, proposent une trêve de deux ans ; elles promettent de reconnaître provisoirement la République française, et de faire la paix lorsqu'elle aura un gouvernement établi et stable. Ces propositions ne sont pas acceptées.
		b. 14. Loi portant en principe qu'il ne sera plus exigé de cautionnement des comptables publics. (La rédaction définitive est du 7 floréal an 2).
		c. 16. La Convention adopte d'enthousiasme la proposition d'abolir l'esclavage des nègres. Les députés blancs et de couleurs s'embrassent fraternellement. *Voyez* 12 germinal suivant.
		d. 17. Le commandement de l'armée du nord est ôté au général Jourdan, et donné au général Pichegru.
353	26.	Loi qui interdit provisoirement aux créanciers particuliers la faculté de faire des saisies, arrêts et oppositions sur les fonds destinés aux entrepreneurs de travaux publics.
354	28.	Loi interprétative de celle sur les substitutions, quant aux effets passés.
		VENTOSE. — *Fév. et Mars.*
355	2.	Loi portant que les députés ne pourront être assignés pour être entendus dans les affaires où ils auront été rapporteurs.
356	5.	Loi qui ordonne l'envoi direct du bulletin de la

Législation civile et criminelle.		*Faits, Époques et Lois remarquables*
Nos.	Dates	*VENTOSE* AN 2. — *Fév. et Mars* 17
		Convention à diverses autorités civiles et taires.
357	6.	Loi portant que les déclarations des témoins n'ont pas été entendus sont considérés co de nouvelles charges, et qui indique le m de procéder sur les délits connexes à c mentionnés dans les lois des 7 et 30 frim dernier.
358	7.	Loi portant que les *dénonciateurs* pourront entendus comme *témoins*.
		a. 8. Loi qui donne au comité de sûreté gé rale le pouvoir de mettre en liberté les triotes détenus, et qui porte que les person reconnues pour ennemies de la révolution, ront détenues, et leurs biens confisqués.
359	9.	Loi relative aux déclarations à faire par créanciers des émigrés, réclus, déportés, co damnés, etc.
360	11.	Loi relative aux scellés apposés après le dé de citoyens dont les défenseurs de la pat sont héritiers.
361	13.	Loi qui prescrit l'heure de la publication d criées.
		a. 13. Loi portant que les biens des ennemis la révolution, détenus, serviront à inde niser les patriotes indigens.
		b. 16. Loi qui défend la mendicité aux ind vidus valides, et qui accorde des secours au pauvres incapables de travailler.
362	17.	Loi interprétative de celle du 13 brumaire, su les personnes préposées à la garde des déte nus évadés.
		a. 20. Arrêté du comité de salut public, por tant que le théâtre français sera consacré au représentations *par et pour* le peuple.
363	22.	Loi qui déclare les biens des ecclésiastiques dé portés acquis au profit de la République supprime les titres cléricaux, et néanmoin

Législaton civile et criminelle.		*Faits, Époques et Lois remarquables.*
Nos.	Dates.	*VENTOSE* AN 2. — *Fév. et Mars* 1794.
		valide les actes qu'ils ont fait avant le 17 septembre dernier.
364	22.	Décret interprétatif de la loi du 17 nivose, sur les successions et donations, et portant *qu'il n'y a pas lieu à délibérer* sur soixante questions proposés.
365	23.	Loi concernant un mode d'exécution de la loi du 17 nivose, et portant que les contestations entre les héritiers et donataires au sujet des successions, seront réglées par la voie de l'arbitrage.
		a. 23. Nomination de six commissions populaires pour juger promptement les ennemis de la Révolution détenus dans les prisons : les prévenus de conspiration contre la République, qui se seront soustraits à l'examen de la justice, seront mis hors la loi.
366	28.	Loi portant addition à celle du 1er. brumaire, sur les ouvertures et la cassation en matière criminelle.
		a. 29. Mazuyer, député, compris dans le décret d'accusation du 12 vendémiaire, est condamné et exécuté.
367	30.	Loi qui suspend l'exécution de celle du 10 frimaire, en ce qui concerne les aliénations de terrains, à condition de bâtir ou démolir. *Nota.* Une autre loi du 22 frimaire an 3 a suspendu entièrement l'effet de celle du 10 frimaire. *Voyez* 7 nivose an 5.
		GERMINAL. — *Mars et Avril.*
		a. 2. La Convention décrète que *la justice et la probité sont à l'ordre du jour.*
368	3.	Loi portant qu'en cas de vol avec violence, le tribunal criminel peut poser la question de savoir s'il y a eu attaque à dessein de tuer.

Législation civile et criminelle.		*Faits, Époques et Lois remarquables.*
Nos.	Dates.	GERMINAL AN 2. — *Mars et Avril* 1794.
		a. 3 Hébert, rédacteur du fameux journal du *Père Duchêne*, Ronsin, commandant de l'armée révolutionnaire, le député Anacharsis Cloots, qui se décorait du titre d'*Orateur du genre humain*, et qui proposa à la Convention un plan de République universelle, sont condamnés à mort et exécutés.
369	4.	Loi qui détermine les cas où les jugemens peuvent et doivent être annullés en matière civile, et qui déclare que toute violation des formes prescrites par les lois nouvelles entraînera la nullité, quand même elle ne serait pas prononcée par ces lois.
370	4.	Loi relative au commerce maritime et aux douanes, et qui détermine les peines en cas de contraventions aux lois sur cette matière.
		a. 4. Loi portant que nulle fille ou femme d'émigré, soit qu'elle soit divorcée ou non, ne pourra épouser un étranger, ni sortir du territoire de la République, ni vendre ses biens, sous peine d'être traitée comme émigrée. *Voyez* 26 prairial an 3.
		b. 7. L'armée révolutionnaire, créée le 5 septembre 1793, est licenciée.
371	12.	Loi contre les accapareurs et ceux qui laissent périr des denrées propres aux subsistances.
		a. 12. Loi qui abolit l'esclavage dans toutes les colonies, et donne les droits de citoyen français à tous les gens de couleurs. *Voyez* 30 floréal an 10.
		b. 12. La Convention supprime le conseil exécutif provisoire, et remplace les ministres par douze commissions qui correspondront avec le comité de salut public, auquel elles seront subordonnées.
372	14.	Loi relative aux mandats d'amener qui seront délivrés contre les personnes prévenues de malversations dans la garde ou vente de biens natio-

Législation civile et criminelle.		*Faits, Epoques et Lois remarquables.*
Nos.	Dates	*GERMINAL* AN 2. — *Mars et Avril* 1794.
		naux, de complicité d'émigration, de fabrication ou introduction de fausse monnaie.
373	14.	Loi qui prescrit la manière de procéder à l'égard des faux témoins devant les tribunaux criminels et militaires.
374	15.	Loi portant que les accusés traduits au tribunal révolutionnaire, qui insulteraient ou résisteraient à la justice nationale, seront mis *hors des débats* et jugés de suite.
		a. 16. Les députés Delaunay d'Angers, Chabot, Basire, Fabre d'Eglantine, Hérault de Sechelles, Lacroix, Camille Desmoulins, Phelippeaux, Danton, sont condamnés et exécutés.
375	21.	Loi portant qu'aucun citoyen ne pourra faire entendre ses défenses devant les tribunaux, avant d'avoir produit la quittance de l'amende encourue au bureau de paix.
376	22.	Loi portant qu'un acte de mariage peut être reçu dans la maison commune du lieu du domicile actuel de l'une des parties, quoiqu'il n'y ait pas six mois qu'elle y réside, pourvu que les publications aient été faites au dernier domicile.
377	23.	Décret d'*ordre du jour* sur le délai pour se pourvoir en cassation en matière criminelle, *motivé* sur l'article 11 de la loi du 15 avril 1792.
378	23.	Loi portant que l'effraction d'une armoire sur laquelle sont apposés des scellés, équivaut au bris de scellé lui-même, et est sujet aux mêmes peines.
379	23.	Loi portant que les citoyens qui, appelés à remplacer des jurés absens, ne se rendront pas, encourront les mêmes peines que ceux au remplacement desquels ils sont destinés.
380	23.	Loi portant qu'il est permis aux tribunaux criminels de faire entendre des témoins en aussi grand nombre qu'ils le jugent à propos pour éclairer leur religion.
381	24.	Loi portant que les appels des jugemens de pre-

Législation civile et criminelle.		*Faits, Époques et Lois remarquables.*
Nos.	Dates.	**GERMINAL** AN 2. — *Mars et Avril* 1794.
		mière instance ne seront pas reçus, s'il n'est donné copie en tête de l'exploit d'ajournement du certificat du bureau de paix.
		a. 24. *Anaxagoras* Chaumette, ci-devant procureur de la commune de Paris, et Simon, député, sont condamnés et exécutés.
382	27.	Loi portant que tous ceux qui vivent sans rien faire, et qui seront convaincus de s'être plaints de la révolution, seront déportés à la Guyanne.
		a. 27. Loi sur la police générale de la République, qui bannit de Paris, des places fortes et des villes maritimes, les étrangers et les ex-nobles, sous peine d'être mis hors la loi. *Voyez* 18 frimaire an 3.
383	28.	Loi portant que si, sur des délits emportant peine afflictive, il a été jugé par les tribunaux civils n'y avoir lieu à mettre en accusation, le tribunal de cassation est tenu d'annuller ces jugemens.
		a. 28. Loi portant qu'il sera élevé au Panthéon une colonne de marbre noir, sur laquelle seront gravés en lettres d'or les noms des citoyens morts le 10 août 1792, pour l'égalité.
		FLORÉAL. — *Avril et Mai.*
		b. 1. Les principaux membres du ci-devant parlement de Paris sont exécutés.
384	3.	Loi relative à la poursuite des militaires qui auront distraits des effets d'habillement et d'équipement.
385	3.	Les citoyens Cambacérés, Merlin de Douai et Couthon sont nommés par décret de la Convention pour former la commission qui doit rédiger un code succint des lois rendues jusqu'à ce jour.
		a. 3. Les citoyens Malesherbes, défenseur de

Législation civile et criminelle.		*Faits, Époques et Lois remarquables.*
Nos.	Dates.	*FLORÉAL* AN 2. — *Avril et Mai* 1794.
		Louis XVI, et Thouret, ex-constituant, sont condamnés et exécutés.
386	4.	Loi portant que lorsqu'il sera prouvé par acte authentique ou de notoriété publique, que deux époux sont séparés de fait depuis plus de six mois, le divorce pourra être prononcé sans délai.
387	6.	Loi portant que l'effet des usufruits qui doivent finir à la majorité des enfans, cesseront lorsque les enfans auront atteint l'âge de 21 ans.
388	6.	Loi sur la faculté qu'ont les tribunaux criminels de faire imprimer leurs jugemens.
389	6.	Décret portant qu'*il n'y a pas lieu à délibérer* sur la peine à infliger à ceux qui ont fait usage de poinçons contrefaits, et à ceux qui ayant été condamnés à des peines afflictives ne les ont pas subies, et ont commis ensuite de nouveaux délits emportant peine afflictive ou infamante, *motivé* sur l'art. 4 de la 6e. section du titre 1er. de la 2e. partie du code pénal, et sur l'art. 1er. titre 2 de la première partie du même code.
		a. 10. Loi portant qu'aucun fonctionnaire public ne pourra renoncer à son traitement.
		b. 18. Rapport de Robespierre sur les fêtes décadaires, et sur celle de l'Être-Suprême. A la suite de ce rapport, et par l'un des articles du décret qui est rendu, *la Convention déclare qu'elle reconnaît l'existence de l'Être-Suprême.*
390	19.	Loi qui règle la compétence des tribunaux criminels et du tribunal révolutionnaire.
391	19.	La Convention, en approuvant la conduite d'un officier public, qui avait refusé de consigner sur le registre de l'état civil la déclaration d'une femme, portant que l'enfant dont elle était accouchée n'était pas de son mari, rappelle le principe que *la loi ne reconnaît d'autre père que celui désigné par le mariage.*
392	19.	Loi qui déclare compris dans la suppression des

Législation civile et criminelle.		*Faits, Epoques et Lois remarquables.*
Nos.	Dates.	*FLORÉAL* AN 2. — *Avril et Mai* 1794.
		retraits, le retrait de convenance ou successoral.
		a. 19. Le savant Lavoisier est condamné à mort avec les ci-devant fermiers-généraux. Il demande un sursis de quinze jours pour terminer un ouvrage précieux : Coffinal, président, le lui refuse, en disant que *la République n'a plus besoin de savans ni de chimistes.*
		b. 21. Madame Elisabeth, sœur de Louis XVI, et Lomenie de Brienne, ex-ministre, sont condamnés et exécutés.
393	22.	Loi qui détermine les peines à appliquer, relativement à l'opposition et à la violence employées contre les actes de l'autorité publique.
		a. 22. Loi qui ordonne la réclusion des prêtres sexagénaires ou infirmes.
		b. 22. Loi sur le mode de distribution des secours publics aux habitans des campagnes.
394	23.	Loi sur la remise des titres, le paiement des arrérages et la conversion des rentes viagères en perpétuel; qui ordonne la formation d'un grand livre viager, et défend de former des *oppositions* sur les rentes viagères.
395	29.	Décret portant qu'*il n'y a pas lieu à délibérer* sur une question relative aux rentes convenancières, et qui déclare qu'elles sont comprises dans la suppression des droits féodaux sans indemnité, prononcée par la loi du 17 juillet 1793.
396	29.	Loi sur la compétence des juges de paix et des tribunaux criminels ordinaires, dans la connaissance des délits militaires commis hors de l'arrondissement des armées.
		PRAIRIAL. — *Mai et Juin*.
397	2.	Loi portant que les baux à culture perpétuelle seront sujets au rachat et comment.

Législation civile et criminelle.		*Faits, Époques et Lois remarquables.*
Nos.	Dates.	*PRAIRIAL* AN 2. — *Mai et Juin* 1794.
398	4.	Loi portant que les délits des tribunaux criminels seront jugés par le tribunal révolutionnaire, et ceux des tribunaux civils par les tribunaux criminels.
		a. 6. La Convention décrète qu'il ne sera pas fait de prisonniers anglais.
399	12.	Loi portant que le code complet des lois sera divisé en autant de codes particuliers que les attributions données aux douze commissions exécutives, et décrétés séparément.
400	12.	Loi additionnelle à celle du 3 frimaire, relative aux frais d'exécution des jugemens criminels.
		a. 13. Loi portant qu'il sera établi à la plaine des Sablons une *Ecole de Mars*, où seront reçus 3000 jeunes gens depuis 16 jusqu'à 17 ans. *Voyez* 2 brumaire an 3.
		b. 17. Loi portant qu'il sera établie une contribution extraordinaire de guerre, pour cette année seulement.
401	18.	Loi pour remédier aux inconvéniens du déplacement des militaires appelés comme témoins devant les tribunaux.
		a. 20. Fête en l'honneur de l'Être-Suprême, célébrée au jardin des Tuileries : Robespierre, placé sur un amphitéatre au milieu de la Convention qu'il préside, prononce un discours qui est écouté avec une espèce de recueillement religieux par une multitude immense répandue dans le jardin. Des aveugles trainés sur un char, chantent en cœur des hymnes à l'Être-Suprême.
402	21.	Décret portant *qu'il n'y a pas lieu à délibérer* sur une question proposée par un tribunal, et qui décide qu'un prévenu ne peut après que le juri a déclaré qu'il n'y a pas lieu à accusation, être renvoyé devant les tribunaux de police correctionnelle.
403	21.	Décret portant *qu'il n'y a pas lieu à délibérer*

Législation civile et criminelle.		*Faits, Epoques et Lois remarquables.*
Nos.	Dates.	*PRAIRIAL* AN 2. — *Mai et Juin* 1794.
		sur une question relative à la compétence des tribunaux pour connaître des revendications faites par les citoyens, des fonds ci-devant possédés par des émigrés, et qui décide que tous les cas de désistance appartiennent à l'autorité judiciaire.
404	22.	Loi sur une nouvelle organisation du tribunal Révolutionnaire, et portant que tout document moral peut servir de preuve contre l'accusé qui ne pourra plus désormais avoir de défenseurs officieux, à moins que ce ne soit un patriote calomnié. (*Bulletin des Lois*, n°. 1.) *Voyez* 14 thermidor suivant.
		a. 23. La Convention, sur la proposition de Bourdon de l'Oise, décrète que dans la loi de la veille elle a entendu qu'aucun député ne pourra être traduit par les comités au tribunal révolutionnaire, sans un décret préalable d'accusation.
		b. 24. La Convention, d'après les observations de Couthon et de Robespierre, rapporte l'explication qu'elle a donnée le 23 sur la loi du 22 prairial.
		c. 29. Ladmiral, accusé d'avoir attenté aux jours de Collot-d'Herbois, et la fille Regnaud à ceux de Robespierre, sont condamnés et exécutés.
		MESSIDOR. — *Juin et Juillet.*
405	1er.	Loi portant que le commandant d'un vaisseau, au poste duquel la ligne serait coupée, sera puni de mort. (*Bull.* n°. 42.)
406	2.	Loi sur les formalités à observer lorsque des témoins essentiels sont dans l'impossibilité de comparaître devant les jurés. (*Bull.* n°. 40.) *Voyez* 11 prairial an 4.
407	3.	Loi qui détermine les formes à suivre dans les

Législation civile et criminelle.		*Faits, Epoques et Lois remarquables.*
Nos.	Dates.	*MESSIDOR* AN 2. — *Juin et Juillet* 1794.
		jugemens des préposés à la garde des détenus évadés. (*Bull.* n°. 41.)
408	3.	Décret portant *qu'il n'y a pas lieu à délibérer* sur une question proposée par la commission des administrations civile, police et tribunaux, et qui décide que les appelans des sentences arbitrales sont exempts de la consignation de l'amende.
409	6.	Loi sur les moyens de se procurer des expéditions d'actes reçus par des notaires détenus ou condamnés. (*Bull.* n°. 31.)
410	7.	Loi qui détermine la peine à infliger aux fonctionnaires publics et autres qui auraient commis des délits dans la vente et administration des meubles et immeubles nationaux. (*Bull.* n°. 51.)
411	7.	Loi relative à l'aliénation du bien des mineurs indivis avec des particuliers. (*Bull.*, n°. 49.)
		a. 7 Loi concernant l'organisation des archives de la République, le triage, le classement et la destination des titres, chartes et pièces manuscrites, et les relations des divers dépôts avec les archives.
		b. 8. Osselin, député, est condamné et exécuté.
412	9.	Décret d'annullation d'un jugement du tribunal de Cassation, et qui décide que ce tribunal sera tenu de motiver le rejet des demandes en cassation, soit en matière civile soit en matière criminelle.
		a. 9. Création d'une légion de police pour la ville de Paris. *Voyez* 9 floréal an 4.
		b. 9. Bataille de *Fleurus* gagnée par les armées du Nord, des Ardennes et de la Moselle, commandées par le général en chef Jourdan; les français ne font point de prisonniers et immolent tous les anglais de l'armée ennemie qui ne peuvent trouver leur salut dans la fuite.

Législation civile et criminelle.		*Faits, Epoques et Lois remarquables.*
N°s.	Dates.	*MESSIDOR* AN 2. — *Juin et Juillet* 1794.
413	13.	Loi portant que les domaines nationaux vendus qui se trouveront compris dans une succession, donation, etc., seront assujétis au droit proportionnel, conformément au décret du 5 décembre 1790. (*Bull.* n°. 71.)
		a. 13. Loi qui ordonne le versement à la Trésorerie, des fonds provenant de la vente des quarts de réserve appartenans aux communes.
414	14.	Décret portant *qu'il n'y a pas lieu à délibérer* sur une question proposée par un tribunal, et qui décide que les contestations entre divorcés, leurs parens ou alliés ne doivent pas être portées devant un tribunal de famille. (*Bull.* n°. 72.)
		a. 15. Loi portant fixation nouvelle du prix des papiers timbrés, timbre extraordinaire et *visa.*
415	16.	Décret portant *qu'il n'y a pas lieu à délibérer* sur une question proposée par un tribunal, et qui décide qu'il est permis au directeur du juri de former plusieurs actes d'accusation à l'égard de plusieurs accusés du même délit, et aux jurés de prononcer séparément à l'égard des accusés suivant leur intime conviction. (*Bull.* n°. 75.)
		a. 18. Les députés Guadet, Salles et Barbaroux, mis hors la loi, sont exécutés à Bordeaux.
		b. 19. Les députés Pétion et Buzot sont trouvés morts dans un champ. A-peu-près dans le même temps, Condorcet périt caché dans une carrière à Bourg-la-Reine, près Paris.
		c. 21. La Convention décréte qu'une forme de vaisseau de ligne semblable au *Vengeur*, dont l'équipage, dans le combat naval du 13 prairial, qui a précédé de quelques jours celui d'*Ouessant*, a préféré la mort à la honte de se rendre, sera suspendue à la voûte du Panthéon, et que le vaisseau en construction à Brest portera son nom..

Loi

Législation civile et criminelle.		*Faits, Epoques et Lois remarquables.*
Nos.	Dates.	*MESSIDOR* AN 2. — *Juin et Juillet* 1794.
416	23.	Loi relative à la surveillance des juges de paix sur les prises faites par les vaisseaux de la République. (*Bull.* n°. 90.)
		a. 23. Loi portant réunion au domaine national de l'actif et du passif des hôpitaux.
417	27.	Décret portant *qu'il n'y a pas lieu à délibérer* sur une question proposée par un tribunal, et qui décide que les directeurs de juri ont voix délibérative dans les référés qu'ils font aux tribunaux dont ils sont membres, et qu'aucune loi ne déroge à la règle que les tribunaux de district ne peuvent juger qu'au nombre de 4 juges. (*Bull.* n°. 103.)
		a. 28. Rapport de Barrère sur les dangers des repas publics ou *fraternels* qui ont lieu depuis plusieurs jours, dans quelques quartiers de Paris, au-devant des maisons.
418	29.	Loi concernant l'aliénation des biens des interdits ou des absens. (*Bull.* n°. 110.)
419	29.	Décret portant *qu'il n'y a pas lieu à délibérer* sur une question proposée par un tribunal, et qui décide que l'article XI de la IVe. section du Code pénal militaire, ne contient ni sens ni expression qui s'applique à la provocation au duel.
		THERMIDOR. — *Juillet et Août.*
		a. 2. Loi portant qu'aucun acte public ne pourra désormais être écrit qu'en langue française. (Son exécution a été suspendue par une loi du 16 fructidor suivant.)
420	3.	Décret portant *qu'il n'y a pas lieu à délibérer* sur une pétition, et qui décide que la banqueroute est un délit que les parties peuvent dénoncer et poursuivre, tant par la voie civile que par la voie criminelle.
421	4.	Loi sur les contumaces et rapport des dispo-

Législation civile et criminelle.		*Faits, Époques et Lois remarquables.*
Nos.	Dates.	*THERMIDOR* AN 2. — *Juil. et Août* 1794.

tions du titre IX de la IIe. partie de la loi du 16 septembre 1791. (*Bull.* no. 121.)

a. 5. Beauharnais, ex-constituant, ex-général de l'armée du Rhin, est condamné à mort et exécuté.

b. 6. L'actif et le passif des académies et sociétés littéraires est déclaré national.

c. 8. Discours de Robespierre à la tribune de la Convention, dans lequel il dénonce les comités de Sûreté générale, de Salut public et des Finances; il déclare que les patriotes sont opprimés et qu'il proposera *les seules mesures* propres à sauver la patrie. Couthon fait adopter l'impression de ce discours et dénonce, sans les nommer, six membres de la Convention.

Le décret qui ordonnait l'impression est rapporté à la fin de la séance.

d. 9. Saint-Just commence un discours dans le même sens que celui que Robespierre a lû la veille, il est interrompu par Tallien. Billaud-Varennes parle contre Robespierre, qui veut monter à la tribune pour se justifier; les cris, *à bas le tyran*, se font entendre, *il est décrété d'arrestation* et avec lui Robespierre jeune, Couthon, Saint-Just, Lebas, députés, Henriot commandant de la garde nationale, et Dumas président du tribunal Révolutionnaire.

Dans la soirée, les députés mis en arrestation sont conduits par leurs partisans à l'Hôtel de Ville: réunis au conseil de la commune, ils organisent l'insurrection; la Convention les met hors la loi, le tocsin sonne, la générale bat; une force armée, commandée par le député Bourdon de l'Oise, va les saisir ainsi que leurs complices dans la salle même où ils dé-

Législation civile et criminelle.		Faits, Epoques et Lois remarquables.
Nos.	Dates.	THERMIDOR AN 2. — *Juil. et Août* 1794.
		libéraient et prenaient des arrêtés contre la Convention.
		e. 10. Le département de Paris et le tribunal Révolutionnaire viennent féliciter la Convention d'avoir sauvé la patrie.
		f. 10. Robespierre aîné, Couthon et Saint-Just, membres du comité de Salut public, Lebas, membre du comité de sûreté générale, Robespierre jeune, Henriot, Dumas, Fleuriot maire de Paris, Vivier président des Jacobins, Lavalette commandant de bataillon, Payen juré au tribunal Révolutionnaire, Gobeau substitut au même tribunal, et onze membres du conseil général de la commune, tous mis hors la loi, sont exécutés.
		g. 11. Soixante-dix membres de la commune de Paris, mis hors la loi, sont exécutés.
		h. 13. La Convention rapporte le décret par lequel elle avait investi les comités de Sûreté générale et de Salut public du pouvoir de mettre en arrestation toutes personnes, même les membres de la convention.
422	14.	Loi qui rapporte celle du 22 prairial sur l'organisation du tribunal Révolutionnaire. (*Bull.* nº. 166.) *Voyez* 8 nivose an 3.
423	23.	Loi portant que les jurés au tribunal Révolutionnaire, en déclarant les faits, seront tenus de déclarer l'intention dans laquelle ils ont été commis. (*Bull.* nº. 202.)
		Renouvellement des juges et jurés de ce tribunal.
		a. 25. Installation du tribunal Révolutionnaire nouvellement réélu et organisé. Dobsent est nommé président, et Leblois accusateur public.
		b. 30. Loi portant qu'il ne sera inséré au bulletin des lois que celles d'un intérêt général.

Législation civile et criminelle.		*Faits, Epoques et Lois remarquables.*
Nos.	Dates.	*FRUCTIDOR* AN 2. — *Août et Sept.* 1794.
		c. 4. Rapport de la loi qui accordait quarante sous aux indigens pour leur droit d'assistance aux assemblées de section.
424	6.	Loi portant défense de porter d'autres noms et prénoms que ceux portés dans l'acte de naissance, et qui défend aux fonctionnaires publics de désigner autrement les individus dans les actes. (*Bull.* n°. 240.)
		a. 7. Décret sur la police générale de la République, et qui porte qu'il sera établi dans chaque chef-lieu de district, un comité révolutionnaire dont la surveillance s'étendra sur tout l'arrondissement du district.
		b. 7. Réorganisation des comités de Sûreté générale et de Salut public, leur autorité est restreinte et ils sont tenus désormais de baser leurs arrêtés sur une loi précise.
		c. 7. La Convention annulle l'arrêté d'un représentant en mission, qui prononçait la déportation contre tous prêtres qui n'auraient pas remis leurs lettres de prêtrise.
425	9.	Décret interprétatif de la loi du 17 nivose, et portant *qu'il n'y a pas lieu à délibérer* sur trente-six questions relatives aux donations, successions et substitutions. (*Bull.* n°. 281.)
426	9.	Loi sur les successions des absens et la manière de régler les contestations y relatives. (*Bull.* n°. 253.)
		a. 10 et 11. Reprise de Condé et de Valenciennes sur les autrichiens à qui ces villes s'étaient rendues les 13 et 26 juillet 1793.
		b. 12. Lecointre de Versailles fait lecture d'une série d'accusations dirigées contre Billaud de Varennes, Collot-d'Herbois et Barrère, membres du comité de Salut public, Vadier, Amar, Voulland et David, membres du comité de Sûreté générale. Son accusation est rejetée comme *calomnieuse*.

Législation civile et criminelle.		*Faits, Epoques et Lois remarquables.*
Nos.	Dates	*FRUCTIDOR* AN 2. — *Août et Sept.* 1794.
		c. 14. Explosion terrible du magasin à poudre de la plaine de Grenelle, près Paris : grand nombre de personnes sont tuées et blessées.
		d. 15. Barrère, Collot-d'Herbois et Billaud-Varennes, jusques là restés au comité de salut public, sont enfin remplacés.
427	16.	Loi sur les scellés apposés sur les meubles et effets des père et mère des officiers de santé et autres employés des armées. (*Bull.* n°. 278.)
428	18.	18. Loi qui applique aux héritiers des défenseurs de la patrie, morts en activité de service, le décret du 29 septembre 1791, sur la perception du droit d'enregistrement. (*Bull.* n°. 287.)
		a. 19. Loi portant que les sols additionnels ne feront qu'une seule masse avec les contributions, et que le paiement des dépenses auxquelles ils étaient affectés, sera payé par le trésor public. *Voyez* 15 frimaire an 6.
		b. 19. La Convention arrête que le dernier *jour Sans-culotide* sera consacré à célébrer une fête nationale.
429	23.	La Convention ordonne l'impression du nouveau projet de code civil, et du discours de Cambacérès, rapporteur. *Voyez* 15 frimaire an 3.
		a. 28. Le tribunal révolutionnaire rend à leurs familles et à la liberté, après sept jours de débats, 94 Nantais envoyés à Paris depuis le 16 nivose, par le comité révolutionnaire de Nantes.
		JOURS SANS-CULOTIDES. — *Sept.*
430	1er.	Décret interprétatif de la loi du 12 brumaire, et portant qu'*il n'y pas lieu à délibérer* sur plusieurs questions proposées, concernant les enfans nés hors mariage.
		a. 2e. jour. Loi portant que la république ne salarie aucun culte.

Législation civile et criminelle.		*Faits, Epoques et Lois remarquables.*
N°s.	Dates.	*JOURS SANS-CULOTIDES. — Sept.* 1794.
		b. 5e. jour. Translation de Marat au Panthéon. *Voyez* 2 et 20 pluviose an 3. Le même jour, le corps de Mirabeau en est retiré.
		VENDÉMIAIRE AN 3. — *Sept. et Oct.*
431	6.	Décret portant qu'*il n'y a pas lieu à délibérer* sur une question proposée, et qui décide qu'une accusation intentée par un particulier lezé pour un délit de nature à blesser l'ordre public, doit être poursuivie, nonobstant la réconciliation des parties. (*Bull.* 346).
432	6.	Loi portant qu'aucune femme ne pourra être gardienne de scellés. (*Bull.* 347).
		a. 10. La Convention autorise le comité de sûreté générale à statuer sur toutes les *détentions jusqu'à la paix*, prononcées par les tribunaux pour motifs de suspicion, jusqu'au 10 thermidor.
		b. 12. La Convention passe à l'ordre du jour sur la dénonciation de Legendre député de Paris, contre Barrère, Billaud-Varennes et Collot-d'Herbois.
433	14.	Loi portant que la question intentionnelle sera posée à l'avenir dans toutes les affaires soumises à des juris de jugement. (*Bull.* n°. 364).
		c. 15. Carnot, Prieur de la Côte-d'Or et Robert-Lindet cessent d'être membres du comité de salut public.
		d. 16. Loi portant que *Commune affranchie* reprendra le nom de *Lyon.*
		e. 17. Loi qui destine 300,000 livres par an, pour encouragemens à donner aux gens de lettres.
434	19.	Décret d'*ordre du jour* qui décide que la requête en cassation est valable le onzième jour.
435	19.	Loi portant que le tribunal de police correctionnelle de Paris sera composé de 15 juges divisés en trois sections. (*Bull.* n°. 380).

Législation civile et criminelle.		*Faits, Époques et Lois remarquables.*
Nos.	Dates.	*VENDÉMIAIRE* AN 3. — *Sept. et Oct.* 1794.
		a. 19. Loi portant qu'il sera établi à Paris un conservatoire des arts et métiers.
		b. 20. Translation des cendres de J.-J. Rousseau au Panthéon.
		c. 21. Loi portant que les banqueroutiers ne pourront exercer aucune fonction publique.
436	24.	Loi portant que celui qui, poursuivant le divorce, établira par un acte authentique que son époux est émigré ou qu'il est résidant en pays étranger, sera dispensé de l'assigner à son dernier domicile. (*Bull.* n°. 392).
437	24.	Loi sur l'incompatibilité des fonctions administratives et judiciaires, et sur celle de plusieurs fonctions judiciaires entr'elles. (*Bull.* n°. 388.)
		a. 25. Loi qui autorise tout particulier à faire conduire librement les voyageurs, ballots, paquets et marchandises.
		b. 25. Loi qui défend toutes affiliations et correspondances entre les sociétés populaires.
		c. 28. Loi relative à la salubrité et au travail dans les maisons d'arrêt et de police, de repression, etc.
		BRUMAIRE. — *Oct. et Nov.*
		d. 2. Suppression de l'école de Mars établie dans la plaine des Sablons.
438	3.	Loi portant que tous les dépôts judiciaires existans dans Paris, seront après le tirage qui en sera fait, réunis au palais de justice, et ceux relatifs à la section domaniale, au local du Louvre. (*Bull.* n°. 406).
		a. 5. Loi qui réintègre provisoirement dans la jouissance de leurs biens, les prévenus d'émigration qui ont obtenu des arrêtés favorables des corps administratifs.
439	7.	Loi qui suspend toute exploitation de bois adju-

Législation civile et criminelle.		*Faits, Epoques et Lois remarquables.*
Nos.	Dates.	***BRUMAIRE*** AN 3. — *Oct. et Nov.* 1794.
		gés aux communes par sentences arbitrales. (*Bull.* n°. 413). *Voyez* 10 floréal.
		a. 8. Loi sur le mode de procéder contre un député dénoncé, et qui ordonne qu'une commission de vingt et un membres nommés par le sort, fera un rapport sur la question de savoir *s'il y a lieu ou s'il n'y a pas lieu à accusation.*
		b. 9. Loi sur l'établissement d'une école normale, destinée à former des instituteurs et à rendre l'enseignement uniforme. *Voyez* 1er. germinal et 30 floréal suivant.
440	12.	Loi concernant les biens des détenus comme suspects, et qui annulle toute aliénation, transport, obligation ou autres actes translatifs de propriété d'une date postérieure au 8 ventose. (*Bull.* n°. 421).
		a. 13. Billaud-Varennes se plaint aux jacobins de la protection qu'on accorde aux contre-révolutionnaires : il invoque la réunion des patriotes. *Le lion n'est pas mort quand il sommeille*, dit-il; *à son réveil il extermine tous ses ennemis : ayons la gloire de renverser les nôtres*, etc.
441	14.	Loi portant que le décret de la veille, qui avait validé les jugemens rendus sur les questions d'état par les tribunaux, est rapporté, et qui les autorise à juger à l'avenir celles portées devant eux depuis la loi du 12 brumaire an 2 jusqu'à ce jour. *Voyez* 25 nivose suivant.
		a. 18. Cambon, censuré par Tallien dans ses opérations financières, dénonce celui-ci comme un des coopérateurs des sanglantes journées de septembre 1792.
		b. 21. Legendre, de Paris, se rend aux jacobins à la tête de quelques hommes de bonne volonté, chasse de la salle tous ceux qu'il y trouve rassemblés, et en apporte les clefs au comité

Législation civile et criminelle.		*Faits, Epoques et Lois remarquables.*
N°s.	Dates.	*BRUMAIRE* AN 3. — *Oct. et Nov.* 1794.
		de salut public, en exécution d'un arrêté pris par les quatre comités réunis.
		c. 22. La Convention confirme l'arrêté pris par les quatre comités de salut public, de sûreté générale, de législation et de la guerre, pour la fermeture de la salle des jacobins.
442	23.	Loi qui modifie les dispositions de celle du 4 germinal, qui défend de faire aucune remise sur les saisies faites par les préposés aux douanes. (*Bull.* n°. 446).
		a. 23. Les art. 13 et 14 de la loi du 23 août 1793, sur la réquisition, lesquels ordonnaient le paiement des contributions en grains, sont rapportés.
443	25.	Loi générale sur les émigrés, sur leur jugement et la vente de leurs biens. (*Bull.* n°. 464).
		a. 27. Loi pour l'établissement des écoles primaires et la formation d'un juri d'instruction chargé de choisir les instituteurs.
		b. 28. On apprend la nouvelle du massacre des français au Fort-Dauphin, par les noirs de St.-Domingue.
		FRIMAIRE. — *Nov. et Déc.*
		c. 4. Décret rendu à la majorité de 498 voix, par lequel le député Carrier est mis en accusation. *Voyez* le 26.
444	6.	Loi qui fixe un délai pour l'insinuation des dons mutuels faits en faveur des défenseurs de la patrie et fonctionnaires publics employés hors de leur domicile. (*Bull.* n°. 474).
		a. 12. Amnistie en faveur des chouans et vendéens qui déposeront les armes.
		b. 14. Loi portant qu'il sera établi des écoles de santé à Paris, Montpellier et Strasbourg, et qui règle leur organisation.
445	16.	Nouveau rapport de Cambacérès sur le code

Législation civile et criminelle.		*Faits, Epoques et Lois remarquables.*
Nos.	Dates.	*FRIMAIRE* AN 3. — *Nov. et Déc.* 1794.
		civil, et adoption de quelques articles sur l'état civil des citoyens.
446	16.	Décret portant qu'*il n'y a pas lieu à délibérer* sur une question proposée, et qui décide que l'adoption donne à l'adopté des droits sur la succession de l'adoptant. (*Bull.* n°. 496).
		a. 17. Loi qui ordonne le sursis à l'exécution de tous les décrets qui ont mis des citoyens *hors la loi. Voyez* le 19.
447	18.	Loi portant que l'intérêt des capitaux sera compté pour 360 jours seulement. (*Bull.* n°. 526).
		a. 18. La Convention décrète que les 66 députés mis en état d'arrestation le 3 octobre 1793, pour avoir protesté contre les journées des 31 mai et 2 juin, reprendront leurs places dans l'assemblée.
		b. 18. Loi qui rapporte celle du 27 germinal an 2, qui expulsait de Paris et des places fortes les ex-nobles.
		c. 19. La Convention arrête que le comité de législation revisera les lois pénales et de circonstances rendues sous la tyrannie de Robespierre, et qu'il fera un rapport sur celles qui devront être rapportées. Elle arrête également que les comités de salut public, de sûreté générale et de législation, lui feront sous trois jours un rapport sur les députés et autres personnes mises *hors la loi.*
		d. 22. Loi portant qu'il ne sera reçu aucune demande en révision de jugemens rendus par les tribunaux criminels, portant confiscation de biens au profit de la République, et exécutés pendant la révolution.
		e. 22. La Convention rapporte le décret qu'elle avait rendu le 20 précédent, et par lequel elle avait ordonné la suspension de toute action de

Législation civile et criminelle.		Faits, Epoques et Lois remarquables.
Nos.	Dates.	*FRIMAIRE* AN 3. — *Nov. et Déc.* 1794.
		la part des agens de la république, sur le mobilier des condamnés et déportés.
448	24.	Loi portant que les femmes mariées selon la coutume de Reims, seront admises en cas de divorce, à partager avec leurs maris les meubles et conquets immeubles de leur mariage.
		a. 26. Carrier, député, Grandmaison et Pinard, membres du comité révolutionnaire de Nantes, sont condamnés et exécutés, pour les atrocités de tout genre qu'ils ont commis ou ordonné à Nantes.
		b. 28. La Convention décrète que le tribunal révolutionnaire sera renouvelé. Elle décrète d'accusation Fouquier-Tainville, ci-devant accusateur public du tribunal révolutionnaire. *Voyez* 17 floréal.
		NIVOSE. — *Déc. et Janv.*
		c. 1er. Loi qui sursoit à la vente des biens des père et mère des émigrés, *Voyez* 9 floréal suivant.
449	3.	Loi qui assujétit au droit proportionnel d'enregistrement les acquisitions de domaines nationaux, autres que celles faites directement de la nation et la 1ere. vente qu'en feraient les acquéreurs directs. (*Bull.* no. 534.)
450	4.	Loi relative à l'abolition de toutes les lois sur le *maximum* et au commerce des grains. (*Bull.* no. 538.)
		a. 7. La Convention ordonne la formation d'une commission de 21 membres pour examiner la conduite de Barrère, Billaud-Varennes et Collot-d'Herbois, dénoncés de nouveau. *Voyez* 12 ventose suivant.
451	8.	Loi relative à une nouvelle organisatson du tribunal Révolutionnaire. (*Bull.* no. 537.)
452	8.	Décret d'*ordre du jour* sur un référé d'arbitres,

Législation civile et criminelle.		*Faits, Epoques et Lois remarquables.*
Nos.	Dates.	*NIVOSE* AN 3. — *Déc.* 1774 *et Janv.* 1795.
		et qui décide qu'aucune loi n'a abrogé la faculté de former opposition aux sentences arbitrales rendues par défaut.
		a. 11. Etablissement et organisation d'Ecoles révolutionnaires de navigation et de commerce maritime.
		b. 13. Dispositions portant que les créanciers des émigrés et condamnés sont créanciers directs de l'Etat, article VIII du *décret* sur les finances et le crédit public.
		c. 16. Rapport de Courtois sur la conspiration de Robespierre.
		d. 19. Loi portant qu'il sera célébré tous les ans une fête le jour de l'anniversaire de la mort du dernier des tyrans.
		e. 19. Le citoyen Agier est nommé président du nouveau tribunal Révolutionnaire. Dans son discours d'installation il y fait entendre le langage, longtemps oublié, du courage, de la justice et de l'humanité.
		f. 22. Rappel en France des ouvriers et laboureurs non ex-nobles ou prêtres sortis du territoire de la République depuis le 1er. mai 1793.
		g. 23. Loi qui fixe la contribution foncière pour l'année 1794 au même taux que celle de 1793, et qui supprime la contribution mobiliaire pour la même année : le tout jusqu'au 22 septembre, époque du commencement de l'exercice de l'an 3.
453	25.	Loi qui attribue aux tribunaux de district la connoissance des affaires relatives à l'état civil des enfans nés hors mariage. (*Bull.* no. 585.)
		a. 27. Révolution en Hollande à l'approche de l'armée française. L'assemblée des Etats-généraux est convoquée extraordinairement ; le Stathouder y parait et, d'une voix mal assurée, demande la démission de toutes les charges de son fils.

Législation civile et criminelle.		*Faits, Epoques et Lois remarquables.*
Nos.	Dates.	*NIVOSE* AN 3. — *Déc.* 1794 *et Janv.* 1795.
		Le lendemain, il se démet lui-même de toutes ses charges civiles et militaires, et s'embarque pour l'Angleterre. *Voyez* 18 pluviose suivant.
454	28.	Loi qui autorise les tribunaux de commerce à nommer d'office des arbitres pour juger des contestations en augmentation de frêt. (*Bull.* n°. 592.)
		a. 29. La Convention autorise le comité de législation à statuer sur la mise en liberté de tout citoyen condamné à la peine de mort ou autre peine, pourvu que les jugemens ne soient causés ni pour délits ordinaires, ni pour faits de royalisme.
		PLUVIOSE. — *Janv. et Fév.*
455	3.	Loi portant que les jours appelés sans-culotides ne compteront pas dans le délai fixé par l'édit de 1771, pour l'exposition des contrats de vente avant le sceau des lettres de ratification. (*Bull.* n°. 607.)
456	4.	Loi additionnelle à celle du 3 pluviose an 2, sur l'établissement des tribunaux militaires. (*Bull.* n°. 608.)
457	8.	Loi qui détermine le mode d'impression et d'envoi des lois aux départemens, tribunaux et communes. (*Bull.* n°. 616.) *Voyez* 29 prairial an 8.
		a. 14. Rapport des lois penales rendues contre la ville de Lyon.
		b. 15. Invasion de la Hollande par les troupes françaises. *Voyez* le 20.
458	17.	Loi sur la question de savoir à qui appartient la connoissance des contestations des arbitres d'un tribunal de famille, sur la nomination d'un tiers arbitre. (*Bull.* n°. 635.)
		a. 18. Formation d'une assemblée nationale pro-

Législation civile et criminelle.		*Faits, Epoques et Lois remarquables.*
Nos.	Dates.	*PLUVIOSE* AN 3. — *Janv. et Fév.* 1795.
		visoire en Hollande. Le *Stathouderat* est aboli. *La république des Provinces-unies* est proclamée. *Voyez* 1er. ventose an 4.
459	19.	Loi portant que les employés dans les armées seront payés des quatre cinquièmes de leurs appointemens nonobstant les oppositions de leurs créanciers. (*Bull.* no. 640.)
		a. 20. Fête commémorative du supplice du dernier roi des Français.
		Le même jour, des jeunes gens brûlent le mannequin de Marat, et portent ses cendres à l'Egout Montmartre. *V.* 12 ventose suivant.
		b. 20. L'armée française commandée par Pichegru, s'avance sur des plaines de glaces et achève la conquête de la Hollande.
		c. 20. Loi portant que les honneurs du Panthéon ne pourront être décernés à aucun citoyen, ni son buste placé dans les lieux publics, que dix ans après sa mort, et qui rapporte toutes les dispositions des lois antérieures qui pourraient être contraires.
		Par suite de celle-ci, *Lepelletier et Marat sont dépanthéonisés.*
		d. 25. La Convention ratifie le traité de paix conclu avec le grand duc de Toscane. *Voyez* 28 ventose suivant.
		Roger-Ducos est rappelé à l'ordre pour avoir parlé de cette puissance en termes peu convenables.
		VENTOSE. — *Fév. et Mars.*
460	3.	Loi portant division de la commune de Paris en douze municipalités et établissement dans chacune, de fonctionnaires destinés à constater l'état civil des citoyens.
461	3.	Loi sur le libre exercice et sur la police des cultes. (*Bull.* no. 665.)

Législation civile et criminelle.		*Faits, Epoques et Lois remarquables.*
Nos.	Dates.	*VENTOSE* AN 3. — *Fév. et Mars* 1795.
		a. 5. La Convention décrète que tous les fonctionnaires publics destitués depuis le 9 thermidor, seront tenus de se retirer dans leurs foyers.
		b. 7. Création des Ecoles centrales pour l'enseignement des sciences et des arts dans toute l'étendue de la République.
		c. 12. La commission des 21 fait son rapport sur les dénonciations dirigées contre Barrere, Billaud-Varennes et Collot-d'Herbois ; elle conclut au décret d'arrestation ; il est adopté.
		d. 12. Une députation de jeunes gens vient se justifier à la barre, du reproche de royalisme qu'on fait à la jeunesse de Paris ; ils expriment leur haine contre les partisans du système abattu le 9 thermidor.
462	13.	Loi relative à la mise en liberté des géoliers et autres préposés à la garde des détenus évadés et repris, qui ont subi deux mois d'emprisonnement. (*Bull.* no. 679.)
		a. 13. Loi qui ordonne la remise des linges, effets et bijoux appartenans aux époux survivans ou aux enfans des condamnés, et la levée des séquestres ou scellés mis sur leurs biens.
		b. 14. La Convention autorise le comité de législation à nommer aux places judiciaires auxquelles depuis long-temps elle nommait par elle-même, ou par ses représentans en mission.
		c. 18. Les députés mis hors la loi rentrent dans le sein de la convention.
		d. 25. La Convention fixe à une livre de pain la quantité qui en pourra être délivré à chaque habitant de Paris, et en accorde une livre et demie à chaque ouvrier.
		e. 28. Le ministre plénipotentiaire du grand duc de Toscane est admis au sein de la Convention.

Législation civile et criminelle.		*Faits, Epoques et Lois remarquables.*
Nos.	Dates	***VENTOSE*** AN 3. — *Fév. et Mars* 1795.
		f. 30. Suspension de la vente des biens confisqués par suite de jugemens des tribunaux Révolutionnaires, commissions populaires ou militaires. *Voyez* 26 germinal.
		GERMINAL. — *Mars et Avril.*
463	1er.	Loi de grande police contenant des mesures répressives des rassemblemens séditieux et des atteintes qui seraient portées à la représentation nationale et au Gouvernement républicain. (*Bull.* no. 712.)
		a. 1er. Ouverture des leçons de l'Ecole Normale à l'amphitéâtre du jardin des Plantes.
		b. 8. La Convention prononce la convocation des assemblées primaires pour le 1er. floréal. Le 10, elle rapporte son décret et ajourne la convocation.
		c. 10. Loi portant établissement à la Bibliothèque nationale d'une Ecole pour l'enseignement des langues orientales.
		d. 12. Une foule d'individus force les portes de la salle de la Convention et y pénètre ; la générale bat et le tocsin sonne. L'Assemblée proclame Pichegru général en chef de la garde nationale parisienne.
		e. 12. La Convention décréte que Collot, Barrère, Billaud et Vadier seront déportés. Que les députés, Châles, Choudieu, Foussedoire, Duhem, Huguet, Léonard Bourdon, Amar et Ruamps seront mis en arrestation.
464	15.	Loi sur les baux à cheptel. (*Bull.* no. 739.) *Voyez* 1er. fructidor suivant.
		a. 16. Les députés Moyse Bayle, Thuriot, Cambon, Granet, Hentz, Maignet, Levasseur de la Sarthe, Crassous et Lecointre de Versailles sont décrétés d'arrestation.
		b. 16. Traité de paix avec la Prusse, signé en

Suisse,

Législation civile et criminelle.		*Faits, Epoques et Lois remarquables.*
Nos.	Dates.	*GERMINAL* AN 3. — *Mars et Avril* 1795.
		Suisse, par le ministre français Barthélemy et le baron d'Hardenberg.
465	17.	Loi portant que les accusations contre les fonctionnaires publics seront portées devant les mêmes juges que ceux des autres citoyens. (*Bull.* no. 743.)
466	18.	La Convention ordonne qu'à compter de nonidi prochain, le rapporteur du projet du Code civil sera entendu trois fois par semaine.
		a. 18. Loi qui détermine les noms et valeurs des nouveaux poids et mesures, et qui proroge l'époque à laquelle leur usage deviendra obligatoire.
		b. 21. La Convention autorise le comité de Sûreté générale à prendre des mesures pour le désarmement des terroristes.
		c. 22. Rapport du décret du 27 mars 1793, qui prononce la *mise hors la loi* contre tous les aristocrates et ennemis de la révolution.
		d. 22. Rapport des décrets de *mise hors la loi* rendus à l'occasion des 31 mai et 2 juin 1793.
467	23.	Loi portant que désormais aucune femme prévenue de crimes emportant peine de mort, ne pourra être mise en jugement qu'il n'ait été vérifié qu'elle n'est pas enceinte. (*Bull.* no. 756.)
468	25.	Loi portant que les fonctions attribuées aux officiers de paix, seront à l'avenir exercées par les commissaires de police, et par les juges de paix dans les lieux où il n'y a pas de commissaire. *Voyez* 23 floréal an 4.
		a. 25. Ratification par la Convention, du traité conclu avec le roi de Prusse le 16 du présent.
		b. 27. Loi qui rétablit les administrations de département et de district dans tous les pouvoirs qu'elles avaient avant la loi du 14 frimaire an 2, sur le gouvernement révolutionnaire, laquelle est rapportée sur ce point.
		c. 28. Loi portant qu'il sera fabriqué pour 150

Législation civile et criminelle.		*Faits, Époques et Lois remarquables.*
Nos.	Dates.	*GERMINAL* an 3. — *Mars et Avril* 1795.
		millions de monnaie de cuivre, avec le métal des cloches épuré.
		d. 29. Etablissement d'écoles d'économie rurale et vétérinaire à Versailles et à Lyon.
		e. 29 La Convention nomme dans son sein une commission de onze membres, qui sera chargée de la confection des lois organiques de la constitution de 1793. Ces membres sont Cambacérès, Merlin de Douai, Sieyès, Thibaudeau, Lareveillère, Lesage d'Eure et Loire, Boissy-d'Anglas, Creuzé-Latouche, Louvet du Loiret, Berlier et Daunou.
		f. 29. Le député Maribon-Montaut est décrété d'arrestation.
		FLORÉAL. — *Avril et Mai.*
469	1er.	Dispositions relatives aux successions des émigrés dans lesquelles la nation a des droits, art. CXXVI de la *loi* sur les créances et droits de la nation et des particuliers sur les biens provenans des émigrés. (*Bull.* n°. 792).
470	2.	Loi qui détermine le mode de suppléer aux registres de l'état civil détruits et perdus. (*Bull.* n°. 780).
		a 4. L'ambassadeur du roi de Suède est admis au sein de la Convention. Il parle assis.
471	5.	Loi qui suspend toute action intentée à l'occasion de l'effet rétroactif résultant de la loi du 17 nivose sur les successions. (*Bull.* n°. 786.) *Voyez* 3 vendémiaire an 4, et 18 pluviose an 5.
		a. 7. La Convention décrète que les cours de l'école normale seront terminés le 30 du présent.
		b. 9. Loi relative à la levée du sequestre sur les

Législaton civile et criminelle.		*Faits, Epoques et Lois remarquables.*
Nos.	Dates.	*FLORÉAL* AN 3. — *Avril et Mai* 1795.
		biens des père et mère d'émigrés, et au mode de partage avec la nation.
472	10.	Loi interprétative de celles qui ont suspendu la coupe des bois dans lesquels des communes sont rentrées. (*Bull.* n°. 794).
		a. 11. Loi sur le mode de liquidation des rentes foncières dues par la république, dont les propriétaires n'ont pu produire le titre.
473	14.	Loi portant que les biens confisqués des condamnés seront rendus à leurs familles, et qui maintient la peine de confiscation à l'égard des conspirateurs, des émigrés, des fabricateurs de faux assignats et de fausse monnaie, et des dilapidateurs de la fortune publique (*Bull.* n°. 800.) *Voyez* 21 prairial suivant.
		a. 17. Fouquier-Tainville, ex-accusateur public du tribunal révolutionnaire, est condamné à mort et exécuté.
		b. 26. Loi relative à la manière de prononcer sur les demandes en radiation de la liste des émigrés, et qui porte que les personnes qui jusqu'à ce jour n'ont point réclamé, y sont définitivement maintenues.
		c. 28, 29 et 30. Troubles à Toulon. Les *Montagnards* s'emparent de l'arsenal; le représentant Brunel, forcé par eux de signer un arrêté pour la mise en liberté des détenus, se brûle la cervelle. *Voyez* 17 prairial suivant.
		PRAIRIAL. — *Mai et Juin.*
		d. 1er. Dès les 5 heures du matin, la générale bat dans les faubourgs Saint-Antoine et Saint-Marceaux; le tocsin sonne; à 11 heures, la Convention se réunit et tous les députés jurent de mourir à leur poste. A trois heures et demie, malgré la résistance de la garde qui entoure la salle, une des portes est forcée par un rassem-

Législation civile et criminelle.		*Faits, Époques et Lois remarquables.*
Nos.	Dates.	*PRAIRIAL* AN 3. — *Mai et Juin* 1795.

blement d'hommes armés et d'habitans des faubourgs. Les délibérations sont interrompues ; le député Ferraud est assassiné, et sa tête placée sur le bureau du président (Boissy-d'Anglas), qui malgré les menaces des assassins, n'abandonne pas son poste. Des députés conspirateurs profitent du désordre et de la terreur qui règnent dans l'assemblée, pour rendre plusieurs décrets révolutionnaires ; ils prononcent le rappel de Collot-d'Herbois, Billaud-Varennes et Barrère. On voit écrit sur les chapeaux des factieux, et ils demandent à grands cris *du pain et la constitution de* 1793.

A 11 heures du soir, la multitude est chassée par la force armée dirigée par Raffet, commandant du bataillon de la butte des Moulins. Les prétendus décrets prononcés pendant le trouble et la violence, sont rapportés, et les députés qui les ont rendus, Romme, Duquesnoy, Prieur de la Marne, Duroy, Bourbotte, Goujon, Soubrany, Albitte l'aîné, Peyssard, Lecarpentier de la Manche, Pinet l'aîné, Boric, Fayau et Rhul, sont mis en arrestation.

L'assemblée reste en permanence ; à deux heures du matin, le calme est rétabli.

e. 1er. La Convention ordonne le désarmement de tous les agens de la tyrannie qui précéda le 9 thermidor.

f. 2. La Convention décrète que toutes les cloches existantes à Paris seront brisées, et défend de porter d'autre signe de ralliement que la cocarde nationale.

g. 4. Les habitans du faubourg Saint-Antoine arrachent au supplice l'assassin du député Ferraud, condamné à mort, et que l'on conduisait à la Grève. La Convention ordonne que la force armée marchera contre les rebelles du

Législation civile et criminelle.		*Faits, Époques et Lois remarquables.*
Nos.	Dates.	*PRAIRIAL* AN 3. — *Mai et Juin* 1795.

faubourg Saint-Antoine ; à huit heures du soir ils sont forcés de rendre leurs canons, et de livrer l'assassin à qui ils ont donné azile.

h. 4. Création d'une commission militaire pour juger les conspirateurs des premiers jours de prairial et du 12 germinal précédent.

i. 4. Il est défendu aux femmes d'assister désormais à aucune assemblée politique.

k. 5. Rapport du décret de déportation prononcé contre Collot, Billaud, Barrère et Vadier ; ils sont décrétés d'accusation et seront traduits au tribunal criminel de la Charente-Inférieure.

Pache ex-maire, Audouin son gendre, Bouchotte ex-ministre de la guerre, Daubigny son adjoint, etc. seront traduits au tribunal criminel du département d'Eure-et-Loir.

l. 5. Le comité de salut public ordonne la continuation du désarmement des terroristes à Paris.

m. 6. Le député Pautrizel est décrété d'arrestation.

n. 8. Décret d'accusation contre les députés Rhul, Romme, Duroy, Goujon, Forestier, Albitte aîné, Bourbotte, Duquesnoi, Soubrany, Prieur (de la Marne), Peyssard. *Voyez* le 29.

o. 8. Les députés Esnue-Lavallée, Charbonnier, Laignelot, Tyrion et Panis, sont décrétés d'arrestation.

p. 8. Ratification d'un traité de paix et d'alliance conclu le 27 floréal précédent entre la République française et les Provinces-unies, et d'un nouveau traité de paix avec le roi de Prusse.

q. 9. Robert-Lindet, Vouland, Jean-Bon-Saint-André, Jagod, Elie Lacoste, Lavicomterie, David, Barban-Dubarrand, et Bernard (de

Législation civile et criminelle.		Faits, Époques et Lois remarquables.
Nos.	Dates	*PRAIRIAL* AN 3. — *Mai et Juin* 1795.
		Saintes), tous anciens membres des comités de gouvernement, sont mis en arrestation.
		r. 10. Rhul, mis en arrestation le 1er. de ce mois, se tue d'un coup de poignard.
		s. 11. La Convention accorde à chacun des douze arrondissemens de la commune de Paris, un édifice public, pour exercer le culte.
		t. 12. Le tribunal révolutionnaire est supprimé.
		u. 14. Honneurs funèbres rendus, dans le sein de la Convention, à la mémoire du député Ferraud.
		v. 14. Les députés Levasseur (de la Sarthe), Dartigoite, Sergent le jeune, Javogues, Mallarmé, J.-B. Lacoste, Baudot, Monestier (du Puy-de-Dôme) et Allard, sont decrétés d'arrestation.
		x. 16. Maure, député de l'Yonne, se brûle la cervelle.
474 475	16 et 17.	Lois portant des peines contre le pillage des grains, farines, et subsistances. (*Bull.* n°. 896 et 897.)
		a. 17. Des lettres de Toulon annoncent à l'Assemblée que les rebelles ont mis bas les armes, et que les troupes de la République sont entrées dans la ville.
		b. 20. Le comité de législation est autorisé à prononcer les radiations de la liste des émigrés.
		c. 20. Le fils de Louis XVI, agé de 10 ans, meurt à la prison du Temple.
476	21.	Loi qui détermine le mode de restitution des biens des condamnés, et qui détermine les cas d'exception à la loi du 14 floréal dernier. (*Bull.* n°. 908.)
477	25.	Loi interprétative de celle du 19 juillet 1793, qui assure aux auteurs et artistes la propriété de leurs ouvrages, et qui attribue aux commissaires de police et aux juges de paix, les

Législation civile et criminelle.		*Faits, Époques et Lois remarquables.*
Nos.	Dates.	*PRAIRIAL* AN 3. — *Mai et Juin* 1795.
		fonctions ci-devant atttribuées aux officiers de paix, par l'article 3 de cette loi. (*Bull.* no. 916.)
478	26.	Loi qui détermine la manière de percevoir le droit d'enregistrement sur le prix des baux stipulé payable en denrées. (*Bull.* no. 918.)
		a. 26. Rapport de la loi qui défendait aux femmes et filles d'émigrés de vendre leurs biens ou d'épouser des étrangers.
		b. 29. La Convention arrête que désormais les missions qui seront données aux députés, auront un objet limité.
		c. 29. Les députés Romme, Soubrany, Duquesnoy, Duroy, Bourbotte et Goujon, sont condamnés par la commission militaire établie le 4, à la peine de mort, et Peyssard à la déportation. Romme, Duquesnoy et Goujon se tuent avant le supplice.
		MESSIDOR. — *Juin et Juillet.*
		d. 3. Loi qui établit une échelle de proportion pour les paiemens et recettes de l'état, calculée sur les progrès de l'émission ou de la rentrée des assignats.
479	4.	Loi qui attribue aux tribunaux criminels de département la connaissance immédiate des meurtres et assassinats commis depuis le 1er. septembre 1792. (*Bull.* no. 927.) *Voyez* 5e. jour complémentaire de l'an 3.
		a. 5. Boissy-d'Anglas présente le projet d'une nouvelle constitution.
		b. 5. La Convention nomme Raffet commandant temporaire de la place de Paris.
480	6.	Loi qui prohibe les ventes des grains en verd et et pendans par racines. (*Bull.* no. 928.) *Voyez* 23 du présent.

Législation civile et criminelle.		*Faits, Epoques et Lois remarquables.*
Nos.	Dates.	*MESSIDOR* AN 3. — *Juin et Juillet* 1795.
481	9.	Loi contenant le code hypothécaire. (*Bull.* n°. 963.) *Voyez* 21 nivose an 4.
482	9.	Loi concernant les déclarations forcées prescrites par le nouveau système hypothécaire. (*Bull.* n°. 963.)
		a. 9. Création d'une légion de police qui sera composée de 6,700 hommes, et destinée à la garde de Paris. *Voyez* 19 floréal an 4.
		b. 10. Débarquement de plusieurs régimens Anglais et de 1,800 émigrés, sur la presqu'île de Quiberon en Bretagne. *Voyez* 3 thermidor suivant.
483	11.	Loi qui détermine les formalités à observer relativement aux comptables pour la vente de leurs biens soumis à l'hypothéque nationale. (*Bull.* n°. 933.)
		a. 12. La Convention ratifie le traité d'échange de la fille de Louis XVI avec les députés, ministres et ambassadeurs français détenus par l'Autriche, et consent à rendre la liberté à tous les Bourbons restés en France. *Voyez* 28 frimaire an 4.
484	13.	Loi portant que lorsqu'un acte sous seing privé est référé dans un acte authentique, il a acquis une date certaine. (*Bull.* n°. 935.)
485	20.	Loi relative à l'établissement de gardes champêtres dans toute l'étendue de la République; à la police rurale, et aux attributions des juges de paix, pour l'exercice de cette police. (*Bull.* n°. 941.) *Voyez* 18 thermidor suivant.
		a. 20. La Convention décrète que les exécutions à mort n'auront plus lieu sur la place de la Révolution, qu'elles se feront à la barrière du Trône.
		b. 21. Loi qui autorise le comité des finances à donner des inscriptions sur le grand-livre

Législation civile et criminelle. N^os.	Dates.	*Faits, Epoques et Lois remarquables.*
		MESSIDOR AN 3. — *Juin et Juillet* 1795.
		aux fournisseurs et créanciers de la République.
486	23.	Loi qui excepte de la prohibition des ventes de grains en verd et pendans par racines, celles qui ont lieu par suite de tutelles, curatelles, etc. (*Bull.* n°. 948.)
		a. 23. Loi qui ordonne aux étrangers avec lesquels la République est en guerre de sortir de France, s'ils n'y sont domiciliés avant le 1er. janvier 1792.
487	25.	Loi relative aux créances et droits à répeter sur les biens nationaux provenant des confiscations maintenues par le décret du 21 prairial dernier. (*Bull.* n°. 958.)
488	25.	Dispositions portant qu'aucun créancier ne peut être contraint de recevoir le montant de ce qui lui est dû avant le terme fixé au titre de sa créance, article Ier. de la *Loi* qui suspend les remboursemens de toutes les rentes créées avant 1792. (*Bull.* n°. 966.) *Voyez* 18 thermidor suivant.
		a. 25. Les ci-devant collèges sont affectés à l'établissement des Ecoles centrales et à l'instruction publique.
		b. 26. Loi portant qu'il sera ouvert un emprunt d'un miliard à 3 pour 100 d'intérêt.
		c. 29. Acte d'accusation contre Joseph Lebon et son renvoi devant le tribunal criminel de la Somme pour y être jugé. *Voyez* 21 vendémiaire an 4.
		THERMIDOR. — *Juillet et Août.*
489	2.	Dispositions qui obligent les fermiers ou locataires des baux stipulés en argent à payer aux propriétaires moitié de leurs fermages en grains, article VIII de la loi qui ordonne que le paiement de la contribution foncière

Législation civile et criminelle.		*Faits, Epoques et Lois remarquables.*
Nos.	Dates.	*THERMIDOR* AN 3. — *Juil. et Août* 1795.
		sera fait moitié en grains et moitié en assignats, et qui la fixe pour l'an 3 d'après les mêmes bases que celle de 1793. (*Bull.* n°. 977.)
		a. 3. Défaite des anglais et émigrés débarqués à Quiberon ; tous les émigrés au-dessus de seize ans sont fusillés.
		b. 4. Rétablissement du droit de patente pour toute espèce de commerce.
490	6.	Loi qui autorise le dépôt du montant des billets à ordre ou autres effets négociables dont le porteur ne se sera pas présenté dans les trois jours qui suivront celui de l'échéance. (*Bull.* n°. 974.)
		a. 7. Loi portant établissement des contribution personnelle et taxe somptuaire sur les cheminées, poëles, voitures, etc.
		b. 12. M. Quirini, ambassadeur de la République de Venise, est reçu au sein de la Convention.
491	14.	Loi portant que la déclaration faite par les condamnés suivant la loi du 16 septembre 1791, suffira pour saisir le tribunal de cassation et empêcher la déchéance du pourvoi. (*Bull.* n°. 990.)
		a. 14. Ratification du traité conclu avec l'Espagne le 4 du présent.
492	15.	Loi qui suspend l'exécution de celles des 8 nivose et 4 floréal an 2, relatives au divorce, et qui charge le comité de législation de réviser toutes les lois sur cette matière. (*Bull.* n°. 984.)
493	18.	Loi qui déclare que les créanciers des successions bénéficiaires et des faillites, et les créanciers opposans sur la vente des biens des débiteurs ne sont point compris dans l'article 1er. de la loi du 25 messidor dernier, et qu'ils peuvent exiger leur remboursement avant le terme fixé. (*Bull.* n°. 1001.)

Législation civile et criminelle.		*Faits, Époques et Lois remarquables.*
Nos.	Dates.	*THERMIDOR* AN 3. — *Juil. et Aout* 1795.
494	18.	Loi qui détermine le mode d'évaluation de la journée de travail, mentionné dans l'article 8 de la loi du 20 messidor dernier. (*Bull.* n°. 1000.)
		a. 21 et 22. Décret d'arrestation prononcés contre les députés Lequinio, Lauman, Lefiot, Dupin, Bo, Piorry, Massieu, Chaudron-Rousseau, Laplanche et Fouché (de Nantes).
		b. 22. Célébration de l'anniversaire du 10 août 1792.
		c. 23. Loi qui permet à tous français d'armer en course pour courir sur les bâtimens ennemis.
495	25.	Loi qui permet de souscrire et de mettre en circulation de gré à gré, des effets au porteur. (*Bull.* n°. 1027.)
496	25.	Loi portant que l'insinuation des donations entre-vifs sera faite par les receveurs de l'enregistrement. (*Bull.* n°. 1029.)
497	28.	Loi relative à la manière dont l'avis des tiers arbitres doit être prononcé. (*Bull.* n°. 1030.)
		a. 28. La Convention régle tout ce qui est relatif à la fabrication, au titre et à la légende soit des pièces d'or, soit de la monnaie d'argent et de la petite monnaie.
		b. 28. Loi portant que tous les jugemens rendus révolutionairement depuis le 10 mars 1793, jusqu'au 8 nivose de l'an 3, contre des personnes actuellement vivantes, portant peine afflictive ou infamante, détention ou emprisonnement, sont déclarés comme non avenus, sauf la révision dans les cas déterminés.
		FRUCTIDOR. — *Août et Sept.*
498	1er.	Loi portant qu'un remboursement n'est consommé

Législation civile et criminelle. N^os.	Dates.	Faits, Époques et Lois remarquables.
		FRUCTIDOR AN 3. — *Août et Sept.* 1795.
		que quand le débiteur s'est désaisi par la consignation. (*Bull.* n°. 1035.)
499	1er.	Loi interprétative de celle du 15 germinal dernier, sur les baux à cheptel, et portant que les fourrages et fumiers doivent être laissés en nature par le fermier sortant. (*Bull.* n°. 1036.)
500	3.	Loi portant que tout dépositaire qui aura disposé d'un dépôt, sera tenu de le rétablir en effets de même espèce et de même valeur. (*Bull.* n°. 1043.)
501	5.	Dispositions par lesquelles il est ordonné aux juges de délibérer en secret, de motiver leurs jugemens et de les prononcer à l'audience à haute voix, article CCVIII de la nouvelle *constitution.*
		a. 5. Loi sur les moyens de terminer la révolution, sur la présentation de l'acte constitutionel aux assemblées primaires, la réélection des deux tiers des membres de la Convention, l'inéligibilité de ceux en arrestation ou accusation, etc.
		b. 6. Loi qui ordonne la dissolution des assemblées connues sous le nom de clubs ou sociétés populaires.
502	7.	Loi portant que dans toutes les matières civiles, dont la connaissance appartient aux tribunaux civils, et sans aucune distinction, les témoins seront entendus en l'audience publique. (*Bull.* n°. 1048.)
		a. 7. Le nom des jours *sans-culotides* est remplacé par celui de jours *complémentaires.*
503	9.	Loi portant que les dispositions de celles des 5 brumaire et 17 nivose an 2, sur les sucessions, n'auront d'effet que du jour de leur promulgation. (*Bull.* n°. 1051.)
		a. 9. La Convention renvoie au comité de légis-

Législation civile et criminelle.		*Faits, Epoques et Lois remarquables.*
N°s.	Dates.	*FRUCTIDOR* AN 3. — *Août et Sept.* 1795.
		lation la proposition de reviser le code civil, les lois criminelles et judiciaires.
		b. 9. Loi qui ordonne qu'il sera sursis à la vente des biens des hospices et autres établissemens de bienfaisance.
		c. 11. Plusieurs sections de Paris viennent à la barre de l'assemblée, se plaindre de ce qu'on les entoure de force armée ; la section des Champs-Élisées manifeste son improbation contre le décret qui force à conserver les deux tiers des membres de la Convention.
504	13.	Loi portant défense de vendre dans d'autres lieux qu'à la Bourse, de l'or, de l'argent, etc. (*Bull.* n°. 1104.)
		a. 13. Adoption d'une adresse au peuple français, présentée par la commission des onze.
505	14.	Loi qui abolit la rescision des contrats de vente pour cause de lésion d'outre moitié, et qui suspend les actions en rescision. (*Bull.* n°. 1061.) *Voyez* 3 germinal an 5.
506	14.	Loi qui modifie plusieurs dispositions de celle du 4 germinal an 2, relative aux douanes et aux formalités pour la poursuite des contraventions. (*Bull.* n°. 1060.)
		a. 14. Suspension provisoire de toute radiation de la liste des émigrés.
		b. 15. Loi qui donne à l'école des travaux publics le nom d'*École Politheonique*, et qui régle ce qui est relatif à l'examen et à l'admission des candidats.
507	16.	Loi par laquelle il est défendu aux tribunaux de connaître des actes d'administration, et qui annulle tous jugemens et procédures à cet égard. (*Bull.* n°. 1064.)
		a. 18. Ratification du traité de paix conclu entre la République française et le Landgrave de Hesse-Cassel.
508	20.	Loi qui prononce des peines contre les ministres

Législation civile et criminelle.		*Faits, Epoques et Lois remarquables.*
Nos.	Dates.	*FRUCTIDOR* AN 3. — *Août et Sept.* 1795.
		du culte, qui par leurs discours ou par leurs actions enfreindraient les lois de la République. (*Bull.* n°. 1072.)
509	21.	Dispositions sur les conflits d'attributions entre les autorités judiciaires et administratives, art. XXVII de *la loi* relative aux fonctions des corps administratifs et municipaux. (*Bull.* n°. 1128.)
510	22.	Loi qui ordonne la restitution des biens des prêtres déportés, et qui règle le mode de la remise qui leur en sera faite, soit de la part de la nation, soit de la part des héritiers qui auraient succédé pour eux. (*Bull.* n°. 1084.)
511	23.	La Convention charge la commission des onze de coordonner dans l'ordre convenable les articles du code civil qui ont été décrétés, soit avant soit après le 9 thermidor an 2.
		a. 24. Plusieurs individus viennent se plaindre à la Convention d'avoir été chassés de leurs sections; celle de l'Unité annonce qu'elle a accepté la constitution, et *rejeté à l'unanimité le décret sur la réduction des deux tiers.*
		b. 25. Loi qui règle le mode de procéder aux élections pour la nomination au corps législatif, etc.
		c. 28. Loi concernant l'ordre des délibérations et la police du corps législatif constitutionnel.
		d. 27 et 28. Plusieurs sections annoncent leur acceptation de la constitution, et le rejet du décret des 5 et 13 fructidor.
512	29.	Loi qui annulle tous arrêtés de représentans du peuple en mission, par lesquels les tribunaux ont été autorisés à juger en dernier ressort contre la loi de leur institution. (*Bull.* n°. 1089.)
		a. 29. Députation de l'assemblée primaire des Tuileries: *nous n'avons été*, dit l'orateur, *ni trompés, ni influencés, lorsque nous avons*

Législation civile et criminelle.		*Faits, Époques et Lois remarquables.*
Nos	Dates.	*FRUCTIDOR* AN 3. — *Août et Sept.* 1795.
		accepté la constitution, rejeté les décrets sur la réélection, proclamé notre permanence, et rompu les barrières que vous avez opposées à notre liberté. Quelque soit le vœu de la France, nous desirons vous voir finir votre carrière sans inquiétude, et la recommencer sans regrets.
		b. 30. Loi sur l'organisation des écoles de services publics, connues sous les noms d'*école polithecnique*, d'*artillerie*, des *ingénieurs militaires*, des *ponts et chaussées*, des *mines*, des *géographes*, des *ingénieurs de vaisseaux*, *de navigation*, de *marine*.
		JOURS COMPLÉMENTAIRES. — Sept.
513	1er.	Loi portant que les tiers acquéreurs des biens de religionnaires fugitifs ne pourront être dépossédés, sauf les droits des parens sur le prix contre les vendeurs. (*Bull.* n°. 1095.)
		a. 1er. jour. Emeute à Chartres, à l'occasion des subsistances. Le député Letellier, qui s'y trouve en mission, harangue les insurgés pour les calmer, ses efforts sont inutiles ; il ne veut pas employer la force, la sédition et le désordre augmentent : Letellier désespéré de son impuissance, se donne la mort.
514	2.	Loi qui établit un nouveau mode pour le jugement des délits militaires. (*Bull.* n°. 1099.)
		a. 2e. jour. Le palais des Tuileries est désigné pour la tenue des séances du conseil des anciens, et le palais ci-devant Bourbon pour celles du conseil des Cinq-cents.
515	5.	Loi qui rapporte quelques dispositions de celle du 4 messidor an 2, relativement au mode de jugement des prévenus de meurtre, etc. depuis le 7 septembre 1792. (*Bull.* n°. 1113.)
		a. 5. Loi portant que les parens et alliés des

Législation civile et criminelle.		*Faits, Epoques et Lois remarquables.*
Nos.	Dates.	*JOURS COMPLÉMENT.* AN 3. — *Sep.* 1795.
		émigrés et les ecclésiastiques insermentés seront tenus de s'abstenir de toutes fonctions publiques.
		VENDEMIAIRE AN 4. — *Sept et Oct.*
516	1er.	Loi portant que les rebelles, ceux connus sous le nom de *chouans*, etc. dont le jugement était attribué aux tribunaux militaires, seront jugés par les conseils militaires établis par la loi du 2e. jour complémentaire dernier. (*Bull.* no. 1119.)
517	1er.	Loi relative au nouveau système des poids et mesures, qui fixe au 1er. nivose l'usage du *mètre* à Paris, et qui défend d'exprimer dans aucun acte les quantités d'après les anciennes dénominations, lorsque les nouvelles mesures seront introduites. (*Bull.* no. 1120.)
518	1er.	Décret *d'ordre du jour* sur un référé du tribunal de cassation, et portant que le délai des assignations en cas de contravention au décret du 6 août 1791 sur les douanes, est suffisamment déterminé par l'art. XVII du tit. X de ce décret.
		a. 1er. La Convention déclare au peuple français que la Constitution a été acceptée à la majorité de 914,853 sur 958,226 votans: que les décrets des 5 et 13 fructidor sur la réélection des deux tiers, ont été également acceptés.
		b. 1er. Convocation des assemblées électorales pour le 20 du présent. Dispositions sur la validité des nominations des électeurs. Toutes les assemblées électorales devront être terminées le 29.
519	3.	Loi qui règle le mode d'exécution de celle du 9 fructidor, qui a rapporté l'effet rétroactif des lois des 5 et 12 brumaire et 17 nivose an 2, sur les successions. (*Bull.* no. 1130.)

a. 3.

Législation civile et criminelle.		Faits, Époques et Lois remarquables.
Nos.	Dates.	VENDÉMIAIRE AN 4. — Sept. et Oct. 1795.
		a. 3. Loi sur la sûreté de la représentation nationale, et adresse de la Convention aux habitans de Paris, dans laquelle elle déclare que s'il venait à être commis quelqu'attentat sur l'un des membres, le Corps législatif s'installerait à Châlons-sur-Marne.
		b. 3. La Convention charge les représentans ayant la direction de la force armée de prendre des mesures pour assurer la tranquillité publique.
520	4.	Loi qui défend à tout gardien de maison d'arrêt ou de justice d'y recevoir aucun individu mis illégalement en prison. (*Bull.* n°. 1123.)
		a. 4. La Convention arrête que chacun de ses membres fournira la déclaration écrite de sa fortune actuelle et de celle qu'il avait avant la révolution.
521	5.	Loi qui fixe à 50 le nombre des juges de cassation, et qui détermine le mode de renouvellement par les assemblées électorales. (*Bull.* n°. 1126.)
		a. 5. Loi portant des peines contre les présidens et secrétaires des assemblées primaires ou électorales qui mettraient aux voix ou qui signeraient des arrêtés étrangers aux élections, et contre ceux qui les imprimeraient, exécuteraient, etc.
522	7.	Loi sur la police du commerce des grains et sur l'approvisionnement des marchés. (*Bull.* n°. 1136.)
523	7.	Loi sur l'exercice et la police extérieure des cultes. (*Bull.* n°. 1134.) Par les articles XX et XXI, titre IV, il est défendu aux tribunaux d'avoir aucun égard aux actes de l'état civil dressés par les ministres du culte. Par l'art. X du même titre, toutes dotations perpétuelles ou viagères et établissemens de

Législation civile et criminelle.		*Faits, Epoques et Lois remarquables.*
N^os^.	Dates.	*VENDEMIAIRE* AN 4. — *Sept. et Oct.* 1795.
		taxes pour les frais de culte sont interdites. *Voyez* 18 germinal an 10.
		a. 7. L'Assemblée refuse d'admettre à sa barre des citoyens porteurs d'une adresse ayant pour titre : *Déclaration à la représentation nationale au nom de la majorité des assemblées primaires de Paris, signée des commissaires de ces assemblées.*
		b. 9. Loi qui prononce la réunion définitive des pays de Liége, de Luxembourg et de la Belgique à la France.
524	10.	Loi sur la police intérieure de chaque commune de la République. (*Bull.* n°. 1142.)
		a. 10. Les décrets des 5 et 13 fructidor sont l'occasion de motions effervescentes dans plusieurs sections.
		b. 10. Loi pour la formation d'une garde départementale de 10,000 hommes près du Corps législatif. *Voyez* 29 suivant.
		c. 10. L'ouverture des séances du Corps législatif est définitivement fixée au 5 brumaire.
		d. 10. Loi sur l'organisation du ministère.
		e. 11. Fête funèbre à l'occasion des députés mis en accusation le 3 octobre 1793. Dans le nombre de ceux à qui la Convention donne des regrets, se trouvent les noms de Grangeneuve, Rebecqui et Troublet dont on n'a pas rapporté la mort, n'en ayant pas la date certaine ; le premier fut exécuté à Bordeaux, comme mis hors la loi.
		f. 11. Dénonciation d'une adresse de la section Lepelletier, qui convoque les élections. La Convention se déclare en permanence.
		g. 11. Les électeurs de Paris s'assemblent au théâtre français.
		h. 11. Loi portant que les assemblées primaires ne pourront plus se réunir après le 15 de ce

Législation civile et criminelle.		Faits, Époques et Lois remarquables.
Nos.	Dates.	*VENDEMIAIRE* AN 4. — *Sept. et Oct.* 1795.
		mois, et que les électeurs ne pourront s'assembler avant le 20, sous peine d'être poursuivis comme coupables d'attentats envers la souveraineté nationale.
525	12.	Loi qui détermine le mode pour la publication et l'envoi des lois, et qui fixe duquel jour elles deviendront obligatoires. (*Bull.* n°. 1154.) *Voyez* 12 prairial suivant.
		a. 12. A minuit la section Lepelletier est investie par des troupes.
		b. 13. A quatre heures Barras est nommé général en chef de l'armée de l'intérieur en remplacement du général Menou, dénoncé comme royaliste.
		Quelques sections armées et les troupes de ligne sont en présence ; le combat s'engage, les citoyens et la garde nationale sont repoussés par des décharges de canon, le sang coule, l'effroi règne par tout : les troupes de la Convention s'emparent de tous les postes, toutes les assemblées de section sont dissoutes.
		c. 14. Ordre d'arrêter les courriers et émissaires envoyés dans les départemens par les sections de Paris.
		d. 15. Etablissement de trois conseils militaires pour juger les citoyens rebelles aux décrets de la Convention. *Voyez* 5 brumaire suivant.
		e. 15. Les lois des 17 septembre 1793, 5 ventose et 21 germinal an 3, sont rapportées : la première relative à l'arrestation des *suspects*, et les autres au désarmement des *terroristes*.
		f. 16. Suppression de l'état-major, des compagnies de grenadiers et de chasseurs de la garde nationale de Paris, dont la direction est désormais confiée au général de l'armée de l'intérieur.
		g. 18. Bonaparte est nommé général en second de l'armée de l'intérieur.

Législation civile et criminelle.		Faits, Époques et Lois remarquables.
Nos.	Dates.	*VENDEMIAIRE* AN 4. — *Sept. et Oct.* 1795.
526	19.	Loi sur la division du territoire de la République, le placement et l'organisation des autorités administratives et judiciaires. (*Bull.* nº. 1160.)
527	20.	Loi qui défend toute négociation en blanc des lettres de change ou autres effets de commerce. (*Bull.* nº. 1164.)
		a. 20. La Convention rapporte les articles II et III de la loi du 4 prairial dernier, relatifs à Barrère, Billaud et Collot, et charge ses comités de les faire déporter.
		b. 21. Loi portant que le cours du change et celui de l'or et de l'argent, soit monnayés, soit en barres, seront réglés chaque jour à l'issue de la bourse.
		c. 21. La Convention passe à *l'ordre du jour* sur un *référé* relatif à Joseph Lebon, condamné à mort le 17 précédent, par le tribunal criminel du département de la Somme.
528	22.	Loi qui spécifie les cas où les juges de paix et les officiers de police de sûreté pourront faire arrêter et traduire devant le directeur du juré, et qui détermine les peines contre ceux de ces fonctionnaires qui enfreindraient la loi. (*Bull.* nº. 1159.)
		a. 22. Il est défendu de poursuivre aucun fonctionnaires publics à raison des mesures révolutionnaires qu'ils ont pu avoir pris pendant qu'ils étaient en place, [illegible] que ces mesures ont été autorisées par les lois. Tous jugemens rendus contre eux sont annullés et regardés comme non avenues.
		b. 22. Loi sur l'organisation des hôtels des Monnaies, ateliers monétaires, fonctionnaires des monnaies, etc.
529	23.	Loi sur les récusations des juges en matière civile et en matière criminelle. (*Bull.* nº. 1176.)
		a. 23. Dénonciation faite à la Convention réunie

Législation civile et criminelle.		Faits, Epoques et Lois remarquables.
Nos.	Dates.	*VENDEMIAIRE* AN 4. — *Sept. et Oct.* 1795.
		en comité général, par Tallien, contre plusieurs députés. A la suite du comité, l'arrestation de Saladin et de Rovère est prononcée.
		b. 24. Retraite et déroute de l'armée de Sambre-et-Meuse, après des triomphes rapides.
530	25.	Loi qui suspend toute contestation ayant pour objet la résiliation d'une vente judicielle. (*Bull.* n°. 1179.) *Voyez* 11 ventose an 5.
		a. 25. Organisation de la bibliothèque nationale, son administration est confiée à un conservatoire composé de huit membres.
531	26.	Loi qui suspend l'exécution de l'article XIII de la loi du 3 du présent, relatif aux enfans nés hors mariage, et qui charge le comité de législation d'examiner s'il n'y a pas lieu de rapporter la loi du 22 brumaire an 2. (*Bull.* n°. 1180.)
532	28.	Loi relative à la police de la bourse, aux agens de change, à la vente des matières d'or et d'argent, et à la négociation des lettres de change. (*Bull.* n°. 1183.)
		a. 28. Le député Julien de Toulouse, mis en arrestation le 28 brumaire an 2, décrété d'accusation le 26 ventose suivant, relevé de ce décret le 20 germinal an 3, mais non rappelé au sein de la Convention, écrit pour se justifier des inculpations dirigées contre lui. Sa lettre est renvoyée aux comités.
		b. 29. Loi qui ordonne la poursuite des assassinats commis par les compagnies de *Jésus* et du *Soleil* et autres associations royalistes.
		c. 29. Loi qui réduit à 1500 hommes la garde du Corps législatif, fixée à 10,000 hommes par la loi du 10 du présent.
		d. 30. Nomination d'une commission dans le sein de la Convention pour préparer des *mesures de salut public*; elle est composée de Tallien, Pons (de Verdun), Dubois de Crancé,

Législation civile et criminelle.		*Faits, Epoques et Lois remarquables.*
Nos.	Dates.	*VENDÉMIAIRE* AN 4. — *Sept. et Oct.* 1795.
		Roux (de la Marne) et Florent Guyot. *Voyez* 3 brumaire suivant.
		e. 30. La Convention décrète que dès demain le général Menou sera mis en jugement. *V.* 5 brumaire suivant.
		f. 30. Les représentans Lomont et Aubry sont mis en arrestation. *Voyez* 17 brumaire suivant.
		BRUMAIRE. — *Oct. et Nov.*
		g. 1er. Thibaudeau dénonce Tallien à la convention, il démasque avec courage les partisans du nouveau système de terreur qui menace encore une fois la France.
533	2.	Loi concernant l'organisation du tribunal de cassation. (*Bull.* no. 1198.)
		a. 2. Les dispositions de la loi du 28 thermidor an 3 relatives aux jugemens rendus révolutionnairement, seront applicables à ceux intervenus jusqu'au 13 vendémiaire dernier.
534	3.	Loi sur le costume des législateurs et autres fonctionnaires de l'ordre judiciaire et administratif. (*Bull.* no. 1208.) *Voyez* 24 germinal an 8.
535	3.	Loi contenant le code des délits et des peines. (*Bull.* no. 1221.)
536	3.	Loi interprétative de celle du 2 thermidor an 3, qui astreint les fermiers à payer moitié de leurs fermages en grains. (*Bull.* no. 1194.)
537	3.	Loi sur l'administration des prises faites sur les ennemis de la République, sur la forme de procédure et les fonctions des juges de paix à cet égard. (*Bull.* no. 1233.)
		a. 3. Loi qui suspend l'exécution de celle du 23 messidor an 2 en ce qui concerne l'administration du revenu des hôpitaux.

Législation civile et criminelle.		*Faits, Epoques et Lois remarquables.*
Nos.	Dates.	*BRUMAIRE* AN 4. — *Oct. et Nov.* 1795.
		b. 3. Organisation de l'instruction publique, des écoles primaires, centrales, spéciales, et de l'institut national.
		Etablissement de sept fêtes nationales.
		e. 3. Loi qui exclut de toutes fonctions publiques jusqu'à la paix, les provocateurs de mesures séditieuses, les émigrés et parens d'émigrés, etc. et qui ordonne l'exécution des lois de 1792 et 1793, contre les prêtres sujets à la déportation ou à la réclusion. *Voyez* 14 frimaire an 5.
		d. 2 et 3. Lois concernant l'administration des ports et arsenaux, l'organisation militaire et celle de l'artillerie de la marine, etc.
		e. 3. Loi portant que les emplois militaires seront à la nomination du Directoire exécutif.
		f. 3. *Suppression de la commission des cinq*, créée le 3 vendémiaire précédent.
538	4.	Loi qui détermine un mode pour se pourvoir contre les jugemens d'arbitres rendus en dernier ressort, par suite d'arrêtés de représentans du peuple. (*Bull.* n°. 1220.)
539	4.	Disposition portant que la peine de mort sera abolie, à dater de la paix générale, art. 1er. de *la loi d'amnistie* pour tous les délits relatifs à la révolution, antérieurs au 13 vendémiaire.
540	4.	Loi additionnelle à celle du 2e. jour complémentaire an 3, sur les délits militaires. (*Bull.* n°. 1215.)
541	4.	Loi relative au traitement des hauts jurés, des juges de cassation, des commissaires et juges de tous les tribunaux. (*Bull.* n°. 1210.)
		a. 4. Réunion du duché de Bouillon à la France.
		b. 4. Etablissement d'une contribution extraordinaire de guerre par addition à la contribution foncière.
		c. 4. Les membres de la Convention qui ont été réélus par le peuple, se forment en corps élec-

Législation civile et criminelle.		*Faits, Epoques et Lois remarquables.*
Nos.	Dates.	*BRUMAIRE* AN 4. — *Oct. et Nov.* 1795.

toral pour completter les deux tiers qui doivent entrer au Corps législatif.

Les membres de la Convention, âgés de 40 ans et mariés, se partagent par le sort entre le conseil des anciens et celui des cinq cents.

d. 5. Le général Menou est acquitté par le conseil de guerre devant lequel il avait été traduit par décret rendu sur la dénonciation de Barras.

Grand nombre d'individus sont condamnés à mort par *contumace.*

Iere. SESSION DU CORPS LÉGISLATIF.

DIRECTOIRE.

---

e. 6. Les députés formant le conseil des Cinq-cents se réunissent provisoirement a la salle du Manége, et celui des Anciens aux Tuileries, dans le local de la Convention : l'un et l'autre conseil *se constituent* de suite assemblée délibérante ; ils s'en donnent avis par des messages réciproques.

f. 8. Le conseil des Cinq-cents forme une liste de cinquante candidats pour l'élection des cinq membres qui doivent composer le Directoire, excepté les noms de Barras, Sieyes, Lareveillère, Letourneur et Reubell, on ne voit sur cette liste que ceux d'individus entièrement inconnus.

g. 10. Le conseil des Anciens nomme membres du Directoire les citoyens Lareveillère-Lepaux, Letourneur de la Manche, Reubell, Sieyes et Barras.

Sieyes refuse la place de directeur. *V.* le 13.

h. 11. Le Directoire choisit les ministres ; il appelle les citoyens Aubert-Dubayet au mi-

Législation civile et criminelle.		*Faits, Epoques et Lois remarquables.*
Nos.	Dates.	*BRUMAIRE* AN 4. — *Oct. et Nov.* 1795.
		nistère de la guerre, Truguet à celui de la marine, Charles Lacroix à celui des relations extérieures, Merlin à celui de la justice, Gaudin à celui des finances, et Benezech à celui de l'intérieur. *Voyez* le 17 suivant, et 12 nivose an 4.
		i. 11. Le citoyen Trouvé, redacteur du Moniteur, est nommé secrétaire général du directoire. *Voyez* le 15.
542	12.	Arrêté du Directoire qui règle provisoirement le mode de publication des lois. (*Bull.* n°. 1. 2e *sér.*)
		a. 13. Carnot, ex-membre du comité du Gouvernement, est nommé directeur à la place de Sieyes.
		b. 13. Le Directoire s'installe au palais du Luxembourg.
		c. 15. Le citoyen Lagarde est nommé secrétaire-général du Directoire à la place du cit. Trouvé, démissionnaire.
		d. 17. Les députés Saladin, Rovere, Aubry et Lomont sont mis en liberté.
		e. 17. Le citoyen Faypoult est nommé ministre des finances à la place du citoyen Gaudin.
		f. 18. Exécution à mort de Lemaitre, ci-devant secrétaire des finances, accusé de conspiration tendante à rétablir la royauté. Ses complices sont condamnés à la déportation.
543	19.	Loi portant que le notariat et les objets qui lui sont relatifs, sont compris dans les attributions du ministre de la justice. (*Bull.* n°. 19.)
		a. 22. Le Directoire est autorisé à prélever dans les départemens de la Seine, et autres qu'il jugera à propos, la quantité de deux cent cinquante mille quintaux de grains à compte de la contribution foncière.
		b. 24. Nomination des commissaires de la comptabilité.

Législation civile et criminelle.		*Faits, Epoques et Lois remarquables.*
Nos.	Dates.	*BRUMAIRE* AN 4. — *Oct. et Nov.* 1795.
		c. 25. Loi qui autorise le Directoire à nommer les membres des administrations départementales et des tribunaux qui n'ont pas été élus par les corps électoraux. *Voyez* 24 frimaire suivant et 27 floréal an 6.
		d. 30. Abrogation de la loi du 26 germinal an 2, qui défendait les compagnies et associations financières.
		FRIMAIRE. — *Nov. et Déc.*
		c. 9. Loi qui assimile les ci-devant nobles aux étrangers, pour l'exercice des droits politiques.
544	12.	Loi qui autorise le refus de remboursemens de capitaux dûs par obligations antérieures au premier vendémiaire, autres qu'effets de commerce de négociant à négociant. (*Bull.* nº. 48.) *Voyez* 15 germinal suivant.
545	13.	Loi qui détermine le mode de paiement, à défaut de grains, de la portion de fermages due en nature. (*Bull.* nº. 49.)
		a. 18. Loi qui charge les commissaires de la comptabilité des opérations relatives à l'ancienne comptabilité.
		b. 19. Emprunt de six cents millions sur les citoyens aisés.
		c. 24. Le directoire est autorisé à nommer aux places de juges de paix auxquelles il n'a pas été pourvu aux dernières élections.
546	26.	Loi qui ordonne que les minutes des actes des juges de paix seront déposées tous les ans dans un local de l'administration municipale. (*Bull.* nº. 63.)
547	26.	Loi qui autorise les notaires actuellement privés des places judiciaires, pour lesquelles ils avaient opté, à reprendre leurs fonctions. (*Bull.* nº. 65.)
		a. 28. Marie-Thérèse-Charlotte, fille de Louis

Législation civile et criminelle.		Faits, Epoques et Lois remarquables.
Nos.	Dates.	*FRIMAIRE* AN 4. — *Nov. et Déc.* 1795.
		XVI, part à quatre heures du matin de la prison du Temple, pour être conduite sur la frontière, et échangée avec les députés détenus et autres citoyens français.
		NIVOSE. — Déc. et Janv.
548	3.	Loi qui détermine le mode de retenue à faire sur les propriétaires par les fermiers qui ont acquitté les contributions foncières. (*Bull.* n°. 76.)
549	4.	Loi relative au jugement des déserteurs, et à l'indemnité par eux due pour les effets qu'ils auront emporté. (*Bull.* n°. 79.)
550	4.	Loi qui détermine les peines à infliger aux embaucheurs et aux provocateurs à la désertion. (*Bull.* n°. 84.)
		a. 12. Création d'un septième ministère sous le nom de *ministère de la police générale*. *V.* le 14.
551	14.	Loi portant qu'il ne pourra être payé qu'un 40e. en monnaie de cuivre pour contributions, droits d'enregistrement, etc. (*Bull.* n°. 458.)
		a. 14. Merlin est nommé ministre de la police générale, et Genissieux le remplace à celui de la justice.
		b. 18. Job Aimé et plusieurs autres députés sont exclus jusqu'à la paix des fonctions législatives, en vertu de la loi du 3 brumaire.
		c. 18. Arrêté du Directoire qui défend de chanter dans les spectacles le *réveil du peuple*, et qui ordonne de chanter la *marseillaise*, etc.
552	19.	Loi qui détermine la manière dont les actions, au nom de la République, doivent être intentées ou reprises. (*Bull.* n°. 104.)
553	21.	Loi additionnelle au code hypothécaire, et au mode provisoire de prendre des lettres de rati-

Législation civile et criminelle.		*Faits, Epoques et Lois remarquables.*
Nos.	**Dates.**	*NIVOSE* AN 4. — *Déc.* 1795 *et Janv.* 1796.
		fication jusqu'à l'exécution du code. (*Bull.* no. 106.)
		Cette exécution a été indéfiniment ajournée, en vertu de lois successives, jusqu'à celle du 11 brumaire an 7, qui a introduit un nouveau système hypothécaire.
		a. 22. Les députés et le général Beurnonville, détenus par l'Autriche et échangés, sont présentés au conseil des Cinq-cens.
554	29.	Loi relative aux retraits des lettres de change tirées de France sur l'étranger. (*Bull.* no. 126.)
		PLUVIOSE. — *Janv. et Fév.*
		a. 1er. Jour anniversaire de la mort de Louis XVI. Le Directoire se rend en céremonie au Champ-de-Mars, et y prête le serment de haine à la royauté.
		b. 5. Loi qui autorise l'envoi de onze agens du gouvernement dans les colonies, et qui règle leur costume.
555	9.	Loi relative à la nouvelle perception du droit d'enregistrement, basé sur la dépréciation du papier-monnaie. (*Bull.* no. 140.)
		a. 15. Réquisition d'une levée extraordinaire de chevaux dans tous les départemens de la République.
		b. 19. Petiet, membre du conseil des Anciens, est nommé ministre de la guerre à la place du cit. Aubert-Dubayet.
		c. 24. Ramel, membre du conseil des Cinq-cents, est nommé ministre des finances à la place du citoyen Faipoult.
556	25.	Arrêté du Directoire concernant la police des spectacles. (*Bull.* no. 178.)
		a. 28. Loi qui charge le Directoire de statuer sur les demandes en radiation de la liste des émigrés.

Législation civile et criminelle.		*Faits, Epoques et Lois remarquables.*
Nos.	Dates.	*PLUVIOSE* AN 4e — *Janv. et Fév.* 1796.
		b. 30. Brisement des planches et autres objets destinés à la fabrication des assignats. Depuis l'assemblée constituante, les émissions d'assignats s'étaient tellement multipliées, que, d'après un rapport de l'ex-ministre des finances Ramel, publié en l'an 9, *leur fabrication s'est élevée successivement à la somme de* 45 *milliards* 581 *millions* 614 *livres.*
		VENTOSE. — Fév. et Mars.
		c. 1er. Suppression de l'assemblée dite des *États-généraux* de Hollande. Ouverture d'une *Convention nationale de la République batave.*
		d. 2. Arrêté du Directoire portant réglement concernant la Bourse.
		e. 4. Suppression à compter du 1er. germinal, de toutes les agences et commissions administratives.
		f. 5. Stollet, l'un des chefs des vendéens, arrêté par les soins du général Hoche, est exécuté à Angers.
		g. 8. Fermeture de plusieurs clubs ou sociétés populaires, par ordre du Directoire, entr'autres du club anarchique du Panthéon.
557	9.	Lois qui attribuent aux juges ordinaires la connaissance des affaires qui étaient portées devant les tribunaux de famille et les arbitres forcés. (*Bull.* nos. 198 et 199.)
558	15.	Loi portant que les parens de l'un des co-accusés d'un même fait ne peuvent être entendus comme témoins contre les autres co-accusés. (*Bull.* no. 219.)
559	20.	Loi portant des peines contre ceux qui décrieraient ou refuseraient les monnaies de la République. (*Bull.* no. 225)
560	21.	Loi qui règle l'ordre de service des juges auprès des tribunaux criminels. (*Bull.* no. 227.)

Législation civile et criminelle.		*Faits, Epoques et Lois remarquables.*
Nos.	Dates.	*VENTOSE* AN 4. — *Fév. et Mars* 1796.
661	25.	Loi qui ordonne la remise dans les dépôts, de tous titres, papiers et registres provenant des tribunaux extraordinaires, révolutionnaires et des conseils militaires. (*Bull.* n°. 239.)
		a. 25. Résolution du conseil des Cinq-cents sur le mode à suivre par les sourds et muets, pour procéder en justice, rejetée le 18 messidor suivant, comme insuffisante.
562	26.	Loi portant réglement sur la manière de procéder en conciliation. (*Bull.* n°. 243.)
563	27.	Loi concernant les personnes nouvellement arrivées à Paris, et qui prononce des peines contre les maitres d'hôtel-garni qui n'en font pas leur rapport à la police. (*Bull.* n°. 246.)
		a. 28. Création de 2 milliards 400 millions de mandats territoriaux. *Voyez* 6 floréal suivant.
		GERMINAL. — *Mars et Avril.*
564	7.	Dispositions portant qu'aucuns achats, ventes, traités, conventions ou transactions ne pourront être stipulés ni exigés qu'en mandats, art. IV de la *loi*, portant des peines contre les fabricateurs de faux mandats. (*Bull.* n°. 269.)
		a. 9. Charette, chef des Vendéens, est fusillé à Nantes.
		b. 10. Bonaparte arrive à Nice, et prend le commandement en chef de l'armée d'Italie. *Voyez* le 22.
		c. 14. Pichegru est nommé ambassadeur en Suède : il refuse.
		d. 14. Genissieux donne sa démission de ministre de la justice ; Merlin le remplace, et Cochon passe au ministère de la police.
565	15.	Loi qui détermine le mode de paiement des obligations des loyers, des fermages, des dépôts, et qui lève la suspension des remboursemens. (*Bull.* n°. 290.) *Voyez* 29 messidor an 4.

Législation civile et criminelle.		*Faits, Epoques et Lois remarquables.*
Nos.	Dates.	*GERMINAL* AN 4. — *Mars et Avril* 1796.
		a. 15. Loi contenant réglement pour l'Institut national des sciences et des arts.
		b. 15. Première séance publique de l'Institut. Le Directoire exécutif, les ministres, les ambassadeurs, etc., y assistent en grand costume. Le président du Directoire prononce un discours sur la renaissance des sciences et des arts, et sur la protection que le gouvernement se fera un devoir de leur accorder.
566	18.	Loi qui prescrit les formalités à observer dans le jugement d'un délit pour lequel il aurait été formé plusieurs actes d'accusation contre différens accusés. (*Bull.* no. 309.)
		a. 20. Défaite des révoltés du département du Cher; prise de Sancère par les troupes de la République.
567	22.	Loi qui interdit l'usage des cloches et de toute autre convocation publique pour l'exercice d'un culte. (*Bull.* no. 318). *Voyez* 18 germinal an 10.
		a. 22. La campagne s'ouvre en Italie par la victoire de Montenotte, gagnée sur les autrichiens.
568	22.	Loi portant des peines contre toute provocation à la dissolution du gouvernement, et toute atteinte à la sûreté publique et individuelle. (*Bull.* no. 325.)
		a. 25. Loi portant que les pièces de 5 francs seront reçues pour 5 livres 1 sou 3 deniers tournois.
569	28.	Loi contenant des mesures repressives des délits qui peuvent être commis par la voie de la presse. (*Bull.* no. 328.)
		a. 28. Loi qui suspend provisoirement la vente des biens des hôpitaux.

Législation civile et criminelle.		*Faits, Epoques et Lois remarquables.*
Nos.	Dates.	*FLORÉAL* AN 4. — *Avril et Mai* 1796.
		b. 3. Loi qui détermine le mode de surveillance à exercer par le corps législatif sur la trésorerie, et l'organisation de son administration.
570	4.	Loi sur le mode et les conditions de la retenue des marchandises importées et exportées que les préposés des douanes peuvent exercer. (*Bull.* no. 344.)
		a. 6. Instruction sur la loi du 28 ventose, qui crée les mandats, et loi qui en détermine le type et la forme.
571	8.	Loi qui prescrit la forme de procéder sur les appels en matière de prises. (*Bull.* no. 368.)
		a. 9. Licenciement de deux bataillons de la légion de police, pour cause d'insubordination.
572	16.	Loi qui ordonne que chaque année, le double du répertoire des actes reçus par les notaires publics, sera déposé au greffe du tribunal civil de département. (*Bull.* no. 384.)
		a. 17. Arrêté du Directoire qui ordonne la formation de colonnes mobiles prises dans la garde nationale sédentaire.
		b. 19. Passage du Pô par l'armée d'Italie : deux jours après elle effectue, sous la conduite de Bonaparte, le célèbre passage du pont de Lodi, malgré le feu roulant des batteries opposées, et remporte une victoire éclatante.
		c. 21. Loi qui exclut de Paris les ex-conventionnels sans fonctions, les militaires et fonctionnaires destitués, les prévenus d'émigration, etc. et qui prononce la déportation contre ceux qui y seraient trouvés après un délai de trois jours. *Voyez* 9 prairial an 5.
573	23.	Loi qui rétablit les vingt-quatre officiers de police de la commune de Paris. (*Bull.* no. 399.)
574	23.	Loi portant que dans les pays infestés par les rebelles, les juges de paix pourront exercer provisoirement leurs fonctions dans le lieu où ils se seront réfugiés. (*Bull.* no. 400.)

Loi

Législaton civile et criminelle.		Faits, Epoques et Lois remarquables.
Nos.	Dates.	*FLORÉAL* AN 4. — *Avril et Mai* 1796.
575	23.	Loi relative aux actes de clôture et de dépôt des inventaires dans lesquels des mineurs sont intéressés. (*Bull.* no. 402.)
		a. 23. Message du Directoire au conseil des Cinq-cents, annonçant l'arrestation de Babeuf journaliste, de Laignelot ex-conventionnel, de Drouet législateur, et d'autres auteurs ou complices d'un complôt tendant au rétablissement de la constitution de 1793, à dissoudre les autorités et le gouvernement actuel, à former des listes de proscriptions etc., qui devait éclater dans la nuit du 23 au 24. *Voyez* 28 prairial suivant et 6 prairial en l'an 5.
		b. 29. Le Directoire transmet aux conseils des renseignemens sur la conspiration de Babeuf. Il annonce l'arrestation de 33 individus, parmi lesquels on distingue les noms d'Amar, Vadier, Choudieu et Ricord, ci-devant conventionnels, d'Antonelle ex-législateur, de Félix Lepelletier-St.-Fargeau, etc. *Voyez* 6 prairial an 5.
		c. 30. Ratification d'un traité de paix conclu entre la République et le roi de Sardaigne.
		PRAIRIAL. — *Mai et Juin.*
		d. 4. Loi relative à l'échange des assignats au-dessus de 100 livres contre des mandats ou promesses de mandats. *Voyez* 22 pluviose an 5.
		e. 10. Fête de la reconnaissance, célébrée en l'honneur des victoires des armées de la République.
576	11.	Loi portant des peines contre les témoins qui ne comparaissent pas sur les citations à eux données. (*Bull.* no. 428.)
577	12.	Arrêté du Directoire exécutif qui détermine le mode à suivre pour faire connaître aux auto-

Législation civile et criminelle.		Faits, Époques et Lois remarquables.
Nos.	Dates	*PRAIRIAL* AN 4. — *Mai et Juin* 1796.
		rités constituées l'époque à compter de laquelle les lois et actes du gouvernement deviennent obligatoires dans chaque département. (*Bull.* n°. 436.)
578	12.	Loi qui déclare admissibles pendant trois mois, à dater de la publication de la présente, les demandes en cassation formées contre les jugemens d'arbitrage forcé, rendus avant le 1er. vendémiaire an 4. (*Bull.* n°. 435.)
579	16.	Loi relative au droit d'assistance des juges et commissaires présens. (*Bull.* n°. 441.)
580	21.	Loi portant qu'il sera provisoirement sursis aux poursuites résultantes de l'exécution de la loi du 10 juin 1793, sur le partage des biens communaux, et qui maintient dans leur jouissance les possesseurs actuels. (*Bull.* n°. 456.)
581	21.	Loi qui établit un mode pour statuer sur le prédécès de plusieurs individus se succédant de droit, et morts dans la même exécution. (*Bull.* n°. 453.)
582	22.	Loi portant des peines contre la tentative du crime. (*Bull.* n°. 466.)
		a. 28. Le député Drouet, impliqué dans la conjuration de Babeuf, est entendu en comité général au conseil des Cinq-cents. *Voyez* le 20 messidor suivant.
		MESSIDOR. — *Juin et Juillet*.
		b. 8. Loi qui fixe la contribution foncière pour l'an 4 en principal et sols additionnels, à la même somme qu'en l'an 3, et qui détermine le mode de sa perception.
583	9.	Arrêté du Directoire portant que les lois nouvelles n'ont rien innové relativement à l'appel des jugemens par défaut. (*Bull.* n°. 497.)
584	9.	Loi relative au mode de paiement des baux à

Législation civile et criminelle.		*Faits, Époques et Lois remarquables.*
Nos.	Dates.	*MESSIDOR* AN 4. — *Juin et Juillet* 1796.
		ferme et des contributions, en argent ou mandats. (*Bull.* n°. 491.)
		a. 9. Armistice conclu entre le pape et Bonaparte, général en chef de l'armée d'Italie. L'une des conditions est que sa Sainteté paiera 21 millions de France; qu'il livrera cent tableaux, vases ou statues au choix des commissaires français, etc.
		b. 11. L'armée d'Italie prend possession de la ville de Milan.
		c. 20. Nouveau code civil présenté à l'examen des conseils par Cambacérès, au nom de la commission de la classification des lois.
		d. 22. Décret d'accusation prononcé contre Drouet, par le conseil des Anciens. *Voyez* le 29 suivant, et le 6 prairial an 5.
585	22.	Loi qui fixe la compétence des conseils militaires. (*Bull.* n°. 524.)
586	24.	Loi qui fixe la composition du tribunal de cassation, l'incompatibilité des fonctions des juges avec d'autres fonctions, et l'obligation de se rendre à leur poste après l'expiration des congés, sous peine de démission. (*Bull.* n°. 533.)
		a. 28. Classement des dépenses publiques, et rétablissement des sols additionnels.
587	29.	Loi qui rapporte les articles 2 et 3 de la loi du 15 germinal, sur les remboursemens. (*Bull.* n°. 535.)
		a. 29. Le jury d'accusation du département de la Seine décide qu'il y a lieu à accusation contre Babeuf et 31 de ses complices dans la conspiration du 22 au 23 floréal. Ils sont renvoyés devant la haute-cour nationale, pour y être jugés avec le député Drouet.
		THERMIDOR. — *Juillet et Août.*
588	5.	Loi relative à la liberté des transactions entre

Législation civile et criminelle.		*Faits, Epoques et Lois remarquables.*
Nos.	Dates.	*THERMIDOR* AN 4. — *Juil. et Aout* 1796.
		citoyens, et portant qu'ils peuvent stipuler tels termes et telles valeurs qu'il leur plait. (*Bull.* n°. 560.)
589	10.	Arrêté du directoire concernant la poursuite et la direction des actions judiciaires qui intéressent la République. (*Bull.* n°. 572.)
590	14.	Loi contenant une nouvelle fixation des droits de timbre et d'enregistrement. (*Bull.* n°. 575 et 576.)
591	15.	Loi concernant les droits successifs des enfans nés hors le mariage, et qui rapporte l'effet rétroactif de celle du 12 brumaire an 2. (*Bull.* n°. 580.)
		a. 15. Arrêté du conseil des Cinq-cents, portant qu'à compter du 15 thermidor, la discussion s'ouvrira sur les divers titres du code civil, et qu'ils seront présentés en résolutions séparées.
592	16.	Loi qui autorise les juges de paix à recevoir le serment des employés de la régie de l'enregistrement, gardes-forestiers, experts, etc. (*Bull.* n°. 581.)
593	19.	Loi portant que les décisions et jugemens de la haute-cour de justice ne sont pas soumis au recours devant le tribunal de cassation. (*Bull.* n°. 588.)
		a. 19. L'escadre hollandaise commandée par l'amiral Lucas, et envoyée au cap de Bonne-Espérance pour reprendre cette importante colonie, se rend aux anglais par capitulation, et sans faire de résistance.
594	20.	Loi sur la manière dont seront reçues les dépositions des membres du Corps législatif et du Directoire exécutif, cités devant des tribunaux autres que ceux séants dans la commune où ils exercent leurs fonctions. (*Bull.* n°. 591.)
595	20.	Loi sur l'organisation de la haute-cour de justice, la composition du haut-jury, la manière de

Législation civile et criminelle.		Faits, Époques et Lois remarquables.
Nos.	Dates.	*THERMIDOR* AN 4. — *Juil. et Août* 1796.
		procéder, etc. (*Bull.* no. 595.)
		a. 21. Proclamation du conseil des Cinq-cents, qui convoque la haute-cour nationale à Vendôme. *Voyez* 14 vendémiaire an 5.
596	22.	Loi portant que chaque franc de fermage et de contribution sera payé en numéraire ou en mandats au cours. (*Bull.* no 600.)
		a. 22. Loi portant que la contribution personnelle et somptuaire de l'an 4, sur la même que celle de l'an 3.
597	23.	Loi relative à la repression des délits ruraux, et qui dispense de l'enregistrement les procès-verbaux qui en seront dressés. (*Bull.* no. 601.)
		a. 23. Le jury du tribunal criminel du département de la Seine, en acquittant Quatremère de Quincy, *contumace* condamné à mort par suite des événemens de vendémiaire, déclare qu'*il n'est pas constant qu'il y ait eu conspiration tendant à dissoudre l'autorité législative.*
		b. 28. Ratification du traité de paix conclu entre la République française et le duc de Wirtemberg et de Teck.
598	29.	Loi qui détermine le mode suivant lequel aura lieu le cautionnement prescrit par l'art. CCXXII du code des délits et des peines. (*Bull.* no. 618.)
		a. 29. Loi portant que la fondation de la République sera célébrée par une fête dans toute l'étendue du territoire français.
		b. 30. Le député Drouet parvient à s'évader des prisons de l'Abbaye. *Voyez* 7 prairial an 5.
		FRUCTIDOR. — *Août et Sept.*
599	2.	Loi interprétative de celles des 5 brumaire et 17 nivose an 2, qui ont rendu les religieux habiles à succéder. (*Bull.* no. 635.)

Législation civile et criminelle.		*Faits, Époques et Lois remarquables.*
Nos.	Dates.	*FRUCTIDOR* AN 4. — *Août et Sept.* 1796.
		a. 6. Établissement d'un droit de patente pour l'an 5, et son tarif selon les divers négoces ou professions qui y sont assujéti. *Voyez* 4 thermidor an 3, et 9 frimaire an 5.
600	12.	Arrêté du Directoire portant défenses à tous autres qu'aux notaires, greffiers et huissiers, de s'immiscer dans les prisées, estimations et ventes publiques de meubles et effets mobiliers. (*Bull.* n°. 666.) *Voyez* 27 nivose an 5.
		a. 12. Mouvemens insurrectionnels excités par une centaine de conspirateurs pendant la nuit du 11 au 12; ils sèment en vain des cris d'allarmes, leurs efforts restent sans succès.
		b. 14. Ratification du traité de paix conclu entre la République française et le Margrave de Bade.
601	18.	Loi qui détermine le mode de paiement des fermages arriérés. (*Bull.* n°. 680.)
602	18.	Loi qui autorise le tribunal de cassation à indiquer aux accusés contumax, déportés des colonies françaises par les anglais, et à tous autres qui seraient dans l'impossibilité de se représenter devant le même tribunal qui les a condamné, les moyens de purger leur contumace. (*Bull.* n°. 682.)
603	18.	Loi qui détermine les cas dans lesquels il y a lieu à révision des jugemens militaires. (*Bull.* n°. 683.)
604	21.	Loi qui détermine la manière dont seront payés les loyers de maisons. (*Bull.* n°. 691.)
605	21.	Loi relative aux vacances des tribunaux. (*Bull.* n°. 690.)
606	21.	Loi portant que le recours en cassation contre les jugemens des commissions militaires est admissible pour cause d'incompétence. (*Bull.* n°. 689.)
		a. Du 23 au 24. Des conspirateurs marchent contre le camp de Grenelle, au nombre de 6

Législation civile et criminelle,		Faits, Époques et Lois remarquables.
Nos.	Dates.	*FRUCTIDOR* AN 4. — *Août et Sept.* 1796.
		à 700. Ils sont repoussés ; plusieurs chefs sont arrêtés, entr'autres les ex-conventionnels Huguet et Javogues, qui sont pris les armes à la main. Leur cri de ralliement est *vive la constitution de* 1793 ; *A bas les conseils ; à bas les nouveaux tyrans. Voyez* 5, 10 et 20 vendémiaire an 5.
607	24.	Loi relative à la manière de juger les rebelles saisis dans un rassemblement armé. (*Bull.* n°. 698.)
		a. 24. Loi qui autorise le Directoire à faire faire des visites domiciliaires dans les départemens de la Seine, de Seine-et-Marne et de Seine-et-Oise.
		b. 26. Ratification du traité de paix et d'alliance offensive et défensive conclu entre la République française et le roi d'Espagne.
608	27.	Loi portant que les prévenus de délits militaires ont le droit de se choisir des défenseurs dans le lieu où s'instruit la procédure. (*Bull.* n°. 705.)
		JOURS COMPLÉMENTAIRES. — *Sept.*
		a. 5e. jour. Loi portant que le quart des arrérages du dernier semestre de l'an 4, sera payé en numéraire. Il résulte du rapport qui précède cette loi, que les arrérages des rentes perpétuelles et viagères s'élèvent annuellement à la somme de 270 millions.
		b. 5e. jour. Le général Marceau est tué d'un coup de carabine ; il reçoit à ses funérailles des honneurs des armées française et autrichienne.
		VENDEMIAIRE AN 5. — *Sept et Oct.*
		c. 3. La porte Ottomane envoie un ambassadeur pour résider auprès du gouvernement français.

Législation civile et criminelle.		*Faits, Epoques et Lois remarquables.*
Nos.	Dates.	*VENDÉMIAIRE* AN 5. — *Sept. et Oct.* 1796.
609	5.	Arrêté du Directoire portant qu'il sera tenu dans les tribunaux, des registres pour inventorier les lois et la correspondance officielle. (*Bull.* n°. 755.) *a.* 5. Une commission militaire, par un premier jugement, condamne les prévenus de la conspiration de Grenelle, savoir : Virton, Pochon, Sandox et Firiole à la peine de mort, six autres à la déportation, d'autres à la détention. *Voyez* le 10. *b.* 14. La haute-cour nationale, convoquée pour juger Drouet, Babeuf et ses complices, est instalée à Vendôme. *c.* 10. Deuxième jugement de la commission militaire, qui condamne à mort quatre complices de la conspiration de Grenelle, six à la déportation, et deux à la réclusion. Le 20, les ex-conventionnels Javogues et Huguet, et sept de leurs complices sont par un troisième jugement condamnés à mort, deux sont condamnés à la déportation, quatre à la détention : enfin, par derniers jugemens des 28 vendémiaire et 6 brumaire suivant, six autres prévenus sont condamnés à mort, douze à la déportation, huit à la détention ; les autres accusés sont acquittés. Ceux jugés à mort sont fusillés au camp de Grenelle. *d.* 16. Loi qui conserve les hospices civils dans la jouissance de leurs biens, et qui règle la manière dont ils seront administrés. *Voyez* 29 pluviose suivant. *e.* 24. Lettre du général Moreau, annonçant l'arrivée de son armée sur les bords du Rhin, après avoir effectué sa retraite dans une distance de 100 lieues, à travers des armées ennemies qui n'ont pu l'entamer.
610	28.	Arrêté du Directoire qui interdit la chasse dans les forêts nationales. (*Bull.* n°. 795.)

Législation civile et criminelle.		Faits, Epoques et Lois remarquables.
Nos.	Dates.	*VENDÉMIAIRE* AN 5. — *Sept. et Oct.* 1796.
611	29.	Loi qui règle la manière de suivre les actions dans lesquelles les communes sont seules intéressées. (*Bull.* no. 796.)
		BRUMAIRE. — *Oct. et Nov.*
		a. 1er. Arrivée à Paris du lord Malmesbury, ministre d'Angleterre; pour traiter de la paix avec la France, Charles Delacroix ministre des relations extérieures, est chargé d'ouvrir et de suivre les négociations. *Voyez* 29 frimaire suivant.
		b. 3. Ratification du traité de paix conclu entre la république française et le roi des deux Siciles.
		c. 5. Loi qui ordonne la réunion dans les chefs-lieux de département, de tous les titres et papiers acquis à la République.
612	6.	Loi qui prescrit des mesures pour la conservation des propriétés des défenseurs de la patrie. (*Bull.* no. 811.)
613	8.	Arrêté du Directoire portant qu'aucune loi n'affecte de fonds pour l'impression des jugemens des tribunaux criminels. (*Bull.* no. 829.) *Voyez* 2 pluviose suivant.
614	10.	Loi qui prohibe l'importation et la vente des marchandises anglaises. (*Bull.* no. 825.)
615	13.	Loi qui règle la manière de procéder au jugement des délits militaires. (*Bull.* no. 847.)
616	14.	Loi portant que les demandes en cassation seront toujours précédées d'une consignation d'amende, excepté de la part des citoyens indigens. (*Bull.* no. 838.)
		a. 15. Le peuple de Milan se réunit, et proclame son indépendance. *Voyez* 20 frimaire et 11 messidor suivant.
617	16.	Arrêté du Directoire, qui détermine la forme et

Législation civile et criminelle.		*Faits, Époques et Lois remarquables.*
Nos.	Dates.	*BRUMAIRE* AN 5. — *Oct. et Nov.* 1796.
		le type du sceau pour le bulletin des lois. (*Bull.* n°. 850.)
618	20.	Arrêté du Directoire, portant que les marchandises nationales seront distinguées par un signe indicatif des fabriques. (*Bull.* n°. 846.)
619	21.	Loi contenant le code des délits et des peines pour les troupes de la République. (*Bull.* n°. 848.)
620	24.	Loi qui attribue au bureau central, dans les communes composées de plusieurs municipalités, le droit de suivre les actions qui les intéressent collectivement. (*Bull.* n°. 860.)
621	27.	Loi relative au paiement des valeurs stipulées dans les baux à ferme, en remplacement de la dîme, antérieurement à la loi du 1er. brumaire an 2 qui défend toute stipulation qui puisse rappeler une prestation féodale. (*Bull.* n°. 869.)
		a. 27. Célèbre bataille d'Arcole, gagnée par Bonaparte sur le maréchal Alvinzi, et qui décide du sort de l'Italie. *Voyez* 1er. frimaire.
		b. 28. Ratification du traité de paix conclu entre la République française et le duc de Parme et de Plaisance.
		FRIMAIRE. — *Nov. et Déc.*
		c. 1er. Victoires remportées près Rivoli par l'armée d'Italie; les autrichiens laissent 6000 morts ou blessés, 25000 prisonniers, 60 pièces de canon, etc.
622	4.	Arrêté du Directoire, qui détermine les rapports existans entre les commissaires du gouvernement près les administrations et les tribunaux, et qui prescrit des mesures pour la poursuite des délits. (*Bull.* n°. 884.) *Voyez* 27 nivose suivant.

Législation civile et criminelle.		Faits, Époques et Lois remarquables.
Nos.	Dates.	*FRIMAIRE* AN 5. — *Nov. et Déc.* 1796.
		a. 9. Loi additionnelle à celle du 6 fructidor an 4, sur l'établissement des patentes.
		b. 11. Arrêté du conseil des Cinq-cents, qui prescrit le mode de discussion du projet du code civil.
623	17.	Loi qui détermine la manière de procéder au choix de l'un des tribunaux d'appel en matière civile. (*Bull.* n°. 901.)
		a. 14. Loi qui modifie ou rapporte différentes dispositions de celles des 3 et 4 brumaire an 4, relatives à la suspension de l'exercice des fonctions publiques et à l'amnistie.
		b. 20. Fondation de la *République cispadane.* *Voyez* 11 messidor suivant.
624	27.	Loi relative aux enfans abandonnés, et qui confie leur tutelle aux soins de l'administration municipale. (*Bull.* n°. 914.) *Voyez* 30 ventose suivant.
		a. 29. Lord Malmesbury, dont les négociations sont jugées évasives et tortueuses et les propositions inadmissibles, reçoit du Directoire l'ordre de quitter le territoire français, et de sortir de Paris dans les 24 heures. *Voyez* 16 messidor suivant.
		NIVOSE. — *Déc. et Janv.*
625	4.	Loi qui fixe le cas dans lequel la prescription peut être opposée par les héritiers des parens des religionnaires fugitifs. (*Bull.* n°. 922.)
626	7.	Loi concernant la remise des dépôts en nature, de la part des exécuteurs testamentaires. (*Bull.* n°. 931.)
627	7.	Loi interprétative des dispositions de l'art. IV de celle du 4 germinal an 2, sur les cas où les jugemens peuvent et doivent être annullés, et qui porte que la nullité du titre fondamental

Législation civile et criminelle.		*Faits, Epoques et Lois remarquables.*
Nos.	Dates.	*NIVOSE* AN 5. — *Déc.* 1796 *et Janv.* 1797.
		de l'action donne lieu à cassation. (*Bull.* n°. 933.)
628	7.	Loi portant que les échangistes dépossédés seront rétablis dans la jouissance des objets par eux donnés en échange. (*Bull.* n°. 932.)
629	27.	Arrêté du Directoire, qui oblige les commissaires du gouvernement à se pourvoir en cassation contre les jugemens des tribunaux de police qui, en matière de délits de leur compétence, feraient remise aux délinquans soit de l'amende soit de l'emprisonnement. (*Bull.* n°. 957.)
630	27.	Arrêté additionnel à celui du 4 frimaire, et qui établit le mode de correspondance entre les commissaires près les tribunaux de police correctionnelle, et ceux près les administrations municipales. (*Bull.* n°. 959.)
631	27.	Arrêté du Directoire, qui rappelle les anciens réglemens sur l'attribution exclusive donnée aux notaires, huissiers et greffiers, du droit de faire les prisées et ventes publiques de meubles. (*Bull.* n°. 958.)
632	30.	Loi relative aux frais d'expédition des procédures criminelles. (*Bull.* n°. 967.)
		PLUVIOSE. — *Janv. et Fév.*
633	2.	Arrêté du Directoire, qui ordonne l'impression en placards à la fin de chaque mois, d'un état sommaire des jugemens rendus par les tribunaux criminels. (*Bull.* n°. 969.)
		a. 10. Poncelin, propriétaire du journal *le Courier républicain*, est attiré sous le faux prétexte d'un mandat d'amener, au Luxembourg dans la partie du palais occupé par Barras; il est enfermé dans une chambre, et maltraité de la manière la plus atroce par une quinzaine d'individus, à lui inconnus qui lui repro-

Législation civile et criminelle.		*Faits, Epoques et Lois remarquables.*
Nos.	Dates.	*PLUVIOSE* AN 5. — *Janv. et Fév.* 1797.
		chent un *article contre Barras*, inséré dans son journal.
634	12.	Loi relative à la taxe des témoins appelés devant la haute-cour de justice. (*Bull.* no. 988.)
		a. 12. Rapport fait au directoire par Cochon, ministre de la police générale, sur une conspiration tendant à mettre sur le trône le soi-disant Louis XVIII.
		b. 14, Arrêté du Directoire, qui ordonne de traduire devant le conseil de guerre de la 17e. division, Berthelot de la Villeurnois, Brottier, Duverne, Dupresle dit Dunan, Poly et autres prévenus de la conspiration royale.
		c. 14. Prise de la ville de Mantoue après un long blocus; sa garnison forte de 15,000 hommes est prisonnière de guerre.
635	15.	Loi qui détermine le mode de paiement des arrérages de rentes et pensions entre particuliers. (*Bull.* no. 991) *Voyez* le 6 floréal an 5, et 26 prairial an 6.
636	16.	Loi portant que les mandats n'auront plus cours forcé de monnaie entre particuliers. (*Bull.* no. 992.)
637	16.	Loi relative au recours en cassation des jugemens rendus par les tribunaux révolutionnaires. (*Bull.* no. 993.)
638	18.	Loi qui maintient les avantages légitimement stipulés en ligne directe avant la loi du 7 mars 1793, et en ligne collatérale ou entre individus non-parens, antérieurement à la loi du 5 brumaire an 2. (*Bull.* no. 1001.)
		a. 18. Les bals masqués commencent à reparoître, ils sont prohibés par la police : tous autres après dix heures et demie, sont même défendus *Voyez* 6 ventose an 8.
639	19.	Loi interprétative de celle du 10 brumaire dernier, sur l'importation des marchandises anglaises. (*Bull.* no. 1002.).

Legislation civile et criminelle.		*Faits, Epoques et Lois remarquables.*
Nos.	Dates.	*PLUVIOSE* AN 5. — *Janv. et Fév.* 1797.
		a. 22. Loi qui détermine le mode de retirement des assignats de 100 livres et au-dessous.
		b. 23. L'assemblée nationale batave arrête que le pouvoir exécutif sera confié à un gouvernement composé de cinq membres élus par l'assemblée nationale.
640	24.	Loi qui autorise à faire devant les tribunaux du continent, dans certains cas, l'appel des jugemens rendus par les anciens tribunaux des isles françaises. (*Bull.* n°. 1012.)
		a. 27. Bonaparte permet aux prêtres français réfugiés en Italie, de rester dans les états du pape occupés par son armée. *Voyez* 8 ventose suivant.
		b. 29. Loi qui détermine le mode d'exécution de celle du 16 vendémiaire précédent, relative aux créances et dettes des hospices civils.
641	30.	Loi portant que les sommes versées entre les mains des receveurs des consignations seront restituées en mêmes espèces, et qu'ils seront contraignables par corps. (*Bull.* n°. 1015.)
		VENTOSE. — *Fév. et Mars.*
		a. 1er. Traité de paix entre la République française et sa Sainteté Pie VI.
642	4.	Arrêté du Directoire, concernant la manière de juger les embaucheurs. (*Bull.* n°. 1021.)
643	6.	Loi qui fixe l'indemnité des jurés en cas de déplacement. (*Bull.* n°. 1039.)
		a. 8. Arrêté du Directoire, qui autorise la délivrance de passe-ports à tous prêtres français qui voudraient se retirer en Italie.
644	11.	Loi qui rapporte celle du 25 vendémiaire an 4, relative aux contestations sur ventes judicielles. (*Bull.* n°. 1051.)
645	12.	Arrêté du Directoire, concernant un *référé* sur une question relative aux droits successifs des enfans nés hors mariage, dont le père est dé-

Législation civile et criminelle.		Faits, Epoques et Lois remarquables.
Nos.	Dates.	*VENTOSE* AN 5. — *Fév. et Mars* 1797.
		cédé depuis la promulgation de la loi du 12 brumaire an 2. (*Bull.* n°. 1059.) *a.* 20. Proclamation de Louis XVIII aux français, pour les rappeler à la religion et au gouvernement de leurs ancêtres.
646	24.	Loi qui rétablit la contrainte par corps en matière civile. (*Bull.* n°. 1068.) *a.* 24. Le Directoire instruit le Corps législatif de la conduite révoltante des accusés de Vendôme ; ils ont eu l'audace de chanter à l'audience : *tremblez, tyrans, et vous perfides*, etc. et ont terminé par le refrein *aux armes, citoyens*, etc. *en montrant le poing aux juges*.....
647	26.	Loi qui prononce des peines contre l'exportation des grains ou farines. (*Bull.* n°. 1082.) *a.* 29. Les défenseurs des accusés de la conspiration royale déclarent incompétent le conseil militaire chargé de les juger ; le conseil veut prononcer en même-temps sur la compétence et sur le fond ; les défenseurs refusent de plaider au fond et se retirent. *Voyez* 2 germinal suivant. *b.* 30. Arrêté du Directoire, concernant la manière d'élever et d'instruire les enfans abandonnés.
		GERMINAL. — *Mars et Avril.*
648	2.	Arrêté du Directoire qui ordonne la dénonciation au tribunal de cassation des poursuites faites par-devant les tribunaux civils, contre les agens du gouvernement, en leur qualité, etc. (*Bull.* n°. 1098.) *a.* 2. Jugement du tribunal de cassation, qui ordonne l'apport par devant lui des pièces de la procédure instruite par le conseil de guerre, contre les prévenus de la conspiration royale, sur la question relative à l'incompétence.

Législation civile et criminelle.		*Faits, Époques et Lois remarquables.*
Nos.	Dates.	*GERMINAL* AN 5. — *Mars et Avril* 1797.
649	3.	Loi qui lève la suspension des actions en rescision pour cause de lésion. (*Bull.* n°. 1099.) *a.* 3. Arrêté du Directoire, qui défend l'exécution du jugement du tribunal de cassation, en date du 2 précédent. *b.* 3. Les défenseurs des prévenus présentent une pétition au conseil des Cinq-cents, relativement à l'incompétence du conseil militaire. Le Directoire l'instruit également de son arrêté relatif au jugement de cassation ; la conduite du Directoire est amèrement censurée par plusieurs membres : le conseil passe à l'ordre du jour sur le tout.
650	5.	Loi portant que les minutes des ci-devant commissaires au Châtelet de Paris, seront déposées aux archives judiciaires. (*Bull.* n°. 1107.) *a.* 9. Loi qui fixe pour l'an 5, le principal de la contribution foncière à 250 millions, et celui des contributions personnelle, mobiliaire et somptuaire, à 60 millions.
651	10.	Loi portant des peines contre les jurés qui ne se rendraient pas à leur poste. (*Bull.* n°. 1113.) *a.* 10. *Référé* du tribunal de cassation au conseil des Cinq-cents, sur l'obstacle apporté par le Directoire à l'exécution de son jugement du 2 du présent. Le conseil passe à l'ordre du jour motivé sur la loi du 13 brumaire an 5.
652	13.	Loi portant que dans les affaires criminelles, les juges et les jurés doivent rester aux débats commencés jusqu'au jugement. (*Bull.* n°. 1120.) *a.* 19 (à 1 heure du matin.) Le conseil de guerre séant à la maison commune, condamne à la peine de mort les agens de Louis XVIII, Brotier, Dunan Lavilleurnois et Poly ; mais ayant égard à quelques circonstances atténuantes, commüe la peine en celle de la réclusion. *b.* 23. Assassinat tenté sur la personne du citoyen

Sieyes

Législation civile et criminelle.		*Faits, Époques et Lois remarquables.*
Nos.	Dates.	*GERMINAL* AN 5. — *Mars et Avril* 1797.
		Sieyes par l'abbé Poule, ci-devant augustin.
		c. 29. Signature des préliminaires de paix à Léoben, entre le général Bonaparte et les plénipotentiaires de l'empereur. *Voyez* 11 floréal suivant.
		d. 30. Lettre de Vienne, annonçant que les archives de l'empire étaient emballées, et que l'empereur allait fuir sa capitale lorsque la nouvelle de l'armistice lui est parvenue.
		e. 30. Loi concernant le mode de remplacement des fonctionnaires publics qui deviennent membres du Corps législatif, et portant qu'à l'exception des commissaires du Gouvernement, les citoyens qui exercent des fonctions publiques pour un temps illimité ne perdent point leur place par l'acceptation des fonctions législatives.
		FLORÉAL. — Avril et Mai.
		f. 1er. Fondation de la *secte théophilantropique*, dont les membres sous le nom de *Théophilantropes* ou d'*amis de dieu et des hommes*, célèbrent à leur manière des *fêtes religieuses et morales*. *V.* 29 vendémiaire an 11.
653	5.	Loi relative au nouveau tarif du droit de timbre, et à certains actes qui y sont assujettis. (*Bull.* no. 1153.)
654	7.	Loi qui fixe l'époque à laquelle les juges des tribunaux civils passeront aux tribunaux criminels, correctionnels, etc. (*Bull.* no. 1159.)
		a. 11. Le Directoire annonce aux deux conseils qu'il vient d'approuver les préliminaires de paix signés par le général Bonaparte et les plénipotentiaires de l'empereur.
		b. 14. Manifeste de Bonaparte contre les perfidies du gouvernement de Venise; il ordonne à

Législation civile et criminelle.		Faits, Epoques et Lois remarquables.
Nos.	Dates	*FLOREAL* an 5. — *Avril et Mai* 1797.
		l'ambassadeur français de quitter la ville dans les 24 heures, et aux différens généraux français de traiter en ennemies les troupes de cette république. *Voyez* le 1er. prairial suivant.
655	18.	Arrêté du Directoire, qui prescrit aux tribunaux criminels et correctionnels saisis d'une procédure par option, renvoi ou réglement de juges, de donner avis de leur décision ou jugement au tribunal criminel de l'arrondissement du délit. (*Bull.* n°. 1171.)
		a. 24. Loi sur le mode de tirer au sort la sortie d'un Directeur.
656	26.	Loi portant peine de mort contre les auteurs des crimes mentionnés aux art. II et III de la 2e. partie du code pénal du 6 novembre 1791. (*Bull.* n°. 1184.)
		a. 27. Révolution dans la république de Venise ; le gouvernement provisoire est confié à une municipalité composée de citoyens de diverses classes et professions. Le 13 suivant, les nobles renoncent à leurs priviléges.
		b. 30. L'ambassadeur de Venise quitte Paris, par ordre du Directoire.
		IIe. SESSION DU CORPS LÉGISLATIF.
		PRAIRIAL. — *Mai et Juin.*
		c. 1er. Installation des législateurs nommés pour renouveler le tiers des deux conseils.
		Rappel des députés Aimé, Mersan, Gau, Ferrant-Vaillant, Lecerf et Polissard, exclus du Corps législatif en vertu de la loi du 3 brumaire an 4.
		d. 1er. Réal, défenseur-officieux de Drouet à la

Législation civile et criminelle.		Faits, Epoques et Lois remarquables.
Nos.	Dates.	PRAIRIAL AN 5. — *Mai et Juin* 1797.
		haute-cour de Vendôme, dit dans son plaidoyer que *la conspiration de Lavilleurnois et celle de Babeuf n'ont pas plus de réalité l'une que l'autre ; que ce sont deux mensonges du gouvernement, conçus dans le même cerveau* etc.
		e. 1er. Le général Baraguay-d'Hilliers, à la tête de 6000 hommes, s'empare de Venise.
		f. 1er. L'élection de Barrère, nommé par les électeurs des Hautes-Pyrénées au Corps législatif, est déclarée nulle.
		g. 1er. Le général Pichegru est élu président du conseil des Cinq-cents, et Barbé-Marbois de celui des Anciens.
657	2.	Loi qui ôte aux communes la faculté d'aliéner ou d'échanger leurs biens. (*Bull.* no. 1201.)
		a. 3. Révolution dans le gouvernement de la République de Gênes : le 22 suivant, la souveraineté du peuple y est proclamée et garantie dans une convention passée entre le général Bonaparte, le ministre français Faypoult et des députés génois.
		b. 6. La haute-cour nationale condamne à la peine de mort Gracchus Babeuf et Darthé ; à la déportation Bonarotty, Germain, Moroy, Cazin, Blondeau, Bouin et Menessier. Babeuf et Darthé se frappent d'un stylet, mais sans s'ôter la vie. Vadier reste en détention ; les autres accusés, au nombre de 53, sont acquittés.
		c. 7. Barthélemy, ministre français en Suisse, est nommé directeur à la place de Letourneur de la Manche, sorti par le sort.
		d. 9. La loi du 21 floréal an 4, qui exclut de Paris les ex-conventionnels et autres, est rapportée.
		e. 18. Loi relative à la répartition et au recouvrement de la contribution foncière de l'an 5.

Législation civile et criminelle.		*Faits, Epoques et Lois remarquables.*
Nos.	Dates.	*PRAIRIAL* AN 5. — *Mai et Juin* 1797.
658	21.	Loi relative à la libre circulation des grains dans l'intérieur de la république, et à l'établissement de peines contre ceux qui y portent obstacle. (*Bull.* nº. 1230.)
659	22.	Arrêté qui astreint les agens municipaux des communes où ne résident pas de juges de paix, à donner à ceux-ci avis de la mort des personnes mineures, interdites ou absentes. (*Bull.* nº. 1232.)
		a. 29. Rapport de Camille Jordan sur la liberté des cultes et l'usage des cloches, etc.
		b. 30. Imbert-Colomès, député du Rhône-et-Loire, au conseil des Cinq-Cents, est rayé de la liste des émigrés.
		MESSIDOR. — *Juin et Juillet.*
660	5.	Loi relative aux transactions passées entre particuliers, pendant la dépréciation du papier-monnaie. (*Bull.* nº. 1254.)
		a. 5. Quelques membres, au conseil des Cinq-cents, critiquent les révolutions suscitées dans les états d'Italie par nos armées; leurs observations sont renvoyées à une commission. *V.* le 30.
		b. 9. Loi par laquelle la loi du 3 brumaire an 4 est regardée comme non avenue en ce qui concerne l'exclusion des fonctions publiques, et qui rapporte les articles II, III, IV, V et VI de celle du 14 frimaire an 5, relatifs à cette exclusion.
		c. 11. Bonaparte installe à Milan le Directoire de la *République cisalpine*; il renonce, au nom du Gouvernement français, à la conquête du territoire cisalpin et proclame son indépendance.
		d. 16. Arrivée à Lille de lord Malmesbury, en qualité de ministre anglais, pour traiter de nouveau de la paix avec la France. Letour-

Législation civile et criminelle.		*Faits, Epoques et Lois remarquables.*
N°ˢ.	Dates.	*MESSIDOR* AN 5. — *Juin et Juillet* 1797.
		neur ex-directeur, Pléville-le-Pelley et Maret, sont nommés par le Directoire ministres plénipotentiaires pour suivre les négociations.
661	19.	Loi qui détermine un nouveau mode pour les publications et affiches des criées (*Bull.* n°. 1280.)
		a. 20. La république cisalpine est proclamée à Venise, et la constitution française, adaptée aux localités, y est mise en activité.
662	21.	Loi relative aux oppositions à la charge des vendeurs d'inscriptions. (*Bull.* n°. 1287.)
		a. 24. L'ambassadeur de la Porte-Ottomane, Esseid-Aly-Effendi, arrive à Paris.
663	27.	Arrêté du Directoire qui ordonne l'exécution de mesures destinées à prévenir la contagion des maladies épisootiques, et qui rapelle les dispositions pénales à cet égard. (*Bull.* n°. 1294.)
		a. 30. Le Directoire écrit au général Bonaparte une lettre approbative de sa conduite, notament à l'égard des états de Venise et de Gènes.
		b. 30. Renouvellement d'une partie du ministère : Talleyrand-Périgord remplace Charles Delacroix aux relations extérieures ; François (de Neufchâteau), Benezech à l'intérieur ; Pléville-Pelet, Truguet à la marine ; Hoche, Petiet à la guerre ; Lenoir-Laroche, Cochon à la police générale.
		THERMIDOR. — *Juillet et Août.*
		c. 3. Organisation des 120 hommes d'infanterie et 120 hommes de cavalerie, qui, aux termes de l'article 166 de la constitution, doivent composer la garde du Directoire.
		d. 5. Message du Conseil des Cinq-cents au Directoire, pour savoir si Barras avait l'âge requis par la constitution, pour être élu directeur.
		e. 7. Loi qui défend provisoirement les sociétés

Législation civile et criminelle.		*Faits, Époques et Lois remarquables.*
Nos.	Dates.	*THERMIDOR* AN 5. — *Juil. et Août* 1797.
		particulières s'occupant de questions politiques. *Voyez* 19 fructidor suivant.
		f. 7. Le général Scherer est nommé ministre de la guerre, et Sotin commissaire près le département de la Seine, ministre de la police générale.
		g. 7. Le Directoire répond au message du Conseil des Cinq-cents, que Barras avait quarante ans et trois mois lorsqu'il a été nommé directeur.
		h. 10. La limite constitutionnelle pour le passage des troupes est fixée à la distance de dix myriamètres du lieu où réside le Corps législatif, ladite distance mesurée à vol d'oiseau.
		i. 14. Loi concernant la répartition et la perception de la contribution personnelle, mobiliaire et somptuaire de l'an 5.
		k. 20. Adresses des armées, dirigées contre la conduite du Corps législatif. Le Conseil des Cinq-cents envoie un message au Directoire, pour se plaindre de ce qu'il permet que des corps armés délibèrent des adresses, et de ce qu'il les laisse circuler dans l'intérieur de la République.
		l. 21. Le général Augereau récemment arrivé de l'armée d'Italie, d'où il a apporté et présenté au Directoire les drapeaux de la garnison de Mantoue, est nommé commandant de la dix-septième division.
		m. 22. Message du Conseil des Cinq-cents au Directoire, pour lui demander par qui a été donné l'ordre de faire avancer des troupes en-deçà de la ligne constitutionnelle.
		n. 23. Fête du 10 août célébrée au palais du Luxembourg : le président du Directoire, Lareveillère, attaque *indirectement* le Corps législatif qu'il désigne comme contre-révolutionnaire.
		o. 23. Traité de paix et d'amitié entre la Ré-

Législation civile et criminelle.		Faits, Epoques et Lois remarquables.
Nos.	Dates.	THERMIDOR AN 5. — *Juil. et Août* 1797.
		publique française et la reine de Portugal, signé à Paris entre Charles Delacroix ministre des relations extérieures, et le chevalier d'Aranzo-d'Azavedo. *Voyez* 5 brumaire an 6.
		p. 24. Le Conseil des Anciens délibère en comité secret sur le changement de résidence du Corps législatif.... Il n'arrête rien à cet égard.
		q. 25. Loi sur la réorganisation de la garde nationale sédentaire.
		r. 26. Des jeunes gens porteurs de collets noirs à leurs habits sont insultés et maltraités par les militaires, dont le nombre augmente tous les jours à Paris.
		s. 29. Ouverture d'un concile de l'église Gallicane, dans la cathédrale de Paris ; l'évêque métropolitain de Rennes prononce le discours d'ouverture.
		FRUCTIDOR. — *Août et Sept.*
664	4.	Loi additionnelle à celle du 13 brumaire an 5, sur la manière de procéder au jugement des délits militaires. (*Bull.* no. 1369.)
		a. 7. Les lois relatives à la réclusion et à la déportation des prêtres insermentés, sont rapportées. *Voyez* 19 suivant.
665	9.	Loi relative à la réduction du prix des baux passés postérieurement au 1er. janvier 1792. (*Bull.* no. 1378.)
666	9.	Loi relative à la liquidation et au paiement des fermages dûs pour l'an 3, l'an 4 et années antérieures. (*Bull.* no. 1383.) *Voyez* 6 messidor an 6.
		a. 9. Arrêté du Directoire, concernant le partage du produit des confiscations et amendes provenant des douanes.
		b. 10. Loi qui détermine la manière dont les

Législation civile et criminelle.		*Faits, Epoques et Lois remarquables.*
Nos.	Dates.	*FRUCTIDOR* AN 5. — *Août et Sept.* 1797.
		communes de l'intérieur de la République pourront être mises en état de siége.
667	11.	Loi relative à l'exécution provisoire des jugemens rendus sur les instances dans lesquelles l'agent du trésor public aura été partie. (*Bull.* n°. 1394.)
668	13.	Loi relative à la fabrication et vente des poudres et salpêtres, et aux peines en cas de contravention. (*Bull.* n°. 1386.)
669	14.	Loi relative au paiement des obligations contractées postérieurement au papier-monnaie. (*Bull.* n°. 1387.)
		a. 14. Annullation de tout décret ou arrêté prononçant des *mise hors la loi.*
670	15.	Loi relative aux transactions antérieures à la dépréciation du papier-monnaie. (*Bull.* n°. 1388.)
		a. 18. A 4 heures du matin, on tire le canon d'allarme, les ponts et tous les postes de Paris sont confiés aux troupes appelées à Paris, la garde du Corps législatif se range du côté des troupes du Directoire; Augereau arrache les épaulettes à Ramel commandant de cette garde; les salles des deux conseils sont investies, l'entrée en est interdite. Les députés sont convoqués à l'école de Santé; plusieurs reconnus pour être opposés dans leurs opinions aux vues du Directoire, sont arrêtés. *Voyez* 1er. vendémiaire an 6. Carnot directeur, s'échappe du Luxembourg; Barthélemy est mis en arrestation. Les administrateurs du département et les douze municipalités de Paris sont suspendues.
		b. 18. Le Directoire est autorisé à faire entrer des troupes dans le rayon constitutionnel. Raffet, ancien commandant du bataillon de la Butte des Moulins, est arrêté.
671	19.	Dispositions portant que les jurés ne pourront

Législation civile et criminelle.		Faits, Epoques et Lois remarquables.
Nᵒˢ.	Dates.	*FRUCTIDOR* AN 5. — *Août et Sept.* 1797.

prononcer autrement qu'à l'unanimité dans les 24 heures, art. XXXIII de la *loi* ci-après.

Loi qui ordonne la déportation des directeurs Carnot et Barthélemy, ainsi que celle de 53 députés, de plusieurs particuliers; qui met les journaux sous l'inspection de la police; contraint les individus rayés provisoirement de la liste des émigrés, de sortir du territoire de la République; rapporte la loi du 25 sur l'organisation de la garde nationale; annule les élections des assemblées primaires et électorales de 49 départemens; exclut grand nombre de députés du Corps législatif; autorise le Directoire à nommer aux places vacantes dans les tribunaux par suite de ces annulations, l'investit du pouvoir de déporter les prêtres et rétablit les lois sur leur réclusion ou déportation, abrogées le 7 précédent; permet la réunion des sociétés populaires, etc. etc. (*Bull.* nᵒ. 1400.)

a. 19. Le Directoire fait imprimer et afficher une lettre du général Moreau au directeur Barthélemi, et trouvée dans les papiers de celui-ci après son arrestation; cette lettre désigne Pichegru comme un conspirateur royaliste.

b. 19. Le Corps législatif vote des remercimens à Augereau et à l'armée de l'intérieur, pour les services qu'ils viennent de rendre *à la patrie.*

Adresse du Corps législatif aux départemens et aux armées.

c. 22. Merlin ministre de la justice, et François (de Neuchâteau) ministre de l'intérieur, sont proclamés membres du Directoire en remplacement de Carnot et Barthélemi.

d. 22. Loi qui prononce la déportation des auteurs de 44 journaux.

e. 23. Treilhard et Bonnier sont nommés pour remplacer Letourneur et Maret dans les négo-

Législation civile et criminelle.		*Faits, Epoques et Lois remarquables.*
Nos.	Dates.	*FRUCTIDOR* AN 5. — *Août et Sept.* 1797.
		ciations entamées à Lille. *Voyez* 1er. jour complémentaire.
		f. 24. Loi qui ordonne la perception d'une taxe pour l'entretien des grandes routes.
		g. 24. Installation de Merlin et de François (de Neufchâteau) au palais directorial.
		h. 25. Loi portant qu'il sera sursis à la vente de tous les édifices servant ou ayant servi à l'enseignement public.
		i. 26. Letourneux, commissaire du Directoire près l'administration centrale du département de la Loire, remplace Merlin au ministère de la justice.
		k. 26. Sursis à la vente des ci-devant presbytères, jusqu'à l'organisation du plan d'instruction publique.
		l. 27. Départ des duchesses de Bourbon et de Conty pour l'Espagne, lieu fixé pour leur déportation.
		JOURS COMPLÉMENTAIRES. — Sept.
672	1er.	Loi portant que dans les demandes en divorce pour simple allégation d'incompatibilité d'humeur, il ne pourra être prononcé que 6 mois après la date du dernier des trois actes de non-conciliation. (*Bull.* no. 1434.)
		a. 1er. jour. D'après l'*ultimatum* proposé par les ministres Treilhard et Bonnier, les négociations avec l'Angleterre sont encore une fois rompues, et lord Malmesbury repart pour Londres. *Voyez* 7 brumaire an 6.
		VENDÉMIAIRE AN 6. — *Sept. et Oct.* 1797.
		b. 1er. Ceux des députés et autres condamnés à la déportation par la loi du 19 fructidor qui ont été arrêtés, sont embarqués pour la Guyanne à bord

Législation civile et criminelle.		Faits, Époques et Lois remarquables.
Nos.	Dates.	*VENDÉMIAIRE* AN 6. — *Sept. et Oct.* 1797.
		de *la Vaillante*, au nombre de 16 : Barthélemi, directeur, Aubry, Bourdon de l'Oise, Delarue, Pichegru, Willot, Barbé-Marbois, Lafond-Ladebat, Murinais, Rovère et Tronçon-Ducoudray, députés ; Ramel, commandant de la garde du Corps législatif, Lavilleurnois et Brottier, condamnés par suite de la conspiration royale, Dossonville employé à la police, et Letellier domestique de Barthélemi, qui le suit volontairement.
		c. 3. Lambrechts, commissaire du Directoire près l'administration centrale du département de la Dyle, remplace François de (Neuf-Château) au ministère de l'intérieur.
673	4.	Loi qui régle la peine que les préposés à la garde des détenus doivent subir en cas d'évasion, par connivence ou par négligence. (*Bull.* no. 1452.)
		a. 5. Nomination d'une commission de sept membres au conseil des Cinq-cens, pour examiner la question d'*ostracisme* et autres mesures de salut public, proposées par Boulay de la Meurthe. Elle est composée des citoyens Sieyes, Jean Debry, Oudot, Engerrand, Lamarque, Ludot et Boulay. *Voyez* le 25.
674	9.	Nouveau tarif des droits de timbre, d'enregistrement et d'hypothèque, titres II, III et IV de la *loi relative aux fonds nécessaires pour les dépenses de l'an* 6, laquelle fixe la contribution foncière à la somme de 220 millions, et la contribution mobiliaire, personnelle et somptuaire, à la somme de 50 millions, rétablit la loterie nationale, ordonne le *remboursement des deux tiers de la dette publique*, etc. (*Bull.* no. 1447.) *Voyez* 24 frimaire suivant.
		a. 13. Le Directoire est investi du pouvoir de nommer aux places vacantes dans les adminis-

Législation civile et criminelle.		*Faits, Epoques et Lois remarquables.*
Nos.	Dates.	*VENDEMIAIRE* AN 6. — *Sept. et Oct.* 1797.
		trations, et la loi du 9 messidor, qui ne le lui permettait que dans le cas seul où une administration aurait perdu tous ses membres, est rapportée.
675	18.	Loi portant établissement de conseils permanens pour la revision des jugemens des conseils de guerre. (*Bull.* nº. 1484.)
676	19.	Loi qui prescrit les formalités à remplir pour la circulation des denrées et marchandises dans les deux tiers limitrophes de l'étranger. (*Bull.* nº. 1488.)
		a. 25. Rapport de Boulay de la Meurthe, au nom de la commission chargée de proposer des mesures de salut public. Projet de résolution tendant à expulser à perpétuité du territoire de la République, tous les nobles et annoblis, tous ceux qui ont fait partie des maisons civiles et militaires du roi, de la reine, des frères du roi et des autres membres de la famille royale et princes du sang; les femmes d'émigrés, mêmes divorcées si elles ne sont pas remariées; les maîtres de requêtes, gouverneurs, lieutenans du roi, ambassadeurs, ministres; les présidens, procureurs-généraux et membres de parlemens, etc. etc. Quelques exceptions sont proposées en même temps en faveur de ceux qui ont servi la révolution. *Voyez* le 29.
677	26.	Loi qui détermine la manière de se pourvoir contre les décisions du conseil exécutif provisoire en matière de prises maritimes. (*Bull.* nº. 1495.)
		a. 26. Traité de paix définitif conclu à Campo-Formio, près d'Udine, par le général Bonaparte et les plénipotentiaires de l'empereur, roi de Bohême et de Hongrie. L'art. XX indique un congrès à Rastadt,

Législation civile et criminelle.		*Faits, Epoques et Lois remarquables.*
Nos.	Dates.	*VENDÉMIAIRE* AN 6. — *Sept. et Oct.* 1797.
		pour la pacification entre la République française et l'Empire germanique. Bonaparte interpose sa médiation auprès de l'empereur, pour obtenir la liberté de Lafayette, Latour-Maubourg et Bureau de Pusy, détenus à Olmutz depuis 1792. Elle lui est accordée.
		b. 27. Ratification du traité de paix et d'alliance offensive et défensive conclu le 16 germinal an 5, entre la République française et le roi de Sardaigne.
		BRUMAIRE. — *Oct. et Nov.*
678	3.	Arrêté du Directoire, concernant la perception du droit de timbre sur le papier de musique, les journaux, affiches, etc. (*Bull.* n°. 1513.)
		a. 4. Division des colonies occidentales en départemens, cantons, etc.
		b. 5. La reine de Portugal n'ayant pas voulu ratifier le traité de paix qui avait été conclu en son nom avec la République française, le 23 thermidor dernier, le directoire fait notifier à M. Daranzo-d'Azavedo de sortir du territoire de la République.
		c. 5. Treilhard et Bonnier sont nommés ministres de France au congrès d'empire qui doit s'ouvrir à Rastad.
		d. 5. Arrêté du Directoire, qui ordonne le rassemblement d'une armée sous le nom d'*armée d'Angleterre*.
		e. 7. Manifeste du roi d'Angleterre aux cours étrangères, sur les intentions franches qu'il a témoignées de mettre fin à la guerre, et sur la rupture des négociations, occasionnée par les prétentions exagérées de la France.
679	9.	Loi qui maintient propriétaires fonciers, les bailleurs de domaines congéables etc., et qui

Législation civile et criminelle.		*Faits, Époques et Lois remarquables.*
Nos.	Dates.	*BRUMAIRE* AN 6. — *Oct. et Nov.* 1797.
		abroge les lois des 23 et 27 août 1792. (*Bull.* n°. 1527.)
		a. 13. Ratification du traité de paix conclu entre la République française et l'empereur.
		b. 14. Le Directoire ordonne la distribution provisoire en départemens, des pays conquis entre Meuse et Rhin, Rhin et Moselle.
680	15.	Loi relative au délai pour se pourvoir en révision des jugemens militaires. (*Bull.* n°. 1535.)
681	19.	Loi relative à la surveillance du titre, et à la perception du droit de garantie sur les matières d'or et d'argent. (*Bull.* n°. 1542.)
		a. 22. Loi portant établissement d'une agence des contributions directes.
682	27.	Arrêté du Directoire, qui ordonne l'impression et l'affiche d'un état sommaire des jugemens rendus chaque mois par les tribunaux criminels. (*Bull.* n°. 1558.)
		a. 28. Arrivée de Bonaparte à Rastadt, il est chargé par le Directoire d'ouvrir les conférences du congrès. *V.* 11 frimaire suivant.
		b. 29. Loi qui détermine le costume des représentans du peuple.
		c. 29. La commission chargée de présenter des mesures de salut public, retire le projet présenté sur l'ostracisme des nobles, et en substitue un autre. *Voyez* 9 frimaire suivant.
		FRIMAIRE. — *Nov. et Déc.*
683	8.	Loi qui prescrit la manière de procéder au jugement des procès criminels dans lesquels il y a partage entre les jurés. (*Bull.* n°. 1584.)
		a. 9. Loi qui assimile les ci-devant nobles aux étrangers pour l'exercice des droits politiques.
		b. 10. Ratification du traité de paix avec le pape.
684	11.	Loi qui fixe le mode de remboursement des obli-

Législation civile et criminelle.		*Faits, Époques et Lois remarquables.*
Nos.	Dates.	*FRIMAIRE* AN 6. — *Nov. et Déc.* 1797.
		gations contractées pendant la dépréciation du papier-monnaie. (*Bull.* no. 1580.)
685	11.	Loi relative à la formation des conseils de guerre et de révision dans les places de guerre investies et assiégées. (*Bull.* no. 1587.)
		a. 11. Traité secret signé à Rastadt entre Bonaparte et les plénipotentiaires de l'empereur, par lequel celui-ci s'oblige à faire évacuer par ses troupes les terres de l'Empire, les villes de Mayence et d'Ehrenbreinstein.
		b. 15. Arrivée des généraux Bonaparte et Berthier à Paris.
		c. 15. Loi sur le mode d'imposition et le paiement des dépenses judiciaires et administratives, et qui rétablit les centimes additionnelles pour l'acquittement des charges locales, etc.
		d. 20. Le général Bonaparte est reçu en grand cérémonial au palais du Directoire; il remet la ratification donnée par l'empereur au traité de *Campo-Formio.*
686	21.	Loi explicative des cas de déchéance d'appel. (*Bull.* no. 1613.)
		a. 23. Gilbert Desmolieres membre du conseil des Cinq-cens, et Isidore Langlois rédacteur du *Messager du soir*, sont conduits à Rochefort pour subir la déportation à laquelle ils ont été condamnés par la loi du 19 fructidor.
		b. 24. Loi relative à la liquidation de l'arriéré de la dette publique, et à la délivrance de deux sortes de *bons*, les uns représentant les *deux tiers* de la dette publique mobilisée, et les autres le *tiers consolidé.*
687	27.	Arrêté du Directoire sur le paiement des taxes des témoins entendus dans les affaires criminelles. (*Bull.* no. 1621.)
		a. 30. Fête donnée dans la galerie du *Muséum* par le Corps législatif au général Bonaparte.

Législation civile et criminelle.		Faits, Époques et Lois remarquables.
Nos.	Dates.	*FRIMAIRE* AN 6. — *Nov. et Déc.* 1797.
		Les membres du Directoire, les ministres, le corps diplomatique et les présidens des diverses administrations avaient été invités au repas.
		NIVOSE. — *Déc. et Janv.*
688	2.	Arrêté du Directoire, qui ordonne l'impression d'un rapport du ministre de la justice, et confirme les principes qui y sont développés sur la question de savoir, qui des tribunaux ou des administrations doit statuer sur la vente d'un domaine réputé national. (*Bull.* n°. 1625.)
		a. 5. Bonaparte est choisi par l'Institut pour être l'un de ses membres.
689	8.	Arrêté du Directoire concernant des mesures pour réprimer les désordres occasionnés par la contrebande, et les dommages-intérêts dûs aux employés maltraités. (*Bull.* n°. 1646.) *V.* 13 floréal an 11.
690	8.	Dispositions portant qu'il ne sera plus reçu à l'avenir d'oppositions sur le tiers conservé de la dette publique. art. IV de la *loi* relative à la formation d'un nouveau grand livre. (*Bull.* n°. 1641.)
		a. 8. Le palais Corsini à Rome, servant de logement à l'ambassadeur français Joseph Bonaparte, est investi par des attroupemens révolutionnaires et par une force armée : l'embassadeur sort accompagné du général Duphot, pour sommer la multitude de se retirer. Duphot est assailli, et tombe percé de coups. Le lendemain, Joseph Bonaparte quitte Rome et se retire à Florence. *Voyez* le 21 pluviose suivant.
		b. 9. L'ambassadeur portugais, M. d'Aranjo-d'Azavedo, est enfermé au Temple.
		c. 12. Loi concernant l'organisation constitutionnelle des Colonies.

Loi

Législation civile et criminelle.		*Faits, Epoques et Lois remarquables.*
Nos.	Dates.	*NIVOSE* AN 6. — *Déc.* 1797 *et Janv.* 1798.
691	16.	Loi additionnelle à celle du 11 frimaire, relative au remboursement des obligations antérieures au papier monnaie. (*Bull* no. 1650.) *Voyez* 9 floréal et 27 thermidor suivant.
692	16.	Loi concernant la vente des immeubles, les licitations et partages, les dots et avantages matrimoniaux, légitimes, donations, liquidations de commerce, etc. acquittées pendant la dépréciation du papier-monnaie. (*Bull.* no. 1651.) *Voyez* 27 thermidor suivant.
693	19.	Arrêté du Directoire, contenant des mesures pour la stricte exécution de la loi du 6 fructidor an 2, relative aux noms et prénoms des citoyens. (*Bull.* no. 1660.)
694	24.	Loi pénale contre ceux qui tenteraient de couper ou mutiler les arbres de la liberté. (*Bull.* no. 1658.)
		a. 27. Bailleul fait adopter la proposition d'élever dans l'enceinte du Conseil des Cinq-cens, un *monument* à la journée du 18 fructidor.
695	29.	Loi contenant des dispositions pénales contre les vols et attentats commis sur les grandes routes, et des mesures pour le rétablissement de la sûreté publique. (*Bull.* no. 1677.)
		PLUVIOSE. — *Janv. et Fév.*
		a. 2. Installation du conseil des Cinq-cents dans la nouvelle salle construite au palais ci-devant Bourbon.
696	3.	Arrêté du Directoire qui détermine le mode de perception, fixe le montant du droit de timbre sur les cartes à jouer, et qui indique les peines applicables en cas de contraventions. (*Bull.* no. 1683.)
		a. 4. Tous les habitans du pays de Vaud, à la nouvelle que le gouvernement français reconnait l'indépendance de la *République Léma-*

Législation civile et criminelle.		*Faits, Époques et Lois remarquables.*
Nos.	Dates	*PLUVIOSE* AN 6. -- *Janv. et Fév.* 1798.
		nique, se décorent de la cocarde verte, plantent l'arbre de la liberté, etc.
		b. 11. 15,000 hommes de l'armée d'Italie entrent dans la Suisse : plusieurs cantons secouent le joug du gouvernement oligarchique, et forment une assemblée nationale. *Voyez* le 17.
697	13.	Loi relative aux rentes viagères créés pendant la durée de la dépréciation du papier-monnaie. (*Bull.* n°. 1704.) *Voyez* 26 prairial suivant.
		a. 12. Victoire des Français sur les Bernois près de *Morat* et destruction, par un bataillon de la Côte-d'Or, du monument de ce nom, qui attestait la défaite des Bourguignons en 1476.
		b. 13. Loi qui ordonne que le 30 ventose de chaque année, il sera célébré une fête qui sera nommée *fête de la souveraineté du peuple.*
		c. 17. Loi qui place les écoles particulières, maisons d'éducation et pensionnats sous la surveillance des administrations municipales.
		d. 17. Circulaire du ministre de la police, qui appelle la surveillance des administrations sur les *clubs* ou *cercles constitutionnels. Voyez* 15 ventose suivant.
		e. 17. Message du Directoire au Corps législatif, annonçant que les préparatifs hostiles des cantons de Berne et de Fribourg, à l'occasion de l'indépendance du pays de Vaud, reconnue par la France, l'ont forcé à prendre des mesures contre ces gouvernemens, et à faire marcher des troupes en Suisse.
		f. 19. Les villes de Lyon et de Montpellier sont mises en état de siége, par arrêté du Directoire.
		g. 21. Le général Berthier marche sur Rome pour venger l'attentat commis sur le brave Duphot, et l'oubli du droit des gens envers l'ambassadeur français. *Voyez* le 27.

Législation civile et criminelle.		*Faits, Époques et Lois remarquables.*
N°s.	Dates	*PLUVIOSE* AN 6. — *Janv. et Fév.* 1798.
		h. 25. Dondeau, chef de bureau à la police, est nommé ministre de la police générale.
		i. 27. Les Romains proclament leur liberté. Le général Berthier arrive de son camp, monte au Capitole, et au nom de la République française reconnait l'indépendance de la *République romaine*, formée de tout le territoire resté sous l'autorité temporelle du pape, par le traité de Campo-Formio. *Voyez* 22 ventose suivant.
		VENTOSE. — *Fév. et Mars.*
698	2.	Loi interprétative de celle du 15 thermidor an 4, sur les droits successifs des enfans nés hors du mariage. (*Bull.* n°. 1739.)
		a. 2. Le pape quitte Rome, accompagné de deux officiers français, et se rend à Sienne. *Voyez* 11 floréal an 7.
		b. 4. Daunou, Faypoult, Monge et Florent, commissaires du Directoire, arrivent à Rome pour y travailler à la constitution du peuple romain. *Voyez* le 22.
699	9.	Arrêté portant que les préposés des douanes pourront faire, dans l'intérieur de la République, des visites pour la recherche des marchandises prohibées. (*Bull.* n°. 1752.)
		a. 10. Adresse des consuls romains au Directoire de la République française; ils lui témoignent la reconnaissance du peuple romain pour le bienfait de la liberté qu'il en a reçu.
		b. 11. Ratification du traité de réunion de la république de Mulhausen à la France.
		c. 12. Victoire de l'armée française à Fribourg. Toute l'Helvétie secoue le joug du gouvernement oligarchique.
		d. 15. Arrêté du Directoire, qui ordonne la fer-

Législation civile et criminelle.		*Faits, Epoques et Lois remarquables.*
Nos.	Dates.	*VENTOSE* AN 6. — *Fév. et Mars* 1798.

meture du cercle constitutionnel de la rue du Bacq.

e. 15. Le directoire reçoit la nouvelle que la députation de l'empire a accédé aux propositions des plénipotentiaires français, de reconnaître toute *la rive gauche du Rhin comme limite de la République française.*

f. 20. Annonce officielle que plusieurs cantons suisses et le pays de Saint.-Gall se sont constitué en gouvernement démocratique.

g. 22. Les commissaires du Directoire à Rome annoncent que cette antique capitale du monde est libre et indépendante ; qu'elle a une constitution, des lois et un gouvernement républicain ; que l'installation des consuls romains a été un jour de fête, etc.

h. 22. Le général Brune, commandant les troupes françaises en Suisse, signifie au gouvernement de Berne que *les cantons suisses doivent accepter purement et simplement une constitution envoyée de Paris :* à cette nouvelle, les cantons de Berne, Lucerne, Zurich, d'Uri, etc. s'élèvent en masse et s'arment pour résister à la tyrannie.

i. 23. Prise de Berne par l'armée française, après un combat meurtrier.

k. 27. Ratification d'un traité d'alliance et de commerce avec la république cisalpine.

l. 26. Le général Brune fait désarmer les cantons suisses, et donne un réglement pour l'établissement de la République helvétique ; elle aura un Corps législatif, un Directoire, etc.

GERMINAL. — *Mars et Avril.*

m. 4. Arrivée à Mittau du *prétendant*, accompagné du ci-devant duc d'Angoulême ; il va loger au château où Paul Ier. lui a fait prépa-

Législation civile et criminelle.		Faits, Époques et Lois remarquables.
Nos.	Dates.	GERMINAL AN 6. — *Mars et Avril* 1798.
		rer de magnifiques appartemens. *Voyez* 3 pluviose an 9.
700	9.	Loi pénale contre les loteries particulières. (*Bull.* n°. 1783.)
		a. 10. Mariage de la fille de Michel Lepelletier, adoptée par la nation, avec le jeune de With, hollandais, malgré diverses oppositions de sa famille et du Directoire. Les présidens des deux conseils assistent aux noces, qui sont très-brillantes.
701	15.	Loi qui détermine le mode d'exercer la contrainte par corps. (*Bull.* n°. 1795.)
		a. 26. Réunion des corps électoraux à Paris et dans plusieurs départemens. Ces assemblées se divisent, et font des doubles et même des triples choix. *Voyez* 22 floréal suivant.
		b. 24. Les habitans de Vienne célèbrent l'anniversaire de leur armement volontaire et spontané pour défendre leur ville menacée par les armées françaises : l'ambassadeur Bernadotte donne le même jour une fête en honneur de la la victoire des Français ; il fait arborer au dehors de son palais un drapeau tricolore ; l'animosité des viennois s'éveille à cette vue, la multitude se porte au palais de l'ambassadeur, y pénètre et force à enlever le drapeau. Après cette insulte, Bernadotte demande ses passe-ports et part pour Paris. *Voyez* 28 floréal suivant.
702	28.	*c.* 25. Quinze charriots chargés d'écus de six livres, partent de Berne pour Paris.
		d. 26. Les Génevois demandent leur réunion à la France. *Voyez* 28 floréal suivant.
		Dispositions sur les moyens de garantie la liberté des citoyens contre les détentions illégales, et d'assurer la tranquillité publique, titres IX et X de la *loi* sur l'organisation de la gendarmerie nationale. (*Bull.* n°. 1805.)

Législation civile et criminelle.		*Faits, Époques et Lois remarquables.*
Nos.	Dates.	*FLORÉAL* AN 6. — *Avril et Mai* 1798.
703	2.	Loi interprétative de l'art. LVII de celle du 9 vendémiaire an 6, sur le droit de timbre à percevoir sur les feuilles de musique, et qui annulle les poursuites faites dans une interprétation contraire. (*Bull.* n°. 1804.)
704	4.	Loi relative à la contrainte par corps pour engagemens de commerce entre des Français et des étrangers. (*Bull.* n°. 1811.)
		a. 5. Smith et son secrétaire, détenus depuis deux ans au Temple, en sont enlevés par un faux détachement de troupes, muni d'un ordre faux.
705	6.	Loi relative aux rentes viagères, créées moyennant un capital fourni en mandats. (*Bull.* n°. 1812.
706	6.	Loi qui rectifie plusieurs articles de celles des 11 frimaire et 16 nivose an 6, concernant les transactions entre particuliers. (*Bull.* n°. 1813).
707	8.	Loi relative aux formalités à observer pour la présentation des effets négociables à longs termes. (*Bull.* n°. 1815.)
708	9.	Loi portant prorogation du délai pour l'option relative aux obligations à longs termes. (*Bull.* 1816.)
709	19.	Loi sur la rescision dans les ventes d'immeubles pendant le papier-monnaie. (*Bull.* n°. 1826.) *Voyez* 24 prairial an 7.
710	19.	Arrêté du Directoire concernant le timbre sur les cartes à jouer, et sur la poursuite des contraventions. (*Bull.* n°. 1824.)
711	21.	Loi relative aux actes et transactions faites entre particuliers, sur des droits litigieux ouverts avant et pendant la dépréciation du papier-monnaie. (*Bull.* n°. 1827.)
		a. 22. Loi qui casse les opérations d'un grand nombre d'assemblées électorales, dont les choix ne sont pas agréables au Directoire.
		b. 26. Nomination de Treilhard à la place de François (de Neufchâteau), directeur sortant.

Législation civile et criminelle.		Faits, Époques et Lois remarquables.
Nos.	Dates.	*FLORÉAL* AN 6. — *Avril et Mai* 1798.
		c. 27. Loi qui autorise le Directoire à nommer provisoirement les présidens, accusateurs publics et greffiers des tribunaux criminels, dont la nomination n'a pas eu lieu ou est restée sans effet.
		d. 27. Lecarlier, commissaire du Directoire en Suisse, est nommé ministre de la police, à la place de Dondeau.
		e. 28. Réunion de la République de Genève à la République française. *Voyez* 8 fructidor suivant.
		f. 28. Jean Debry est nommé négociateur à Rastadt, à la place de Treilhard.
		g. 28. François (de Neuf-château) est chargé par le Directoire de négocier à Seltz avec M. de Cobentzel, envoyé de l'Autriche, relativement à l'insulte faite le 24 germinal à l'ambassadeur français Bernadotte.
		h. 29. L'escadre française, composée de 13 vaisseaux de ligne, 6 frégates, etc. aux ordres et sous le commandement du général en chef Bonaparte et de l'amiral Brueys, sort de la rade de Toulon, portant beaucoup de troupes, de savans et d'artistes destinés pour une expédition secrette. *Voyez* 24 prairial et 13 messidor suivant.
		i. 29. Bombardement d'Ostende par les Anglais; ils opèrent une descente. *Voyez* 2 prairial.
		IIIe. SESSION DU CORPS LÉGISLATIF.
		PRAIRIAL. — *Mai et Juin.*
		k. 1er. Les membres du Corps législatif formant le nouveau tiers, prêtent le serment de haine à la royauté et à l'anarchie.

Législation civile et criminelle.		*Faits, Epoques et Lois remarquables.*
Nos.	Dates.	*PRAIRIAL* AN 6. — *Mai et Juin* 1798.
		l. 2. Les anglais débarqués près d'Ostende au nombre de 4,000, perdent 100 hommes tués, 2,000 prisonniers, 40 bateaux, 3 canons, etc.
712	4.	Loi relative aux délais pour l'instruction et le pourvoi en cassation contre les jugemens en matière de prises maritimes. (*Bull.* n°. 1838.)
713	4.	Loi qui assujettit les neutres à fournir caution pour l'exécution des jugemens définitifs avant l'expiration du délai pour se pourvoir en cassation. (*Bull.* n°. 1839.)
		a. 4. Arrêté du Conseil des Cinq-cents, portant que la commission de classification des lois présentera incessamment des projets de résolution séparés, concernant les différentes parties de la législation dont la réunion doit former un code civil.
		b. 8. Les prêtres constitutionnels du département de la Seine se nomment un évêque; leur choix tombe sur Royer, évêque du département de l'Ain. *Voyez* 28 nivose an 8.
714	14.	Loi relative à la manière de procéder devant les tribunaux civils en cas de partage d'opinions. (*Bull.* n°. 1861.) *Voyez* 17 germinal an 9.
		a. 22. Loi qui affecte des fonds et un local au conservatoire des arts et métiers.
		b. 24. La ville de Malte se rend à l'armée française; 2 vaisseaux de ligne, 2 frégates, 4 galères, et 1,200 pièces de canon lui sont livrés.
		Le même même jour, l'amiral Nelson entre dans la Méditerranée avec une flotte de 16 vaisseaux de ligne. *Voyez* 14 thermidor suivant.
715	26.	Loi portant prorogation du délai accordé par celle du 13 pluviose dernier, pour la réduction des rentes viagères dont les capitaux ont été fournis en numéraire. (*Bull.* n°. 1882.)

Législaton civile et criminelle.		Faits, Epoques et Lois remarquables.
Nos.	Dates.	*PRAIRIAL* AN 6. — *Mai et Juin* 1798.
716	26.	Loi relative aux obligations entre particuliers dans les départemens réunis. (*Bull.* no. 1883.)
		a. 26. Arrivée à Saint-Domingue du général Hédouville, chargé du gouvernement de cette colonie.
717	29.	Loi relative à la nouvelle instruction des procès, en cas d'annullation de jugemens rendus par des conseils de guerre. (*Bull.* no. 1884.)
		MESSIDOR. — *Juin et Juillet.*
718	6.	Arrêté du Directoire concernant la taxe, la vérification et l'acquit des frais de justice. (*Bull.* no. 1887.)
719	6.	Loi additionnelle à celle du 9 fructidor an 5, concernant la liquidation et le paiement des fermages. (*Bull.* no. 1893.)
720	9.	Loi relative aux marchés faits avec des entrepreneurs de bâtimens, pendant le cours du papier-monnaie. (*Bull.* no. 1896.)
		a. 13. Débarquement des troupes françaises à Aboukir; elles s'emparent d'Alexandrie. Proclamation du général Bonaparte à son entrée en Egypte.
		b. 15. Les troupes françaises prennent possession de la citadelle de Turin en vertu d'une convention passée avec le roi de Sardaigne. *Voyez* 20 et 26 frimaire an 7.
721	17.	Loi relative au cas de résiliation et au mode de réduction du prix des baux à ferme passés pendant la dépréciation du papier-monnaie. (*Bull.* no. 1910.)
		a. 18. Le Directoire est autorisé à faire pendant un mois des visites domiciliaires, pour arrêter les agens de l'Angleterre.
722	25.	Arrêté du Directoire concernant la police des lieux placés entre les bureaux des douanes et la frontière. (*Bull.* no. 1923.)

Législation civile et criminelle.		*Faits, Époques et Lois remarquables.*
Nos.	Dates.	*MESSIDOR* AN 6. — *Juin et Juillet* 1798.
723	28.	Arrêté du Directoire concernant la police du droit de pêche. (*Bull.* no. 1925.)
		a. 29. François (de Neufchâteau) est nommé ministre de l'intérieur, à la place du citoyen Letourneux.
		THERMIDOR. — *Juillet et Août.*
724	1er.	Loi qui dispense les indigens de la consignation d'amende pour se pourvoir en requête civile. (*Bull.* no. 1927.)
725	2.	Loi relative aux baux à cheptel et à la manière dont le preneur rendra à sa sortie la valeur du bétail au propriétaire. (*Bull.* no. 1931.)
		a. 2. Loi portant qu'une fête consacrera la journée du 18 fructidor an 5.
		b. 5. Entrée triomphante des français dans la ville du Caire.
		c. 12. Le ministre de l'intérieur installe l'administration du collége des *Boursiers*, et substitue à cette dénomination celle de *Prytanée*, comme plus noble et plus convenable à une institution où sont accueillis les enfans de ceux qui ont bien mérité de la patrie.
		d. 14. Combat naval dans la baie d'Aboukir, entre la flotte française commandée par Brueys, et la flotte anglaise sous les ordres de Nelson. La ligne des vaisseaux français est coupée, et malgré des prodiges de valeur ils tombent presque tous au pouvoir de l'ennemi, qui s'empare de 9 vaisseaux de ligne et de 2 frégates; 2 autres sont brûlés: 2 seulement parviennent à s'échapper.
726	17.	Loi contenant des mesures pour coordonner les jours de repos avec le calendrier républicain. (*Bull.* no. 1947.) *Voyez* 18 germinal an 10.
727	27.	Loi contenant des dispositions additionnelles à celles relatives aux transactions passées pen-

Législation civile et criminelle.		*Faits, Époques et Lois remarquables.*
N°s.	Dates.	*THERMIDOR* AN 6. — *Juil. et Août* 1798.
		dant la dépréciation du papier-monnaie. (*Bull.* n°. 1952.)
		a. 27. Traité d'alliance offensive et défensive entre l'empereur et le roi des Deux-Siciles.
		b. 29. Loi qui augmente de 130 francs par mois, le traitement de chaque représentant du peuple, pour frais de logement, de bureau, entretien de costume, etc.
		FRUCTIDOR. — *Août et Sept.*
728	4.	Loi relative à la composition du jury dans les cours martiales maritimes. (*Bull.* n°. 1965.)
		a. 6. Débarquement en Irlande des troupes françaises commandées par le général Humbert; elles s'emparent de Kilala, etc. quoiqu'en très-petit nombre.
		b. 8. Loi portant que la ville de Genève et son territoire formeront un département sous le nom de *Léman.*
		c. 9. Prorogation de l'art. XXXV de la loi du 19 fructidor an 5, qui attribue au Directoire la police des journaux.
729	13.	Loi relative à la célébration du *décadi*, comme fête, et qui décide que les mariages ne pourront se faire que ce jour-là. (*Bull.* n°. 1980.)
		a. 18. Déclaration de guerre de la Porte-Ottomane à la France: ordre d'arrêter tous les Français qui se trouvent dans les états du Grand-Seigneur.
730	19.	Dispositions par lesquelles tout Français qui ne s'est pas soumis à la conscription, est exclu du bénéfice de recueillir des successions, donations, etc. article LV de la *loi* portant établissement de la conscription militaire, et qui y comprend tous les Français depuis l'âge de 20 ans jusqu'à celui de 25. (*Bull.* n°. 1995.) *Voyez* 17 ventose an 8.

Législation civile et criminelle.		*Faits, Epoques et Lois remarquables.*
Nos.	Dates.	*FRUCTIDOR* AN 6. — *Août et Sept.* 1798.
		a. 20. Découverte à Malte d'un complot tendant au massacre de tous les Français. Les chefs sont arrêtés et condamnés à mort.
731	23.	Loi contenant des dispositions nouvelles pour l'exacte observation de l'annuaire républicain dans la rédaction des actes publics et particuliers. (*Bull.* no. 2002.)
		a. 23. Ratification du traité de paix et d'alliance offensive et défensive entre la France et la Suisse.
		b. 26. Les contributions pour l'an 7 sont fixées, savoir : la contribution foncière à la somme de 210 millions, et la contribution mobiliaire à celle de 30 millions. *Voyez* 3 frimaire et 3 nivose an 7.
732	27.	Loi relative aux attributions des conseils de guerre et de révision. (*Bull.* no. 2019.)
		JOURS COMPLÉMENTAIRES. — *Sept.*
		a. 2e. jour. L'administration centrale du département de la Seine arrête que la célébration des *décadis* se fera dans les églises laissées à la disposition des citoyens ; que ces jours-là, tous les signes extérieurs du culte devront en être enlevés.
		b. 3e. jour. Etablissement au Champ-de-Mars d'une foire où sont exposés les produits de l'industrie française. Le ministre de l'intérieur, François (de Neufchâteau) prononce un discours sur l'influence des arts et de l'industrie manufacturière, sur la prospérité d'une grande nation.
		L'exposition continuera jusqu'au 10 vendémiaire. *Voyez* 24 vendémiaire an 7, et 13 ventose an 9.

Législation civile et criminelle.		*Faits, Époques et Lois remarquables.*
Nos.	Dates.	*VENDÉMIAIRE* AN 7. — *Sept. et Oct.* 1798.
733	2.	Arrêté du Directoire, concernant des mesures pour assurer la remise des minutes, après la démission ou le décès d'un notaire public. (*Bull.* n°. 2042.)
		a. 2. Loi qui ordonne la levée de 200 mille conscrit.
		b. 8. Pichegru, Willot, Barthélemi, Delarue, Rovère, Ramel et Dossonville s'échapent de Cayenne dans une petite nacelle, et passent en Angleterre. *Voyez* 19 brumaire suivant.
		c. 22. Les baillis, commandeurs, grands-croix, commandans et chevaliers de Malte formant le grand prieuré de Russie, confèrent à Paul Ier. le titre de grand-maître de l'ordre de Malte.
		d. 24. Lettre du ministre de l'intérieur aux administrations de département, et aux bureaux consultatifs de commerce, pour les inviter à seconder les intentions du gouvernement dans les expositions annuelles des produits de l'industrie qu'il vient d'établir.
		e. 27. Etablissement d'un droit d'octroi pour l'acquit des dépenses locales de Paris. *Bientôt cette mesure est étendue à la plupart des grandes communes de la République.*
		BRUMAIRE. — *Oct. et Nov.*
		f. 1er. Le général Hédouville part de Saint-Domingue, et en laisse le gouvernement civil et militaire à Toussaint Louverture.
		g. 8. Nomination de Duval ex-conventionnel, au ministère de la police, en remplacement de Lecarlier.
734	11.	Loi qui établit un nouveau régime hypothécaire, et qui déclare (art. VII.) qu'à l'avenir les rentes constituées, les rentes foncières, etc.

Législation civile et criminelle.		*Faits, Epoques et Lois remarquables.*
Nos.	Dates.	*BRUMAIRE* AN 7. — *Oct. et Nov.* 1798.
		ne pourront plus être frappées d'hypothèque. (*Bull.* no. 2137.)
735	11.	Loi sur les expropriations forcées. (*Bull* no. 2138.)
736	13.	Loi sur le timbre et les actes qui y sont sujets, et sur les peines en cas de contraventions. (*Bull.* no. 2136.)
		a. 19. Loi qui assimile aux émigrés les individus qui se sont soustrait à la déportation, ou qui en ont quitté le lieu. *Voyez* 28 nivose et 7 thermidor suivant.
737	22.	Loi portant établissement d'une taxe sur le tabac, et des moyens de répression en cas d'infidélité dans la vente. (*Bull.* no. 2173.)
738	24.	Loi relative à celle du 12 vendémiaire an 4, sur la publication des lois. (*Bull.* no. 2176.)
		a. 27. Arrêté du Directoire, qui autorise l'établissement de bureaux de poids publics dans les communes au-dessus de 5,000 ames, et qui fixe le prix de la rétribution qui sera due.
739	28.	Loi qui accorde aux communes la jouissance de forêts prétendues nationales, dont la propriété leur a été attribuée, et à l'exploitation desquelles il a été sursis par la loi du 7 brumaire an 3. (*Bull.* no. 2189.)
740	29.	Loi qui proroge jusqu'au 29 nivose de l'an 8, la loi du 29 nivose an 6, sur la répression des assassinats et brigandages. (*Bull.* no. 2190.)
		FRIMAIRE — *Nov.. et Déc.*
		a. 3. Loi relative à la répartition, à l'assiette et au recouvrement de la contribution foncière en général. (Le 7 brumaire précédent, la répartition de celle de l'an 7 a été fixée entre les départemens.)
		b. 4. Loi portant établissement d'une contribution sur les portes et fenêtres.

Législation civile et criminelle.		*Faits, Epoques et Lois remarquables.*
Nos.	Dates.	*FRIMAIRE* AN 7. — *Nov. et Déc.* 1798.
741	5.	Arrêté du Directoire, relatif à l'exécution de la loi du 11 brumaire an 7, quant au droit d'enregistrement à percevoir sur les créances hypothécaires. (*Bull.* n°. 2209.)
742	6.	Loi relative au régime, à la police et à l'administration des bacs et bateaux sur les fleuves, rivières et canaux navigables. (*Bull.* n°. 2218.)
		a. 9. Le roi de Naples fait son entrée à Rome, à la tête de son armée.
		b. 11. Loi qui détermine le mode administratif des recettes et dépenses départementales, municipales et comunales.
		c. 16. Déclaration de guerre de la République française aux rois de Naples et de Sardaigne.
		d. 20. Acte signé et publié par le roi de Sardaigne, portant qu'il renonce à la souveraineté. Dans le même acte, la faculté de se retirer avec sa famille dans l'île de Sardaigne, lui est réservée. *Voyez* le 26.
743	22.	Loi sur l'enregistrement et la proportion dans laquelle le droit sera perçu sur les actes qui y sont sujets, et qui ordonne que la formalité de l'insinuation continuera à être donnée dans les bureaux de l'enregistrement. (*Bull.* n°. 2224.)
		a. 26. L'armée française s'empare de la ville de Turin.
		NIVOSE. — *Déc. et Janv.*
		b. 3. Lois sur la répartition de la contribution personnelle, mobiliaire et somptuaire, et sur le mode d'assiette et de dégrèvement, etc.
		c. 3. Toutes les autorités constituées de la République romaine, que la présence de l'armée napolitaine avait forcé de se retirer à Peyrouse, rentrent dans Rome redevenue libre par les succès des Français.

Législation civile et criminelle.		*Faits, Époques et Lois remarquables.*
Nos.	Dates.	*NIVOSE* AN 7. — *Déc.* 1798 *et Janv.* 1799.
744	7.	Loi relative aux énonciations à faire dans les actes par les anciens huissiers, conservés provisoirement dans le droit d'exploiter. (*Bull.* n°. 2307.)
745	24.	Loi qui déclare l'article XI de celle du 15 germinal an 4, sur la remise des dépôts et celle du 7 nivose an 5, sur les exécuteurs testamentaires, applicables aux syndics et directeurs des créanciers unis. (*Bull.* n°. 2367.)
		a. 28. Arrêté du Directoire, qui indique l'île d'Oleron comme lieu de détention provisoire pour les individus frappés de la déportation par les lois des 19 et 22 fructidor an 5. *Voyez* le 29 pluviose suivant.
		PLUVIOSE. — *Janv. et Fév.*
		b. 15. Les Français s'emparent de la ville de Naples.
746	16.	Loi qui proroge de deux mois le délai accordé pour l'inscription des droits d'hypothèque ou privilége. (*Bull.* n°. 2422.)
747	22.	Loi qui prescrit des formalités pour la vente à l'enchère des meubles et objets mobiliers. (*Bull.* n°. 2451.)
		a. 29. Loi qui ordonne la fabrication d'une monnaie de cuivre jusqu'à la concurrence de 10 millions.
		b. 29. Plusieurs individus condamnés à la déportation, entr'autres les députés Gau, Dumolard, Lomont, Boissy-d'Anglas, Villaret, Siméon, Paradis, Muraire, Maillhe, Doumerc et l'ex-ministre de la police Cochon, profitent de la faveur de l'arrêté du Directoire du 28 nivose, et se rendent à l'île d'Oléron pour éviter d'être inscrits sur la liste des émigrés : peu de temps après, les députés Pastoret, Duplantier et Noailles s'y rendent également.

Législation civile et criminelle.		*Faits, Epoques et Lois remarquables.*
Nᵒˢ.	Dates.	*VENTOSE* AN 7. — *Fév. et Mars* 1799.
		c. Milet Moreau, général de brigade dans l'arme du génie, remplace au ministère de la guerre, Schérer, nommé général en chef de l'armée d'Italie.
		d. 7. Le directoire traduit devant un conseil de guerre le général Championnet, commandant l'armée de Naples, comme ayant arrêté l'action et l'autorité du commissaire près son armée, et le conventionnel Bassal, ci-devant secrétaire du consulat romain, comme ayant commis des dilapidations lors de la retraite de l'armée française.
748	8.	Loi contenant fixation du traitement des juges-de-paix. (*Bull.* nᵒ. 2566.)
749	9.	Loi sur la perception des droits d'hypothèque. (*Bull.* nᵒ. 2572.)
		a. 12. Jourdan est nommé général en chef des armées du Danube, d'Helvétie et d'observation; il commandera en personne celle du Danube, Masséna celle d'Helvétie, et Bernadotte celle d'observation. *Voyez* 6 et 19 germinal suivant.
750	14.	Loi relative aux domaines engagés par l'ancien gouvernement, qui confirme les aliénations faites antérieurement à l'édit de 1566, etc. (*Bull.* nᵒ. 2586.)
		a. 16. L'armée d'Egypte, déjà maîtresse de Gaza, emporte d'assaut la ville de Jaffa: la plus grande partie de la garnison est passée au fil de l'épée.
		b. 20. Louis Bonaparte, arrivé de l'armée d'Égypte, est présenté au Directoire.
751	21.	Loi portant établissement des droits de greffe, au profit de la République, dans les tribunaux civils et de commerce. (*Bull.* nᵒ. 2628.) *Voyez* 22 prairial suivant.
752	21.	Loi relative à l'organisation de la conservation des hypothèques, et au droit à percevoir sur

Législation civile et criminelle.		Faits, Epoques et Lois remarquables.
Nos.	Dates.	*VENTOSE* AN 7. — *Fév. et Mars* 1799.
		les inscriptions des créances hypothécaires. (*Bull.* no. 2627.)
		a. 22. Déclaration de guerre de la part de la République française, à l'empereur et au grand duc de Toscane.
		b. 28. La salle du théâtre français, appelée depuis peu *Odéon*, est consumée par les flammes.
		GERMINAL. — *Mars et Avril.*
		c. 6. L'armée de Jourdan est battue par celle de l'archiduc Charles, et effectue sa retraite.
		d. 6. Le prince Sowarow reçoit de Paul Ier. le commandement de 80,000 Russes, destinés à agir de concert avec les Autrichiens contre les Français. *Voyez* le 24.
		e. 7. Le Grand Duc de Toscane, sa famille et les principaux officiers de sa cour quittent Florence et se rendent à Vienne.
		f. 16. Défaite de l'armée de Schérer en Italie.
753	18.	Loi relative au remboursement des frais de justice en matière criminelle. (*Bull.* no. 2800).
		a. 19. Le général Jourdan arrive à Paris, et le 23 le commandement de son armée est donné au général Masséna.
		b. 20. Scissions dans plusieurs assemblées électorales.
		c. 24. Arrivée du général Sowarow à Véronne; les généraux Kray et Mélas lui déférent le commandement général de l'armée. *Voyez* 6 prairial.
754	27.	Loi relative à la nomination des greffiers des tribunaux et des juges de paix. (*Bull.* no. 2819.)
		FLORÉAL. — *Avril et Mai.*
		a. 1er. Le Directoire donne ordre aux plénipo-

Législation civile et criminelle.		Faits, Epoques et Lois remarquables.
Nos.	Dates.	FLORÉAL AN 7. — Avril et Mai 1799.
		tentiaires français à Rastadt, de se retirer à Strasbourg. *Voyez* le 9.
		b. 3. Le général Moreau est nommé à la place de Schérer, général de l'armée d'Italie.
		c. 4. Seringapathan, capitale des états de Tipoo-Saïbe, est prise d'assaut par les anglais: Tipoo-Saïbe est tué, et ses enfans faits prisonniers ainsi que tous les Français qui se trouvent dans ses états. Les Anglais y trouvent des richesses immenses.
		d 7. Une flotte de 25 vaisseaux de ligne, portant 40,000 hommes de débarquement destinés pour l'Egypte, sort du port de Brest, sous les ordres de l'amiral Bruix.
755	9.	Loi sur le tarif des douanes et la procédure à suivre dans la poursuite des contraventions. (*Bull.* no. 2838.)
		a. 9. Les ministres plénipotentiaires de la République française à Rastadt, Roberjot, Bonnier et Jean Debry, sont assassinés en quittant cette ville par un parti autrichien; Jean Debry seul échappe à la mort.
		b. 11. Le pape Pie VI est conduit à Briançon par ordre du gouvernement français; il est accompagné de quelques évêques et archevêques, et est escorté de 50 cavaliers piémontais. Il descend à l'hôpital-général, dans un appartement qui lui a été préparé. Bientôt après il est conduit à Valence. *Voyez* 11 fructidor suivant.
		c. 18. Manifeste du gouvernement français à tous les peuples et à tous les gouvernemens, sur l'assassinat commis à Rastadt.
		d. 26. Dénonciations contre Schérer, à qui on attribue les désastres de l'armée d'Italie.
		e. 27. Le citoyen Sieyès est nommé Directeur à la place du citoyen Rewbel, sorti par le sort.

Législation civile et criminelle.		Faits, Époques et Lois remarquables.
Nos.	Dates.	*PRAIRIAL* AN 7. — *Mai et Juin* 1799.
		IVe. SESSION DU CORPS LÉGISLATIF.
		f. 1er. Admission du tiers des membres du Corps législatif, nouvellement élus.
		g. 1er. Bonaparte lève le siège de Saint-Jean-d'Acre, après 61 jours de tranchée ouverte. Le même Smith qui s'était échappé des prisons du Temple à Paris, et un émigré français, contribuent beaucoup à la défense de cette place importante, qui arrête la marche triomphante de l'armée française en Syrie.
		h. 1er. Le roi de Suède et l'électeur de Bavière entrent dans la coalition contre la France.
756	2.	Loi qui maintient la rescision pour lésion du tiers au quart dans les actes de partage. (*Bull.* no. 2952.)
		a. 5. Le général autrichien Mack, fait prisonnier à Naples, arrive à Dijon, ville qui lui est assignée pour prison.
757	6.	Loi qui assujettit au droit de timbre les avis imprimés, etc. et fixe la peine à appliquer aux contrevenans. (*Bull.* no. 2960.)
		a. 6. Loi portant établissement d'une subvention extraordinaire de guerre sur les contributions foncière, mobiliaire, et sur celle des portes et fenêtres. *Voyez* 17 fructidor suivant.
		b. 6. Le général Sowarow fait son entrée à Turin.
758	11.	Loi relative au jugement des prévenus de contravention à celle du 10 brumaire an 5, qui prohibe les marchandises anglaises. (*Bull.* no. 2979.)
759	17.	Arrêté du Directoire, concernant les dépôts de grains et farines établis près des frontières. (*Bull.* no. 3004.)

Législation civile et criminelle.		Faits, Époques et Lois remarquables.
Nos.	Dates.	*PRAIRIAL* AN 7. — *Mai et Juin* 1799.
		a. 19. Madame Victoire, l'une des tantes du roi, meurt à Trieste. *Voyez* 8 ventose an 8.
		b 20. Le mariage de Marie-Thérèse-Charlotte, fille de Louis XVI, avec le duc d'Angoulême, fils aîné du comte d'Artois, est célébré à Mittaw en présence du prétendant et de toute sa cour.
760	21.	Loi relative au traitement des secrétaires, greffiers des juges de paix. (*Bull.* no. 3013.)
761	22.	Loi additionnelle à celle du 21 ventose an 7, sur les droits de greffe. (*Bull.* no. 3014.)
762	24.	Loi interprétative du § III de l'art. Ier. de celle du 19 floréal an 6, sur l'action en rescision contre les ventes d'immeubles faites pendant le cours du papier-monnaie. (*Bull.* no. 3021.)
		a. 24. La garnison française du château de Milan, forcée de capituler après les désastres de l'armée d'Italie, arrive à Grenoble, où se sont déjà retirés la municipalité de Turin et grand nombre de patriotes italiens.
		b. 28. Le Directoire et les Conseils se constituent en permanence pour délibérer sur des *mesures de salut public.*
		c. 29. A une heure du matin, la nomination du citoyen Treilhard à la place de Directeur, est déclarée nulle et inconstitutionnelle. Gohier, ex-ministre de la justice, lui succède dans les mêmes fonctions.
		d. 29. Loi portant que toute autorité ou individu qui attenterait à la liberté ou à la sûreté du Corps législatif, ou de quelqu'un de ses membres, *sont mis hors la loi.*
		e. 29. Les Directeurs Merlin et Lareveillère, accusés à la tribune d'incapacité dans l'art de gouverner, donnent leur démission.
		f. 29. Sanglante bataille de la Trébia : les Austro-Russes, quoique avec une perte plus grande que les Français, restent maîtres du champ de bataille.

Législation civile et criminelle.		Faits, Epoques et Lois remarquables.
Nos.	Dates.	*PRAIRIAL* AN 7. — *Mai et Juin* 1799.
		g. 30. Joubert est nommé général en chef de l'armée d'Italie.
		MESSIDOR. — *Juin et Juillet.*
		h. 1er. Roger-Ducos est nommé Directeur à la place de Merlin.
		i. 2. Loi sur les réclamations en matière de contribution foncière. *Voyez* 24 floréal an 8.
		k. 2. A 7 heures du matin, le général Moulins est nommé Directeur à la place de Lareveillère-Lépaux.
		l. 4. Quinette, régisseur de l'enregistrement, remplace François (de Neuf-château) au ministère de l'intérieur, et Bourguignon, substitut prés le tribunal de cassation, Duval au ministère de la police.
		m. 4. Loi qui fixe pour l'an 7 la proportion de la contribution foncière au quart du revenu territorial.
		n. 4. Le conseil des Cinq-cents renvoie au Directoire plusieurs dénonciations graves, dirigées contre Schérer.
763	5.	Loi relative aux inscriptions hypothécaires sur les comptables publics, etc. (*Bull.* n°. 3088.)
		a. 5. Révocation de l'arrêté qui traduisait Championnet devant une commission militaire. *Voy.* le 17.
		b. 10. Loi qui appelle aux armées *toutes les classes de conscrits*, et qui ordonne la levée d'un *emprunt de* 100 *millions*. Cessation de la permanence des séances du corps législatif.
		c. 14. Bourdon, commissaire de la marine à Anvers, remplace Bruix au ministère de la marine; et le général Bernadotte, Milet-Moreau au ministère de la guerre.

Législation civile et criminelle.		*Faits, Epoques et Lois remarquables.*
Nos.	Dates	*MESSIDOR* AN 7. — *Juin et Juillet* 1799.

d. 16. Loi relative à l'administration des biens des hospices civils.

e. 17. Championnet est nommé général de l'armée des Alpes, sous le commandement du général en chef de l'armée d'Italie.

f. 18. Amnistie prononcée en faveur des déserteurs de l'armée de mer.

g. 23. Une société politique s'établit dans la salle du manége, près les Tuileries.

h. 24. Loi sur la repression du brigandage et des assassinats dans l'intérieur ; et qui autorise les administrations à prendre des *ôtages parmi les parens d'émigrés et les ci-devant nobles.*

i. 24. Rixe violente entre les sociétaires du Manége ; bientôt on y fait les motions les plus révolutionnaires et les plus anarchiques. *Voyez* 26 thermidor suivant.

k. 26. Sur la proposition de Lucien Bonaparte, le conseil des Cinq-cents prononce le serment de fidélité à la constitution.

THERMIDOR. — *Juillet et Août.*

l. 2. Le Directoire révoque la nomination de Lambrechts, ministre de la justice, et le remplace par Cambacérés, ex-conventionnel ; il accepte la démission du citoyen Talleyrand, ministre des relations extérieures, et le remplace par Reinhard, commissaire en Suisse. Il nomme Robert Lindet, ex-membre du comité de salut public, au ministère des finances, à la place de Ramel, et Fouché de Nantes, ex-conventionnel, au ministère de la police, à la place de Bourguignon.

m. 7. Bataille d'Aboukir, dans laquelle tous les Anglo-Turcs débarqués sur la côte d'Egypte, sont tués, ou noyés, ou faits prisonniers.

n. 7. Arrêté du Directoire, qui assimile aux émi-

Législation civile et criminelle.		*Faits, Epoques et Lois remarquables.*
Nos.	Dates.	*THERMIDOR* AN 7. — *Juil. et Août* 1799.
		grés les individus ci-après, qui ne se sont pas soumis à la déportation prononcée contre eux le 19 fructidor an 5 : Bayard, Bornes, Cadroy, Couchery, Delahaie, Duplantier, Henri Larivière, Camille Jordan, Jourdan (André-Joseph), Imbert - Colomès, Lacarière, Lemerer, Mersan, Madier, André (de la Lozère), Marc Curtin, Pavie, Pastoret, Polissard, Praire - Montaut, Quatremère - Quincy, Saladin, Viennot-Vaublanc, Vauvilliers, Dumas, Ferrant - Vaillant, Portalis, Blain, Carnot, Miranda, Suard et Morgan.
		o. 12. Loi qui détermine une nouvelle formule de serment civique. *Voyez* 25 brumaire an 8.
764	13.	Loi relative au recours en cassation et en revision contre les jugemens émanés des cours martiales, des conseils de justice et des conseils martiaux maritimes. (*Bull.* no. 3182.)
765	14.	Loi qui rapporte celle du 9 thermidor an 6, contenant prorogation de l'article XXXV de la loi du 19 fructidor an 5, relatif à la police des journaux. (*Bull.* no. 3173.)
		a. 10. Latour-Foissac, commandant de la garnison de Mantoue, capitule et remet aux Autrichiens cette place importante. Les troupes destinées à la bloquer, vont rejoindre l'armée et y arrivent à temps pour décider en faveur des russes, la victoire incertaine à la bataille de Novi. *Voyez* le 28.
		b. 16. Loi qui détermine le mode de paiement des créanciers des émigrés.
766	18.	Loi qui exempte de l'enregistrement les cédules délivrées pour citer devant la justice de paix ou le bureau de conciliation. (*Bull.* no. 3189.)
		a. 26. Le Directoire ordonne la fermeture de la société politique du Manège, réunie à l'église des Jacobins, rue du Bacq, depuis que par ordre du comité des inspecteurs du conseil des

Législation civile et criminelle.		Faits, Epoques et Lois remarquables.
Nos.	Dates.	*THERMIDOR* AN 7. — *Juil. et Août* 1799.
		Anciens, ils avaient été forcés de quitter la salle du Manége.
		b. 27. Le conseil des Cinq-cents se forme en comité secret pour examiner les dénonciations contre les ex-directeurs. *Voyez* 2 fructidor.
		c. 28. Bataille de Novi gagnée par Sowarow : le général en chef Joubert, et grand nombre d'officiers et soldats français périssent dans cette fatale journée.
		d. 28. Le conseil des Cinq-cents nomme dans son sein une commission pour lui proposer des mesures de salut public.
		FRUCTIDOR. — *Août et Sept.*
		e. 2. On procède au scrutin sur les dénonciations contre les ex-directeurs ; elles sont rejetées à une grande majorité.
		f. 5. Bonaparte, accompagné de Berthier, Lannes, Murat, Marmont, Andréossi, Bessières, et des trois savans Bertholet, Monge et Arnaud, s'embarque à Alexandrie pour revenir en France.
		g. 8. Les Anglais opèrent une descente au nord de la Hollande, et parviennent à s'y fortifier. *Voyez* 3e. jour complémentaire.
		h. 12. Le pape Pie VI meurt à Valence, dans sa 82e. année, et la 25e. de son pontificat. *Voyez* 9 nivose an 8.
767	14.	Loi relative à l'établissement des conseils de guerre particuliers dans les départemens déclarés en état de troubles. (*Bull.* no. 3239.)
		a. 17. Loi portant que la contribution foncière demeure fixée pour l'an 8 à la somme de 210 millions, et la contribution mobiliaire, personnelle et somptuaire, à celle de 40 millions ; qui supprime le décime par franc sur la contribution foncière, et le supplément aux contribu-

Législation civile et criminelle.		*Faits, Epoques et Lois remarquables.*
Nos.	Dates.	*FRUCTIDOR* AN 7. — *Août et Sept.* 1799.
		tions mobiliaire, personnelle et somptuaire, établi par la loi du 6 prairial dernier.
768	21.	Loi relative aux citations en témoignage des caissiers, sous-caissiers et contrôleurs de la trésorerie. (*Bull.* n°. 3249.)
		a. 24. La flotte hollandaise, commandée par le contre-amiral Story, se révolte et passe au pouvoir des Anglais, sans combat ni capitulation.
		b. 28. Dubois-Crancé, ex-conventionnel, remplace Bernadotte au ministère de la guerre.
		JOURS COMPLÉMENTAIRES. — *Sept.*
		c. 1er. Exposition dans la cour du Louvre des plus belles tapisseries des Gobelins, et de celles du Vatican, ainsi que des objets d'industrie qui ont obtenu le prix dans l'an 6. Tous les muséum de Paris sont ouverts.
		d. 3e. jour. Victoire remportée par l'armée française en Hollande, sous les ordres du général Brune : par suite, l'armée Anglo-Russes, commandée par le duc d'Yorck, est forcée de capituler le 26 vendémiaire, et d'évacuer la Hollande.
		VENDÉMIAIRE AN 8. — *Sept. et Oct.*
		e. 2. Le Conseil des Cinq-cents arrête que tous négociateurs, généraux etc. qui proposeraient ou consentiraient des traités tendans à morceller l'intégralité du territoire de la République, à modifier ou renverser la constitution de l'an 3, sont déclarés traîtres à la patrie, et seront punis de mort. *Voyez* 2 brumaire suivant.
		f. 8. Les drapeaux pris en Hollande sur l'armée

Législation civile et criminelle.		Faits, Epoques et Lois remarquables.
Nos.	Dates.	*VENDÉMIAIRE* AN 8. — *Sept. et Oct.* 1799.

Anglo-Russe, sont présentés au Directoire en séance solemnelle.

g. 11. Lois relatives aux honneurs à rendre aux militaires, fonctionnaires publics et autres citoyens qui ont rendu de grands services à la patrie. *Voyez* 29 ventose suivant.

h. 11. L'Institut reçoit du chevalier de Malthe Dolomieu, la nouvelle qu'il est dans les cachots en Sicile; qu'avec lui tout l'équipage du bâtiment sur lequel il revenait d'Égypte, et qui avait été forcé de relâcher par la tempête, a été arrêté et mis aux fers : il réclame l'intervention du gouvernement pour l'adoucissement de son sort. *Voyez* 29 pluviose an 9.

i. 16. Bonaparte débarque à Fréjus.

k. 18. Message du Directoire, annonçant que les armées françaises triomphent en Egypte, en Hollande et en Suisse.

Du 3 au 18. Bataille de Zurich, livrée aux Austro-Russes par le général Masséna, dans un espace de 60 lieues de terrein ; la victoire est par-tout fidèle aux Français. Sowarow se voit forcé d'abandonner la coalition.

l. 24. Arrivée de Bonaparte à Paris.

BRUMAIRE. — *Oct. et Nov.*

m. 1er. Lucien Bonaparte est élu président du conseil des Cinq-cents, et Lemercier président du conseil des Anciens.

n. 2. Le conseil des Anciens rejette à une grande majorité la résolution du 2 vendémiaire, relative à la défense de proposer des négociations qui pourraient porter atteinte à l'intégralité de la République.

o. 15. Fête donnée aux généraux Bonaparte et Moreau par le Corps législatif, dans le temple de la Victoire (ci-devant église Saint Sulpice).

Législation civile et criminelle.		Faits, Epoques et Lois remarquables.
Nos.	Dates.	BRUMAIRE AN 8. — Oct. Nov. et 1799.

p. 18. Le conseil des Anciens, convoqué extraordinairement à 8 heures du matin, en vertu du droit qui lui est attribué par l'art CII de la constitution, transfère pour le lendemain à midi les deux conseils dans la commune de Saint-Cloud : il charge le général Bonaparte de l'exécution de son décret, et adresse aux Français une proclamation sur la nécessité de cette mesure constitutionnelle pour opérer le salut commun, et rendre la paix intérieure, etc.

Bonaparte accepte la mission qui lui est donnée, et vient jurer à la barre du conseil des Anciens de faire exécuter son décret. Les Directeurs Sieyès et Roger-Ducos se rendent aux Tuileries. Bonaparte fait publier une adresse aux citoyens de Paris et aux soldats : *Depuis 2 ans*, dit-il, *la République est mal gouvernée ; ralliez-vous.... La liberté, la victoire et la paix la replaceront au rang qu'elle occupait en Europe, et que la trahison ou l'ineptie a pu seule lui faire perdre.*

La garde du Directoire quitte le Luxembourg, et va se ranger sous les ordres de Bonaparte.

q. 19. Le conseil des Cinq-cents se rend à Saint-Cloud, et ouvre sa séance à une heure et demie. Tous ses membres prononcent individuellement le serment de fidélité à la constitution.

Bonaparte paraît à la barre ; il est entouré et menacé par plusieurs députés ; ses jours et ceux de Lucien son frère, qui préside, sont exposés. Murat paraît à la tête des grenadiers, déclare le conseil dissous, *fait battre le pas de charge* ; les députés se précipitent par toutes les issues, et évacuent la salle.

A 6 heures du soir la séance est rouverte,

Législation civile et criminelle.		*Faits, Epoques et Lois remarquables.*
Nos.	Dates.	*BRUMAIRE* AN 8. — *Oct. et Nov.* 1799.

et le conseil arrête, 1°. qu'il n'y a plus de Directoire ; 2°. que 60 députés dénommés sont exclus du Corps législatif; 3°. que le gouvernement sera confié provisoirement à trois Consuls, lesquels seront les citoyens Sieyes, Roger-Ducos et Bonaparte ; 4°. que le Corps législatif est ajourné au 1er. ventose; 5°. qu'avant de se séparer, chaque conseil nommera dans son sein une commission de 25 membres, 6°. que ces deux commissions ne *pourront rien statuer que sur la proposition formelle et nécessaire des Consuls.*

De suite, cette résolution est approuvée par le conseil des Anciens.

r. 19. Déclaration faite par les deux conseils, portant que Bonaparte, les généraux, etc. ont bien mérité de la patrie.

COMMISSIONS LÉGISLATIVES.

CONSULS PROVISOIRES.

s. 20. Arrêté des Consuls par lequel sont bannis du territoire de la République, par mesure de sûreté, les ex-députés Destrem, Aréna, Marquezi et Truch; ainsi que Félix Lepelletier, Charles Hesse, Scipion Duroure, Gagny, Massard, Marchand, Lamberté, Xavier Audouin, Daubigny, Lebois, Soulavie et vingt autres individus.

Par le même arrêté, sont tenus de se rendre à la Rochelle les individus ci-après nommés : Briot, Antonelle, Lachevardière, Poulain-Grandprey, Grandmaison, Talot, Dauber-

Législation civile et criminelle.		*Faits, Epoques et Lois remarquables.*
Nos.	Dates.	*BRUMAIRE* an 8. — *Oct. et Nov.* 1799.
		menil, Frison Declercq, Lesage-Senault, Prudhon, Groscassand-Dorimond, Guesdon, Julien (de Toulouse), Santonax, Tilly ex-chargé d'affaires à Gênes, Stevenotte, Gastaing, Bouvier et Delbrel.
		t. 20. Les consuls nomment Berthier ministre de la guerre, Gaudin ministre des finances, et Laplace, membre de l'institut, ministre de l'intérieur ; ils confirment les citoyens Cambacérès, Bourdon et Fouché, ministres de la justice, de la marine, et de la police.
		u. 22. Loi qui abroge celle du 24 messidor an 7, sur les ôtages, etc.
		v. 22. Beaucoup de personnes dont la conduite est suspecte sont arrêtées : on remarque dans le nombre le général *Santerre*.
769	25.	Loi qui autorise une adjonction de jurés et de juges, pour suivre les débats dans les procès criminels d'une étendue considérable. (*Bull.* nº. 3, 26.)
		a. 25. Loi qui prescrit à tous les fonctionnaires publics de prêter le serment *d'être fidèle à la République une et indivisible, fondée sur l'égalité, la liberté et le système représentatif*. *Voyez* 21 nivose suivant.
		b. 27. Loi qui abroge celle du 10 messidor an 7, portant établissement d'un emprunt progressif de 100 millions : il est remplacé par une subvention extraordinaire de guerre, du quart du principal des contributions.
		c. 26. Les effets publics haussent chaque jour, ils sont déjà à une valeur double de celle (11 fr. 50 cent.) qu'ils avaient avant le 18 brumaire.
		d. 29. Les naufragés de Calais, traînés de prison en prison sous le règne du Directoire et menacés, comme émigrés, de subir la peine de mort, sont conduits au château de Ham.

Législation civile et criminelle.		*Faits, Époques et Lois remarquables.*
N°s.	Dates.	*BRUMAIRE* AN 8. — *Oct. et Nov.* 1799.
		Le 18 frimaire suivant, ils sont déportés hors de France.
		e. 29. Les Consuls envoyent des membres du Corps législatif dans les différentes divisions militaires, pour fortifier l'esprit public, et réparer les maux les plus urgens.
		FRIMAIRE — Nov. et Déc.
		f. 1er. Talleyrand-Périgord est nommé ministre des relations extérieures, et Forfait ministre de la marine.
		g. 3. Loi qui supprime les agences des contributions directes, et ordonne l'établissement de directions pour en assurer le recouvrement.
		h. 4. Arrêté des Consuls qui modifie celui du 20 brumaire, et met sous la surveillance du ministre de la police les individus qui devaient être déportés. *Voyez* 5 nivose suivant.
		i. 6. Loi relative aux obligations et cautionnemens à fournir par les receveurs-généraux de département, lesquels seront versés dans une *caisse d'amortissement*, créée à cet effet et destinée à l'extinction de la dette publique.
770	8.	Arrêté des Consuls qui rapporte les arrêtés, tant individuels que collectifs, qui pourraient avoir été pris en exécution de la loi du 19 fructidor an 5, par le directoire, à l'égard de prêtres qui seraient ou assermentés ou mariés, ou qui n'exercent plus de fonctions. (*Bull.* n°. 3469.)
		a. 10. Organisation de la garde des Consuls. Elle est composée de 1100 hommes, et le général Murat en est nommé commandant.
		b. 11. Loi qui fixe au cinquième du revenu net la contribution foncière pour l'an 8.
771	19.	Loi qui autorise les tribunaux des pays infestés par les rebelles à se transporter dans d'autres

Législation civile et criminelle.		*Faits, Epoques et Lois remarquables.*
N°s.	Dates.	*FRIMAIRE* AN 8. — *Nov. et Déc.* 1799.
		communes, pour y rendre la justice. (*Bull.* n°. 3462.)
		a. 19. Loi qui fixe définitivement la valeur du mètre et du kilogramme.
772	22.	Loi qui détermine la manière dont sera faite la reconnaissance d'un individu évadé et repris. (*Bull.* n°. 3463.)
		a. 22. Les Commissions des deux conseils et les Consuls provisoires Sieyès et Roger-Ducos se rendent dans l'appartement du Consul Bonaparte et *signent la nouvelle constitution*, par laquelle *Bonaparte ex-Consul provisoire est nommé premier Consul, Cambacérès ex-ministre de la justice second Consul, et Lebrun ex-membre du conseil des Anciens troisième Consul :* le second et le troisième Consul auront seulement voix consultative.
773	22	Dispositions générales sur les tribunaux civils et criminels, et sur la haute-cour nationale, titre V de la *constitution.*
		a. 23. Loi qui règle la manière dont la constitution sera présentée au peuple français.
		b. 24. Proclamation des Consuls aux français. *La révolution*, dit cette proclamation, *est fixée aux vrais principes, elle est finie.*
		c. 24. Arrêté pour le remboursement par voie de loterie d'une somme de 12 millions offerte par les banquiers, négocians, etc. de Paris, pour subvenir aux besoins les plus urgens du Gouvernement.
774	25.	Loi qui attribue aux tribunaux de police correctionnelle, la connaissance de divers délits. (*Bull.* n°. 3471.)
		a. 25. Loi relative à l'organisation de l'école polytechnique.
		b. 26. Loi qui dispense de la formalité du timbre et de l'enregistrement les actes relatifs à la liquidation de la dette publique.

Loi

Législation civile et criminelle.		*Faits, Epoques et Lois remarquables.*
Nos.	Dates.	*FRIMAIRE* AN 8. — *Nov. et Déc.* 1799.
775	29.	Loi qui détermine la manière dont les copies des pièces seront délivrées aux accusés. (*Bull.* nº. 3483.)
		a. 30. Projet de *code civil*, présenté par Jacminot à la commission législative du conseil des Cinq-cents au nom de la section de législation, divisé en neuf titres, dont le 1er. traite du mariage, le 2e. du divorce, le 3e. de la paternité et de la filiation, le 4e. de la puissance paternelle, le 5e. des majeurs et de l'interdiction, le 6e. des mineurs, de la tutelle et de l'émancipation, le 7e. des donations entre-vifs et à cause de mort, le 8e. des successions, et le 9e. des droits respectifs des époux.
		NIVOSE. — Déc. et Janv.
		b. 1er. Loi qui donne le domaine de Crosne, département de Seine-et-Oise, en toute propriété au citoyen Sieyès, à titre de récompense nationale.
		c. 3. Loi sur la mise en activité de la constitution, et qui met la garde du Corps législatif à la disposition des Consuls, chargés de fournir une garde d'honneur au Sénat conservateur, au Corps législatif et au Tribunat; qui détermine le costume des Législateurs et des Tribuns; qui affecte à l'habitation des Consuls, le palais des *Tuileries*; celui du *Luxembourg* au Sénat conservateur; celui des *Cinq-cents* au Corps législatif, et le *Palais-Egalité* au Tribunat.
		d. 3. Loi qui supprime toutes les fêtes nationales, excepté celles du 14 juillet et du 1er. vendémiaire.
		e. 3. Loi relative aux réclamations en matière de contribution personnelle, mobiliaire et somptuaire. *Voyez* 24 floréal an 8.

Législation civile et criminelle.		*Faits, Époques et Lois remarquables.*
Nos.	Dates.	*NIVOSE* AN 8. — *Déc.* 1799 *et Janv.* 1800.
		f. 3. Loi portant que les individus déportés sans jugement préalable, par des actes législatifs, pourront rentrer en France avec l'autorisation du Gouvernement.
		g. 3. Les citoyens Cambacérès et Lebrun second et troisième Consuls, Sieyès et Roger-Ducos, Consuls sortans, se réunissent pour nommer vingt-neuf citoyens qui, avec les citoyens Sieyès et Roger-Ducos, doivent former la majorité du Sénat conservateur, aux termes de l'art. XXIV de la constitution.
		h. 4. Les Consuls et le Sénat conservateur entrent en fonctions. Le Sénat procède au complément du nombre de soixante, dont il doit être composé d'après l'art. XV de la constitution. Le premier Consul nomme les membres qui doivent former le Conseil d'état. Le Conseil d'état sera divisé en cinq sections. Quatre conseillers d'état seront spécialement chargés, l'un, le citoyen Dufresne, de la direction du trésor public ; le citoyen Lescalier, des colonies ; le citoyen Regnier, des domaines nationaux ; le citoyen Cretet, des ponts-et-chaussées. *Voyez* 17 ventose an 11.
		i. 4. Arrêté des Consuls qui règle le mode et la nature des récompenses nationales qui, d'après l'art. LXXXVII de la constitution, doivent être accordées aux guerriers qui auront rendu des services éclatans à la République.
		k. 4. Abrial est nommé ministre de la justice, et Lucien Bonaparte ministre de l'intérieur.
776	5.	Dispositions sur le mode de préparation de la loi et le jugement des conflits de juridiction. (Art. IX, X et XI du *réglement* pour l'organisation du conseil d'état.) (*Bull.* no. 3504.)
		a. 5. Arrêté des Consuls qui lève la surveillance

Législation civile et criminelle.		*Faits, Époques et Lois remarquables.*
Nos.	Dates.	*NIVOSE* AN 8. — *Dec.* 1799 *et Janv.* 1800.
		du ministre de la police sur les individus dénommés dans l'arrêté du 4 frimaire dernier.
		b. 5. Loi qui convoque le Corps législatif et le Tribunat pour le 11 du courant, dans les palais qui leur sont assignés, et leur attribue respectivement la police dans l'enceinte des lieux de leurs séances.
		c. 5. Le Sénat conservateur procède aux nominations des trois cents membres du Corps législatif et des cent membres du Tribunat.
		d. 5. Le premier Consul écrit *directement* au roi d'Angleterre pour l'engager à mettre un terme aux horreurs de la guerre. Le 30 suivant, réponse de lord Grenville à M. de Talleyrand, ministre des relations extérieures; il déclare que le roi n'a pas jugé à propos de se départir de la *forme usitée* dans les négociations, et refuse d'écouter les propositions de paix, fondé sur le peu de garantie qu'offre le Gouvernement français.
		e. 9. Les Consuls arrêtent que les restes de Pie VI, laissés sans sépulture dans la ville de Valence, seront inhumés avec les honneurs d'usage pour ceux de son rang.
		GOUVERNEMENT CONSULAIRE.
		1re. SESSION DU CORPS LÉGISLATIF.
		f. 11. Entrée en fonctions du Corps législatif et du Tribunat.
		g. 15. Arrêté portant suppression du syndicat du commerce.
777	19.	Loi concernant les opérations et communications respectives du Gouvernement, du Tri-

Législation civile et criminelle.		*Faits, Epoques et Lois remarquables.*
Nos.	Dates.	*NIVOSE* AN 8. — *Déc.* 1799 *et Janv.* 1800.
		bunat et du Corps législatif, pour la formation de la loi. (*Bull.* no. 1, 3e. série.)
		a. 21. Loi qui exige de tous les fonctionnaires publics, membres des autorités administratives et judiciaires, ministres du culte, et instituteurs la promesse, unique et uniforme, *d'être fidèle à la constitution.*
		b. 21. Proclamation et arrêté des Consuls pour la destruction des rebelles dans les départemens de l'Ouest.
		c. 26. L'empire de la constitution est suspendu dans les départemens des Côtes-du-Nord, d'Ille-et-Villaine, du Morbihan et de la Loire-Inférieure.
778	27.	Arrêté qui limite le nombre des journaux, et les soumet à la censure du ministre de la police. (*Bull.* no. 3535, 2e. série.)
779	28.	Arrêté relatif au mode de promulgation des lois. Il y aura dans le cabinet de travail des Consuls un coffre dans lequel seront déposés les sceaux de la République et les décrets du Corps législatif jusqu'à leur promulgation, etc. (*Bull.* nos. 7, 3e. série.)
		a. 28. Royer évêque constitutionnel de la Seine, écrit au premier Consul, pour l'inviter à rappeler son prédécesseur, M. de Juigné, ci-devant archevêque de Paris.
780	29.	Formule de promulgation des lois, déterminée par les Consuls : *Au nom du Peuple français, Bonaparte, premier Consul, proclame,* etc. (*Bull.* no. 306.)
		a. 29. Les généraux Brune et Hédouville, commandans l'armée de l'Orient, parviennent à pacifier plusieurs départemens insurgés : la division de chouans de Châtillon met bas les armes.

Législation civile et criminelle.		*Faits, Epoques et Lois remarquables.*
Nos.	Dates.	*PLUVIOSE* AN 8. — *Janv. et Fév.* 1800.
		b. 1er. Arrêté concernant l'administration du trésor public et la suppression des commissaires de la trésorerie.
		c. 3. Le nom de *Madame* est substitué à celui de *Citoyenne*, le premier Consul introduit chez lui cette réforme dans le cérémonial.
781	5.	Avis du Conseil d'état qui décide que la date de la loi est le jour de son émission par le Corps législatif, et non celui de sa promulgation. (*Bull.* n°. 37.)
		a. 5. Convention d'El-Arisch, conclue entre le général Desaix, muni de pleins pouvoirs de la part du général Kléber, et les plénipotentiaires du Grand-Visir, pour l'évacuation de l'Egypte. *Voyez* 29 ventose suivant.
		b. 7. Le premier Consul fait notifier à l'ex-ministre Cochon, à l'ex-directeur Carnot, aux ex-députés Siméon, Doumerc, Muraire, et au contre-amiral Villaret-Joyeuse, que toute surveillance cesse à leur égard.
		c. 18. Proclamation des Consuls sur l'acceptation de la constitution. Sur 3,012,569 votans, 1562 l'ont rejetée, 3,011,007 l'ont acceptée.
		d. 18. Le premier Consul charge le ministre de l'intérieur de faire placer dans la grande galerie des Tuileries les statues de Démosthènes, d'Alexandre, d'Annibal, de Scipion, de Brutus, de Cicéron, de Caton, de César, de Gustave-Adolphe, de Turenne, du Grand-Condé, de Dugay-Trouin, de Marlbouroug, du prince Eugène, du maréchal de Saxe, de Wasingthon, du grand Frédéric, de Mirabeau, de Dugommier, de Dampierre, de Marceau et de Joubert, et par arrêté postérieur celui de Hoche.
		e. 21. Première distribution, à Paris, des soupes à la *Rumfort*, en faveur des indigens.
		f. 21. Les Consuls notifient au Corps législatif

Législation civile et criminelle.		*Faits, Epoques et Lois remarquables.*
Nos.	Dates.	*PLUVIOSE* AN 8. — *Janv. et Fév.* 1800.
		l'acceptation par les français de l'acte constitutionnel.
	g. 28.	Loi sur la division du territoire français en départemens et arrondissemens communaux, sur l'institution des commissaires généraux de police, des préfets, sous-préfets, maires et adjoints, et sur celle des conseils de préfecture, d'arrondissement, et municipaux.
	h. 30.	Les Consuls, accompagnés des Ministres, des Conseillers d'état, etc. partent du Luxembourg escortés d'un nombreux cortége; la voiture du premier Consul est attelée de six chevaux blancs, dont l'Empereur lui fit présent lors de la signature de la paix à Campo-Formio. Le Gouvernement s'installe au palais des Tuileries. Bonaparte passe ensuite la revue des troupes sur la place du Carrousel.
		VENTOSE. — *Fév. et Mars.*
	i. 2.	Le premier Consul reçoit les ambassadeurs des puissances neutres et alliées, plusieurs lui remettent leurs lettres de créance.
	k. 5.	Loi portant qu'il sera établi des octrois municipaux et de bienfaisance dans les villes dont les hospices civils n'ont pas de revenu suffisant pour leurs besoins.
	l. 6.	Premier bal masqué à l'Opéra depuis la révolution; il s'y porte une grande affluence de monde.
	m. 7.	Loi sur les cautionnemens à fournir par les notaires, par les régisseurs, administrateurs et employés des administrations de l'enregistrement et des domaines, des douanes, des postes et de la loterie.
	n. 8.	Madame Adélaïde, tante de Louis XVI, meurt à Trieste, âgée de 67 ans.

Législation civile et criminelle.		*Faits, Epoques et Lois remarquables.*
Nos.	Dates.	*VENTOSE* AN 8. — *Fév. et Mars* 1800.
		o. 12. Loi qui détermine le mode d'application des lois relatives à l'émigration, et qui décide que *tout individu qui, depuis le 4 nivose dernier*, jour de la mise en activité de la constitution, *se serait absenté de France ou s'en absentera à l'avenir, ne sera plus soumis aux lois sur l'émigration.*
		p. 13. Joseph Bonaparte, Fleurieu et Rœderer sont nommés par le premier Consul, pour traiter de la paix avec la République des Etats-Unis.
782	17.	Dispositions par lesquelles l'article LV de la loi du 19 fructidor an 6, relatif aux successions, donations, etc. dévolues aux déserteurs, est rapporté, et qui prononcent contre eux une amende de 1,500 francs, laquelle sera rendue exécutoire par le tribunal du domicile du déserteur. (Art. IX, X et XI de la *loi* qui met à la disposition du Gouvernement tous les français dont la vingtième année a été accomplie avant le 1er. vendémiaire an 8.)
		a. 17. Proclamation des Consuls aux français, relative à l'ouverture de la campagne. Les citoyens sont invités à payer leurs contributions et à marcher avec le premier Consul, pour combattre l'ennemi commun.
		Arrêté pour la formation d'une armée de réserve forte de 60,000 hommes.
		b. 17. Arrêté relatif à l'installation, aux fonctions et costume des préfets, au traitement et costume des secrétaires de préfecture, préfet de police de Paris et commissaires généraux de police.
		c. 22. Le cardinal Charamonte, évêque d'Imola, est élu pape à Venise, et prend le nom de Pie VII.
783	23.	Arrêté concernant l'établissement de bureaux de plombage des marchandises expédiées à l'étran-

Législation civile et criminelle.		*Faits, Époques et Lois remarquables.*
Nos.	Dates.	*VENTOSE* AN 8. — *Fév. et Mars* 1800.
		ger, et les peines contre les altérations de plombs. (*Bull.* n°. 85.)
		a. 25. Loi qui proroge pour l'an 9 les contributions directes et indirectes de l'an 8, sauf une diminution de 10 millions sur les contributions personnelle, mobiliaire et somptuaire, et qui détermine la répartition des unes et des autres entre les départemens.
784	27.	Loi sur la nouvelle organisation des tribunaux, qui rétablit les avoués, et porte que les fonctions des juges, greffiers et huissiers seront à vie, etc. (*Bull.* n°. 103.)
785	27.	Loi relative aux fonctions du ministère public près les tribunaux de police. (*Bull.* n°. 104.)
		a. 27. Loi portant établissement de receveurs particuliers des contributions, et qui les assujétit à verser un cautionnement dans la caisse d'amortissement.
		b. 28. Proclamation des Consuls qui, en vertu de l'article XXXIII de la constitution, convoque extraordinairement le Corps législatif au 1er. germinal, pour demeurer en session jusqu'au 10 du même mois.
		c. 29. Arrêté portant qu'il sera élevé dans le chef-lieu de chaque département, sur la place principale, une colonne à la mémoire des braves morts au service de la patrie et de la liberté; qu'il sera élevé sur la place de la *Concorde* à Paris, une colonne nationale sur laquelle seront inscrits les noms des militaires morts après avoir rendu des services majeurs.
		d. 29. L'Angleterre s'étant opposée à l'exécution du traité conclu le 5 pluviose dernier, pour l'évacuation de l'Egypte, le général Kléber attaque l'armée turque et la met dans une déroute complette.

Législation civile et criminelle.		*Faits, Époques et Lois remarquables.*
Nos.	Dates	*GERMINAL* AN 8. — *Mars et Avril* 1800.
		IIe. SESSION DU CORPS LÉGISLATIF.
		c. 1er. Arrêté sur la division du Prytanée français en quatre grands collèges placés, le 1er. à Paris, le 2e. à Fontainebleau, le 3e. à Versailles, et le 4e. à Saint-Germain-en-Laye.
786	4.	Loi relative à la quotité des libéralités que l'on peut faire par actes entre-vifs ou de dernière volonté. (*Bull.* n°. 100.) *Voyez* 3 ventose an 10.
		a. 4. Arrêté qui ordonne l'établissement d'un Conseil de santé près du ministre de la guerre.
787	6.	Arrêté portant création d'un conseil des prises maritimes. (*Bull.* n°. 112.)
788	6.	Loi relative au mode de nomination des jurés. (*Bull.* n°. 116.)
789	6.	Loi portant que le commissaire du gouvernement a le droit d'exercer les récusations sur la liste des jurés spéciaux, comme sur celle des jurés ordinaires. (*Bull.* n°. 117.)
		a. 7. Loi portant diminution de la taxe d'entretien des routes.
		b. 10. Clôture de la session extraordinaire du Corps législatif.
		c. 12. Arrêté qui appelle Carnot au ministère de la guerre à la place de Berthier, nommé général de l'armée de réserve qui se rassemble à Dijon.
790	14.	Avis du conseil d'état sur la manière dont un conseiller d'état peut être entendu en témoignage. (*Bull.* n°. 314.)
791	18.	Acte du Sénat conservateur, qui nomme les juges du tribunal de cassation. (*Bull.* n°. 123.)

Législation civile et criminelle. N°s.	Dates	*Faits, Époques et Lois remarquables.*
		GERMINAL AN 8. — *Mars et Avril* 1800.
792	24.	Arrêté qui détermine le costume des fonctionnaires publics de l'ordre judiciaire. (*Bull.* n°. 160.)
		FLORÉAL. — *Avril et Mai.*
		a. 3. Arrêté qui divise en grades le service du département des relations extérieures, pour la partie des agences politiques.
		b. 5 et 7. Passage du Rhin par trois divisions de l'armée du général Moreau ; sur tous les points l'ennemi est battu et se retire.
		c. 7. Arrêté qui permet de donner aux poids telle forme que l'on veut.
		d. 7. Réglement sur l'organisation de la marine. Le territoire maritime de la République est divisé en six arrondissemens, dont les chef-lieux sont Dunkerque, le Havre, Brest, l'Orient, Rochefort et Toulon. Le gouvernement y est représenté par un préfet et un inspecteur maritime.
		e 16. Le premier Consul part pour Genève avec le général Brune et les conseillers d'état Petiet et Dejean.
		f. 17. Arrêté qui régle le costume des sous-préfets, des maires, des commissaires de police, etc.
793	19.	Dispositions pour rendre uniformes les actes de l'état civil, article X de l'*arrêté* des Consuls sur la nomination des maires et adjoints des communes au-dessous de cinq mille ames. (*Bull.* n°s. 173 et 183.)
		a. 24. Arrêté relatif aux réclamations en matière de contribution.
		b. 26. L'avant-garde de l'armée de réserve passe le mont Saint-Bernard, et se porte sur Aoste.

Législation civile et criminelle.		*Faits, Epoques et Lois remarquables.*
Nos.	Dates.	*PRAIRIAL* AN 8. — *Mai et Juin* 1800.
794	4.	Réglement pour le service du tribunal de cassation. (*Bull.* n°. 325.)
		a. 8. Arrêté relatif au placement et à l'organisation des archives nationales.
795	13.	Avis du conseil d'état, relatif à l'application de la loi du 10 vendémiaire an 4, sur la police des communes. (*Bull.* n°. 328.)
		a. 13. Entrée des Français à Milan.
796	16.	Arrêté des Consuls, qui prescrit un nouveau mode pour l'exécution de celui du 12 prairial an 4, relatif à la vérification de l'époque à laquelle les lois deviennent obligatoires dans chaque département. (*Bull.* n°. 188.) *Voyez* 14 ventose an 11.
		a. 13. Masséna est forcé par la disette de capituler et de rendre Gênes à l'amiral Keith, commandant la flotte anglaise.
		b. 16. Les Anglais opèrent un débarquement sur la presqu'île de Quiberon : le 17 ils sont forcés de se rembarquer.
		c. 25. Célèbre bataille de *Maringo*, dans laquelle l'armée de réserve commandée par le Consul Bonaparte, remporte une victoire long-temps disputée, et qui coûte le vie au brave Desaix, à peine arrivé de l'armée d'Egypte.
		d. 25. Le général Kléber, général en chef de l'armée d'Egypte, est assassiné au Caire par un affidé de l'Aga des Janissaires ottomans. Menou lui succède dans le commandement de l'armée.
		e. 27. Arrêté portant réglement sur les franchises et contre-seings. *Voyez* 15 brumaire an 9.
		f. 27. Suspension d'armes et armistice entre les généraux des armées française et impériale en Italie : l'une des conditions est que les châteaux de Tortone, Alexandrie, Milan, Turin, Pizzightone, d'Arona, de Plaisance, seront remis à l'armée française.

Législation civile et criminelle.		*Faits, Époques et Lois remarquables.*
Nos.	Dates.	*PRAIRIAL* AN 8. — *Mai et Juin* 1800.
797	28.	Avis du Conseil d'Etat, qui décide que les juges de commerce ne sont pas à vie. (*Bull.* n°. 201.)
798	29.	Avis du Conseil d'Etat sur la peine à infliger pour les délits prévus par la loi du 29 nivose an 6, et non encore jugés. (*Bull.* n°. 219.)
		a. 29. Arrêté qui autorise l'envoi du bulletin des lois à tous les fonctionnaires publics, au moyen d'une légère souscription.
		b. 29. Le premier Consul assiste à un *Te Deum* chanté dans la cathédrale de Milan, en l'honneur du succès des armes françaises. *Il est reçu à la porte par tout le clergé, et conduit sur une estrade sur laquelle on avait coutume de recevoir les consuls et premiers magistrats de l'empire d'Occident.*
		MESSIDOR. — *Juin et Juillet.*
799	8.	Arrêté des Consuls, relatif au traitement des greffiers des tribunaux. (*Bull.* n°. 210.)
		a. 8. Détermination du costume des conseillers de préfecture et des maires et adjoints à la nomination du premier Consul.
		b. 8. Arrêté des Consuls, portant que le corps du général Desaix sera transporté au couvent du grand Saint-Bernard, où il lui sera élevé un tombeau; que les noms des demi-brigades, des régimens de cavalerie, etc. qui ont combattu à Maringo, seront gravés sur une table de marbre placée vis-à-vis de ce monument.
800	12.	Arrêté qui détermine les fonctions du préfet de police et de ses agens. (*Bull.* n°. 214.)
		a. 13. Retour de Bonaparte à Paris, le canon annonce son arrivée; la ville est illuminée en l'honneur du triomphateur de l'Italie.
		b. 14. Le nouveau pape fait son entrée à Rome.
801	18.	Arrêté portant que les minutes existantes dans les

Législation civile et criminelle.		*Faits, Epoques et Lois remarquables.*
N^os^.	Dates.	*MESSIDOR* AN 8. — *Juin et Juillet* 1800.
		greffes des tribunaux supprimés seront confiées à la garde des greffiers des tribunaux d'appel ou de première instance, qui seront établis dans les villes où existaient les tribunaux supprimés. (*Bull.* n°. 213.)
		a. 25. Les Consuls, les ministres, etc. escortés de troupes à cheval, se rendent à midi sur la place de la Concorde, où le ministre de l'intérieur pose la première pierre de la colonne nationale.
		b. 26. Le général Moreau, à la suite de nombreuses victoires qui l'ont conduit jusqu'au cœur de l'Allemagne, signe un armistice avec le général autrichien.
		THERMIDOR. — *Juillet et Août.*
		c. 2. Arrivée du comte de Saint-Julien à Paris, pour traiter des conditions des armistices des armées du Rhin et d'Italie.
802	4.	Avis du Conseil d'Etat, portant que les baux à *complant*, usités dans le département de la Loire-inférieure, ne peuvent être assimilés aux rentes féodales et ne donnent au preneur aucun droit sur la propriété. (*Bull.* n°. 278.)
803	7.	Arrêté qui fixe le jour des publications de mariage. (*Bull.* n°. 228.) *Voyez* 13 floréal an 10.
804	7.	Arrêté relatif à l'observation des jours fériés. (*Bull.* n°. 227.)
		a. 9. Articles préliminaires de paix, signés par le citoyen Talleyrand, ministre des relations extérieures et le comte de Saint-Julien, envoyé de l'empereur, et ratifiés par le premier Consul vingt-quatre heures après. L'empereur refuse sa ratification. *Voyez* 3e. jour complémentaire.

Législation civile et criminelle.		*Faits, Époques et Lois remarquables.*
Nos.	Dates.	*THERMIDOR* AN 8. — *Juil. et Août* 1800.
		b. 16. Réglement sur le recouvrement des contributions directes et l'exercice des contraintes.
805	22.	Arrêté relatif à la nomination, à l'installation et au service des huissiers. (*Bull.* n°. 246.)
		a. 23. Arrêté des Consuls, portant qu'à compter du deuxième sémestre de l'an 8, les rentes et pensions sur l'état seront payées en numéraire.
806	24.	Arrêté portant nomination d'une commission composée des citoyens Portalis, Tronchet, Bigot-Préamenen et Malleville, pour rédiger un projet de *Code civil.*
807	25.	Avis du Conseil d'Etat, portant qu'il n'y a pas lieu à proroger les dispositions de la loi du 26 frimaire an 3, sur l'emploi des détenus âgés de seize ans. (*Bull.* n°. 245.)
		a. 30. Traité de paix entre la République française et la régence d'Alger.
		FRUCTIDOR. — *Août et Sept.*
		b. 1er. jour. Circulaire adressée par le ministre de l'intérieur aux préfets, et qui les invite à désigner dans leurs départemens, pour assister à la fête du 1er. vendémiaire, trois citoyens pris dans les fonctionnaires publics et dans la classe aisée : ils seront présentés aux Consuls.
808	5.	Arrêté qui détermine quels sont les tribunaux qui peuvent prendre des vacances, et le nombre d'audiences qu'ils devront donner par mois. (*Bull.* n°. 253.) *Voyez* le 18.
		a. 7. Arrêté portant qu'il sera établi des succursales de la maison nationale des Invalides.
809	18.	Arrêté qui ordonne l'exécution provisoire des lois des 6 et 20 mars 1791, relatives à la procédure, aux avoués, greffiers, frais de justice, etc. (*Bull.* n°. 268.)
810	18.	Arrêté relatif au service des tribunaux divisés par

Législation civile et criminelle.		*Faits, Epoques et Lois remarquables.*
Nos.	Dates.	*FRUCTIDOR* AN 8. — *Août et Sept.* 1800.

sections pendant la durée des vacances. (*Bull.* n°. 271.)

a. 18. Capitulation du général Vaubois, assiégé à Malte pendant deux ans; il remet la ville et les forts aux Anglais.

b. 19. Arrêté portant que tous les individus déportés à la Guyane française, seront transportés et mis en surveillance dans les îles de Ré et d'Oleron.

c. 19. Arrêté qui ordonne l'érection sur la place des Victoires, d'un monument à la mémoire des généraux Desaix et Kléber, qui ont bien mérité de la patrie.

d. 22. Arrêté portant que les départemens de la Roër, de la Sarre, du Mont-Tonnerre et de Rhin-et-Moselle seront assimilés aux autres départemens de la République.

e. 27. Etablissement à Lyon d'un collége formant une division du Prytanée.

f. 28. Avis du Conseil d'Etat sur la manière d'acquitter les frais de perception des contributions directes.

g. 30. En exécution d'un arrêté des Consuls, du 17 ventose dernier, le nom du *département des Vosges*, comme étant celui qui s'est le plutôt acquitté du paiement de ses contributions, est proclamé et donné à la place ci-devant *Royale* de Paris.

JOURS COMPLÉMENTAIRES. — Sept.

h. 1er. Fête de la fondation de la République.

Les Consuls, accompagnés des ministres, des conseillers et secrétaires d'état, et de l'état-major à cheval, se rendent place des Victoires : le premier Consul pose la première pierre du monument à élever aux généraux

Législation civile et criminelle.		*Faits, Epoques et Lois remarquables.*
Nos.	Dates.	*JOURS COMPLEMENT.* AN 8. — *Sept.* 1800.
		Kléber et Desaix ; et le sénateur Garat fait l'éloge funèbre de ces deux guerriers.
		i. 3e. Convention d'une prolongation de suspension d'armes entre l'armée française du Rhin, et l'armée de sa majesté impériale en Allemagne. En garantie des intentions pacifiques de l'empereur, les places d'Ulm, Ingolstad et Philisbourg seront remises à l'armée française, etc. *Voyez* 6 brumaire suivant.
		k. 5e. Le corps de Turenne est transporté en grande pompe du Muséum de la rue des Petits-Augustins, au temple de Mars (église des Invalides) ; les ministres de l'intérieur et de la guerre sont à la tête du cortège.
		VENDÉMIAIRE AN 9. — *Sept. et Oct.*
		l. 1er. Le sénateur Clément de Ris est enlevé par des hommes armés, dans sa maison de campagne de Beauvais-sur-Cher, et conduit dans un lieu ignoré. Son sort reste incertain jusqu'au 18, qu'il est découvert et remis en liberté par les soins d'agens de la police. *Voyez* 7 fructidor suivant.
811	3.	Arrêté relatif aux fonctions de grand juge dans les cours martiales maritimes. (*Bull.* no. 340.)
		a. 4. Arrêté des Consuls, portant qu'il sera fait trois tirages par mois de la loterie nationale, et qu'il sera établi des tirages particuliers dans les villes de Bordeaux, Bruxelles, Lyon et Strasbourg.
		b. 8. Traité d'amitié et de commerce entre la France et les Etats-Unis.
		c. 16. Alexandre Berthier est nommé ministre de la guerre, en remplacement de Carnot, démissionnaire.
		d. 18. Arrestation de Cerracchi, Demerville et Aréna,

Législation civile et criminelle.		Faits, Époques et Lois remarquables.
Nos.	Dates.	*VENDÉMIAIRE* AN 9. — *Sept. et Oct.* 1800.
		Aréna, accusés d'avoir voulu assassiner Bonaparte à l'Opéra.
		Le Consul, instruit de leurs projets criminels, ne change pas son projet de se rendre au spectacle. *Voyez* 11 pluviose suivant.
812	19.	Arrêté qui prescrit aux juges et suppléans un délai pour se faire recevoir, et passé lequel il sera pourvu à leur remplacement. (*Bull.* n°. 351.)
		a. 22, 24 et 25. Le Sénat conservateur, le Tribunat et les premières autorités du département de la Seine, se rendent chez le premier Consul, et lui témoignent les vives allarmes que leur a causées la nouvelle du danger que ses jours ont couru.
		b. 25. Arrêté portant que la première des tables décennales de l'état civil devra être faite dans le courant de l'an 11, pour les dix années antérieures.
		c. 25. Arrêté portant que les propriétaires forains pourront exercer les fonctions de membres des conseils municipaux des communes.
		d. 28. Arrêté des Consuls, qui désigne les individus qui doivent être éliminés de la liste des émigrés, et ceux qui doivent y être maintenus.
		Il résulte d'observations publiées depuis, que le nombre des individus à éliminer d'après cet arrêté, monte à 52,099.
		BRUMAIRE. — *Oct. et Nov.*
		e. 3. L'autorité du préfet de police de Paris s'étendra sur les communes de Saint-Cloud, Meudon et Sèvres.
813	5.	Arrêté qui détermine les fonctions des commissaires généraux de police, et des commissaires qui leur sont subordonnés. (*Bull.* n°. 373.)
		a. 6. Arrivée à Paris de M. de Cobentzel et de

Législation civile et criminelle.		*Faits, Époques et Lois remarquables.*
Nos.	Dates.	*BRUMAIRE* AN 9. — *Oct. et Nov.* 1800.
		M. de Luchezini, ministres plénipotentiaires de l'empereur et du roi de Prusse, chargés de traiter de la paix à Lunéville, conjointement avec Joseph Bonaparte, nommé par le premier Consul pour stipuler les intérêts de la République française. *Voyez* 7 frimaire et 4 nivose suivant.
814	7.	Arrêté relatif à l'établissement des bureaux de pesage, mesurage et jeaujage public, et à la punition des infidélités dans les poids, etc. (*Bull.* n°. 374.)
815	13.	Arrêté qui détermine le mode d'exécution du système décimal des nouveaux poids et mesures, et qui fixe l'époque définitive de sa mise en activité, au 1er. vendémiaire an 10 pour toute la République. (*Bull.* n°. 383.)
		a. 15. Arrêté relatif au paiement des sommes dues aux hospices civils, et aux capitaux à leur accorder en remplacement de leurs biens aliénés.
		b. 15. Chaptal est chargé par *intérim* du portefeuille du département de l'intérieur. *Voyez* 1er. pluviose suivant.
		c. 15. Arrêté additionnel à celui du 27 prairial an 8, sur les franchises et contre-seings.
		d. 19. Proclamation et arrêté relatifs à l'ouverture de la session du Corps législatif pour le 1er. frimaire prochain.
		e. 28. Audrein, ex-conventionnel et évêque de Quimper, se rendant dans la diligence de Brest à Morlaix, est fusillé par des chouans, pour avoir, lui disent-ils, *voté trois fois la mort du roi.*

Législation civile et criminelle.		*Faits, Epoques et Lois remarquables.*
Nos.	Dates	*FRIMAIRE* AN 9. — *Nov. et Déc.* 1800.
		IIIe. SESSION DU CORPS LÉGISLATIF.
		f. 1er. jour. Ouverture de la 3e. session du Corps législatif. Le ministre de l'intérieur présente, au nom des Consuls, l'exposé de la situation de la République.
		g. 7. Reprise des hostilités entre les armées française et autrichienne ; M. de Cobentzel n'ayant pas voulu traiter de la paix sans le concours de l'Angleterre.
		h. 12. Bataille de *Hohenlinden*, gagnée sur les Autrichiens par l'armée du général Moreau. L'ennemi perd dans cette mémorable journée, 80 bouches à feu, 200 caissons, 10,000 prisonniers et 3 généraux. *Voyez* 4 nivose suivant.
816	13.	Arrêté qui etablit une chambre des avoués auprès du tribunal de cassation et de chaque tribunal d'appel et de première instance. (*Bull.* no. 408.)
		a. 17. Arrêté qui charge les préfets de surveiller l'emploi et la perception des deniers publics.
		b. 18. L'armée française effectue le passage de l'Inn sous le feu des batteries ennemies, et marchant de succès en succès, se trouve le 29 n'être plus qu'à quelques marches de Vienne. *Voyez* 4 nivose suivant.
		c. 25. Convention pour le rétablissement d'une neutralité armée entre la Russie, la Suède et le Dannemarck, signée à Saint-Pétersbourg. *Voyez* 23 pluviose et 7 germinal suivant.
		d. 29. Organisation de la commission de comptabilité nationale.
		e. 29. Le général russe, baron de Sprengporten, est présenté au premier Consul par le ministre

Législation civile et criminelle.		Faits, Époques et Lois remarquables.
Nos.	Dates.	*FRIMAIRE* AN 9. — *Nov. et Déc.* 1800.

des relations extérieures. *Voyez* 25 ventose suivant.

NIVOSE. — *Déc. et Janv.*

f. 1er. Arrêté relatif aux comptes à rendre par les ministres, et tableau de l'ordre qui y sera observé.

g. 3. A huit heures et demie du soir, Bonaparte se rend à l'Opéra pour entendre l'*Oratorio d'Haydn*, accompagné des généraux Lannes et Bessières, et de son aide-de-camp Lebrun, fils du troisième Consul. Un instant après que sa voiture a dépassé une charette placée rue Saint-Nicaise, une machine infernale, cachée sur cette charette, fait une explosion terrible, ébranle les maisons voisines, tue et blesse beaucoup de personnes, et casse par sa commotion les glaces de la voiture du premier Consul, qui ne doit son salut qu'à l'adresse de son cocher et à la rapidité de ses chevaux. *Voyez* 24 nivose et 16 germinal suivant.

h. 3. Arrêté qui détermine les conditions de fortune et d'âge pour pouvoir rester au Prytanée.

i. 4. Convention signée à *Steyer* entre le général Moreau et l'archiduc Charles, etc. dans laquelle il est stipulé que l'empereur traitera de suite de la paix, indépendamment de ses alliés; que les forteresses de Vurtzbourg et autres seront remises à l'armée française, etc. *Voyez* 20 pluviose suivant.

k. 7. Arrêté pour encourager la reconstruction de la place Bellecour à Lyon.

l. 14. Acte du Gouvernement, approuvé le 15 par le Sénat, et qui met en surveillance hors du territoire européen de la République, Destrem, Marquezy, Talot, Choudieu, Félix-Le-

Législation civile et criminelle.		*Faits, Époques et Lois remarquables.*
Nos.	Dates.	*NIVOSE* AN 9. — *Déc.* 1800 *et Janv.* 1801.
		pelletier, Charles Hesse, Marchand, Thirion, Rossignol, ex-général de l'armée révolutionnaire, Lamberté, Chrétien, Fournier (l'Américain), Lebois, Ceyrat, *président* des assassins de Septembre 1792, et 115 autres individus, parmi lesquels on compte 7 *septembriseurs*.
		m. 16. Loi relative à l'organisation d'une nouvelle administration forestière : un arrêté du 6 pluviose suivant fixe le nombre, les arrondissemens et la résidence des conservateurs des bois et forêts.
		n. 17. Arrêté relatif aux établissemens de santé de la marine et des colonies.
		o. 17. La Corse sera gouvernée par un administrateur général ayant une autorité illimitée; il instituera et destituera les tribunaux, fera des lois, même capitales, etc. *Voyez* 8 floréal suivant.
		p. 17. Les Consuls, vu la fréquence des vols et attaques de voitures publiques arrêtent qu'aucune diligence ne pourra voyager qu'elle ne soit escortée de 4 soldats commandés par un caporal ou sergent, etc.
		q. 19. Disposition portant que le compte général des recettes et dépenses publiques faites pendant l'année, sera rendu au gouvernement par le ministre des finances, et présenté au Corps législatif dans le 4e. mois au plus tard de l'année suivante : article III de la *loi* qui fait des fonds pour les dépenses des différens ministères en l'an 9.
		r. 23. Arrêté portant que les détenus dans les maisons d'arrêt, de justice et prisons, ne recevront plus par jour, de la nation, qu'une ration de pain et la soupe; qu'ils pourront améliorer leur sort par le travail, etc.
		s. 26. Armistice conclu à Trévise entre le général

Législation civile et criminelle.		*Faits, Epoques et Lois remarquables.*
Nos.	Dates.	*NIVOSE* AN 9. — *Déc.* 1800 *et Janv.* 1801.
		Brune et le général autrichien Bellegarde. Les Autrichiens évacuent tout le pays en-deçà de Tagliamento.
		t. 27. Arrêté portant rétablissement de la compagnie d'Afrique. *Voyez* 17 floréal an 10.
		u. 27. Etablissement à Ajaccio, en Corse, d'une compagnie pour la pêche du corail.
		PLUVIOSE. — *Janv. et Fév.*
		v. 1er. Chaptal est définitivement nommé au ministère de l'intérieur.
817	2.	Arrêté portant que les congés accordés aux juges et aux commissaires près les tribunaux, ne pourront avoir d'effet hors de l'arrondissement du département où siègent ces mêmes tribunaux, sans une autorisation spéciale du ministre de la justice. (*Bull.* no. 483.)
		a. 2. Arrêté qui détermine les fonctions des maires, relativement aux conseils municipaux.
		b. 3. Sortie du port de Brest de la flotte française, commandée par l'amiral Gantheaume, et destinée à fortifier l'armée d'Egypte.
		c. 3. Louis XVIII reçoit de Paul Ier. l'ordre de quitter Mittaw et les états russes, avec l'assurance cependant de la part de cet empereur, de lui continuer sa pension de 200 mille roubles.
818	7.	Arrêté relatif aux époques de la formation de la liste des jurés. (*Bul.* no. 500.)
819	7.	Loi relative à la poursuite des délits en matière criminelle et correctionnelle, et à l'établissement près les tribunaux de première instance, d'arrondissemens, de substituts du commissaire près le tribunal criminel du département. (*Bull.* no. 505.)
820	8.	Loi portant que le nombre des justices de paix

Législation civile et criminelle.		*Faits, Epoques et Lois remarquables.*
Nos.	Dates.	*PLUVIOSE* AN 9. — *Janv. et Fév.* 1801.
		sera réduit, et qu'il ne pourra excéder 3600. (*Bull.* n°. 512.)
		a. 10. Le projet de Code civil est présenté au premier Consul par les citoyens Tronchet, Portalis, Bigot-Préameneu et Malleville.
		b. 11. Exécution à mort de Merville, Aréna, Ceracchi et Topino-Lebrun, convaincus de conspiration contre la vie du premier Consul.
		c. 11. Rapport du ministre de la police sur les auteurs de l'attentat du 3 nivose.
821	17.	Avis du Conseil d'Etat, portant que la contrainte peut être exercée pour le paiement des amendes prononcées pour contravention à la loi. (*Bull.* n°. 518.)
822	18.	Loi qui autorise l'établissement des tribunaux spéciaux dans les départemens où le Gouvernement les jugera nécessaires. (*Bull.* n°. 527) *Voyez* 4 ventose suivant.
823	19.	Arrêté relatif au remplacement provisoire des juges nommés à des fonctions législatives. (*Bull.* n°. 520.)
		a. 20. Le premier Consul part de Paris pour visiter l'état des travaux du canal de Saint-Quentin.
		b. 20. Traité de paix signé à Lunéville entre sa majesté l'empereur roi de Bohême et de Hongrie, stipulant tant en son nom qu'en celui de l'empire germanique, et la République française. L'une des conditions du traité est que la Belgique et la rive gauche du Rhin sont cédées à la France. *Voyez* 19 ventose suivant.
		c. 23. Le roi de Prusse accède à la convention de Saint-Pétersbourg, du 25 frimaire dernier.
824	29.	Loi relative à l'exercice des fonctions d'avoué près les tribunaux de première instance, d'appel et criminels. (*Bull.* n°. 545.)
		a. 29. Armistice conclu entre le général Murat,

Législation civile et criminelle.		*Faits, Époques et Lois remarquables.*
Nos.	Dates.	*PLUVIOSE* AN 9. — *Janv. et Fév.* 1801.

pour la République française ; et le chevalier Micheroux, pour la cour de Naples.

Il y est stipulé que Dolomieu et les autres Français, arrêtés en Sicile en revenant d'Égypte, seront sur-le-champ mis en liberté.

VENTOSE. — Fév. et Mars.

b. 2. Arrêté qui fixe les époques de la réunion des conseils d'arrondissement et des conseils généraux du département.

c. 3. Le baron de Sprengporten est rappelé par l'empereur de Russie. *Voyez* le 25.

Les prisonniers russes sont renvoyés habillés et armés aux frais de la République française, par les ordres du premier Consul, comme un témoignage de son amitié et de sa considération pour l'empereur Paul Ier.

d. 4. Loi qui affecte les rentes dont le paiement est interrompu, et les domaines nationaux usurpés, aux besoins des hospices.

e. 4. Etablissement de tribunaux spéciaux dans les départemens du Morbihan, des Côtes-du-Nord, du Finistère, d'Ille-et-Vilaine, de l'Orne, de la Manche, du Calvados, de la Seine-inférieure, de l'Eure, de Maine-et-Loire, d'Indre-et-Loire, de la Sarthe, de la Mayenne, des Bouches-du-Rhône, du Var, des Alpes-Maritimes, de Vaucluse, des Hautes-et-Basses-Alpes, de la Drôme, du Gard, de l'Hérault, du Tarn, de l'Aveyron, de la Lozère, de l'Ardèche et de la Haute-Garonne.

Postérieurement (par arrêté du 23 fructidor suivant.) il en est établi dans le département du Pas-de-Calais, (par arrêté des 13 ventose, 22 prairial et 21 fructidor an 10.) dans les départemens des Basses-Pyrénées, du

Législation civile et criminelle.		*Faits, Epoques et Lois remarquables.*
Nos.	Dates.	*VENTOSE* AN 9. — *Fév. et Mars* 1801.
		Mont-Tonnerre, de la Sarre et de Rhin-et-Moselle.
		f. 5. Barbé-Marbois est nommé directeur du trésor public, à la place du citoyen Dufresne, décédé. Le premier Consul, satisfait des services de ce dernier, ordonne que son buste soit placé dans la salle de la Trésorerie.
		g. 13. Arrêté portant qu'il y aura à Paris, pendant les 5 jours complémentaires, une exposition publique des produits de l'industrie française.
		h. 13. Loi concernant la formation et le renouvellement des listes d'éligibilité prescrites par la constitution.
		i. 15. Dans l'assemblée générale des sections du tribunal de cassation, le citoyen Muraire en est élu président.
825	16.	Loi qui proroge en faveur des créanciers d'individus inscrits sur la liste des émigrés, le délai accordé pour l'inscription des droits d'hypothèque ou de privilège. (*Bull.* n°. 568.)
		a. 18. Loi portant que les départemens de la Roër, de la Sarre, de Rhin-et-Moselle et du Mont-Tonnerre, font partie intégrante du territoire de la République.
		b. 19. La diète de Ratisbonne ratifie le traité de Lunéville, conclu par l'empereur, au nom de l'empire germanique.
826	21.	Loi qui détermine la portion saisissable sur le traitement des fonctionnaires publics et des employés civils. (*Bull.* n°. 572.)
		a. 21. Loi portant fixation et répartition de la contribution foncière et personnelle pour l'an 10. La contribution foncière est fixée à 210 millions, les autres contributions directes et

Législation civile et criminelle.		Faits, Époques et Lois remarquables.
Nos.	Dates.	*VENTOSE* AN 9. — *Fév. et Mars* 1801.
		indirectes seront les mêmes pour l'an 10 que celles de l'an 9.
		b. 24. Loi qui autorise la construction de trois ponts sur la Seine, et la perception, jusqu'au 1er. vendémiaire de l'an 36, d'un droit de péage au profit des soumissionnaires.
		c. 24. Vingt-deux individus sont mis en accusation à l'occasion de l'attentat du 3 nivose ; parmi eux on remarque les noms de Saint-Régent dit Pierrot, ancien officier de marine, ex-chouan amnistié ; Limolean dit Beaumont, ex-chef de chouans contumax ; de Carbon dit le Petit François, ex-chouan amnistié et domestique de Limolean ; de madame Duquesne supérieure du ci-devant couvent de Saint-Michel à Paris ; de madame Gouyon de Beaufort déportée rentrée, et de deux de ses filles, de madame Champion de Cicé, sœur du ci-devant archevêque de Bordeaux. *Voyez* 16 germinal suivant.
		d. 25. M. de Kalitschew, muni de pouvoirs de sa majesté l'empereur de toutes les Russies, pour traiter de la paix avec la France, est présenté au premier Consul avec toute la légation russe, entre autres M. le baron de Sprengporten.
		Des escortes d'honneur avaient accompagné M. de Kalitschew depuis son entrée sur le territoire français jusqu'à Paris.
827	27.	Loi portant établissement de quatre-vingt commissaires-priseurs-vendeurs de meubles à Paris. (*Bull.* n°. 580.)
828	27.	Loi sur la perception des droits d'enregistrement et la manière dont la régie doit suivre les instances pour le recouvrement de ces droits. (*Bull.* n°. 589.)
		a. 28. Loi relative à l'établissement des bourses de commerce, agens de change, courtiers, etc.

Législation civile et criminelle.		*Faits, Epoques et Lois remarquables.*
Nos.	Dates.	*VENTOSE* AN 9. — *Fév. et Mars* 1801.
829	29.	Arrêté portant établissement près le tribunal de première instance du département de la Seine, de huit substituts du commissaire du Gouvernement près le tribunal criminel. (*Bull.* n°. 585.) *Voyez* 22 floréal an 10.
830	29.	Loi qui détermine le mode d'élection des juges de paix. (*Bull.* n°. 594.)
831	29.	Loi qui supprime les assesseurs des juges de paix, et qui donne à ceux-ci deux suppléans. (*Bull.* n°. 595.)
		a. 30. Fête en réjouissance de la conclusion de la paix. Tous les édifices publics et les maisons particulières de Paris sont illuminés.
		b. 30. Loi relative à la liquidation de la dette publique, et en particulier à l'acquittement du service des années 5, 6 et 7; à l'affectation d'une partie de biens nationaux au paiement de l'instruction publique et des invalides.
		c. 30. Bataille en Egypte, près Alexandrie, contre les Anglais débarqués; les français sont repoussés et forcés de s'enfermer dans les murs de cette ville. *Voyez* 9 messidor et 12 fructidor suivant.
		GERMINAL. — *Mars et Avril.*
		d. 4. Paul Ier., empereur de Russie, devenu l'ami de la France et admirateur sincère du premier Consul, avec qui il entretenait une correspondance intime, est trouvé mort dans son lit.... Son fils Alexandre lui succède. *Voyez* 5e. jour complémentaire an 9.
832	7.	Arrêté portant qu'aucun bien rural appartenant aux hospices ou établissemens d'instruction publique, ne peut être affermé à longues années sans un arrêté spécial du Gouvernement. (*Bull.* n°. 607.)
833	7.	Arrêté portant nomination d'une commission

Législation civile et criminelle.		*Faits, Epoques et Lois remarquables.*
Nos.	Dates.	*GERMINAL* AN 9. — *Mars et Avril* 1801.
		composée des citoyens Viellard, Target, Oudard, Treilhard et Blondel, pour s'occuper de la composition d'un *Code criminel*.
		a. 7. Traité de paix entre la République française et le roi de Naples, qui cède l'isle d'Elbe, et rend à la République les tableaux, statues, etc. enlevés à Rome, et promet de remettre en liberté les Napolitains détenus pour opinion.
		b. 12. Combat naval livré par les Anglais devant Copenhague, aux Danois armés pour défendre la convention de Saint-Pétersbourg. *Voyez* le 18.
		c. 12. Arrêté des Consuls, portant que le Piémont formera une division militaire, et sera divisé en six départemens.
834	15.	Arrêté portant nomination d'une commission chargée de la rédaction d'un projet de *Code de commerce*, et composée des cit. Vignon, président du tribunal de commerce; Gorneau, juge au tribunal d'appel; Boursier, ex-juge au tribunal de commerce; Legras, ex-jurisconsulte; Vital-Roux, négociant, Coulomb, ancien magistrat; et Mourgue, administrateur des hospices de Paris.
		a. 16. Jugement des accusés de l'attentat du 3 nivose: Saint-Régent et Carbon sont condamnés à mort; sept contumax ne sont pas jugés. Mesdames Duquesne et Beaufort sont condamnées à 3 mois d'emprisonnement, pour avoir logé chez elles Carbon, sans faire leur déclaration à la Mairie: le médecin Colin, pour avoir donné des soins à Saint-Régent, est en outre condamné à 300 francs d'amende: madame de Cicé, mesdemoiselles Beaufort, sont acquittées, etc.
835	17.	Avis du conseil d'état sur la manière de vuider les partages d'opinion dans les tribunaux de première instance et d'appel. (*Bull.* no. 624.)

Législation civile et criminelle.		*Faits, Epoques et Lois remarquables.*
Nos.	Dates.	*GERMINAL* AN 9. — *Mars et Avril* 1801.
		a. 18. Le prince royal de Dannemarck et l'amiral Nelson concluent un armistice de trois mois. *Voyez* le 28 prairial suivant.
836	24.	Arrêté relatif à l'installation des tribunaux, et au mode de recevoir le serment de *fidélité à la constitution*, que doivent prêter les juges. (*Bull.* n°. 318.)
837	27.	Arrêté qui règle le costume et les frais de bureau des substituts des commissaires du Gouvernement près les tribunaux criminels. (*Bull.* n°. 643.
838	29.	Arrêté relatif à l'organisation et à la police des bourses de commerce. (*Bull.* n°. 642.)
		a. 29. Arrêté relatif à la manière dont sera régie la colonie de la Guadeloupe.
		FLORÉAL. — *Avril et Mai.*
		b. 1er. A dater de ce jour, par arrêté du préfet de la Seine, les transports funèbres se feront à Paris dans un char attelé de chevaux. Il sera perçu une taxe d'inhumation au profit de la commune de Paris.
		c. 6. Le nouveau souverain de la Toscane, l'infant duc de Parme, à qui cet état a été cédé par le traité de Lunéville, arrive de Madrid à Paris, sous le nom de *comte de Livourne*; il reçoit par-tout des preuves de la prévoyance et des égards du Gouvernement français; il est présenté de suite au premier Consul par le chevalier Azara, ambassadeur de la cour d'Espagne: parti de Paris le 12 messidor, pour se rendre dans ses états, il y est installé par un général français.
		d. 8. Lettre de l'administrateur général de la Corse (Miot), annonçant que les départemens du Golo et du Liamone sont pacifiés.
839	17.	Arrêté relatif au sauvetage des bâtimens naufra-

Législation civile et criminelle.		Faits, Epoques et Lois remarquables.
Nos.	Dates.	FLORÉAL AN 9. — Avril et Mai 1801.
		gés, et à la vente de ces bâtimens et des prises. (Bull. n°. 665.)
		a. 23. Arrêté qui établit et détermine le costume des membres de l'Institut national.
		PRAIRIAL. — Mai et Juin.
		b. 17. Paix de l'Espagne avec le Portugal. L'une des conditions est que tous les ports de cette dernière puissance seront fermés aux Anglais.
		c. 27. Arrêté portant que les biens qui étaient affectés à la nourriture, entretien et logement des sœurs hospitalières et filles de Charité, seront rendus aux commissions administratives des hospices civils, comme faisant essentiellement partie des biens destinés aux besoins de ces établissemens.
		d. 28. Convention entre la Russie et l'Angleterre, à laquelle la Suède et le Dannemarck sont invités d'accéder. La Suède y accède le 16 fructidor suivant.
840	29.	Arrêté relatif au mode de vérification des poids et mesures, et portant que nul fabricant ne pourra vendre, et aucun citoyen ne pourra employer que des poids et mesures vérifiés et étalonnés par les sous-préfets de leur arrondissement. (Bull. n°. 698.)
		MESSIDOR. — Juin et Juillet.
841	7.	Arrêté relatif aux rentes et domaines nationaux affectés aux hospices et aux poursuites juridiques que pourront intenter leurs commissions administratives. (Bull. n°. 712.)
		a. 9. Convention pour la reddition du château et de la ville du Caire, conclue entre le général de division Belliard et le général anglais Hutchinson. Les troupes françaises occupant la

Législation civile et criminelle.		*Faits, Epoques et Lois remarquables.*
Nos.	Dates.	*MESSIDOR* AN 9. — *Juin et Juillet* 1801.

Haute-Egypte, et montant à environ 12,000 hommes, devront être embarqués et conduits en France.

b. 10. Le Concile national de France ouvre sa session dans l'église métropolitaine de Paris; il est composé de quarante-cinq évêques et d'environ quatre-vingt députés du second ordre. L'évêque de Blois (Grégoire) prononce le discours d'ouverture. *Voyez* 28 thermidor suivant.

c. 16. Combat naval dans la baie d'Algésiras, entre l'escadre française, de trois vaisseaux et une frégate commandés par le contre-amiral Linois, et une escadre anglaise, supérieure par un nombre double de vaisseaux: la victoire reste à l'amiral français, qui s'empare d'un vaisseau anglais et force les autres à se retirer à Gibraltar.

d. 23. Organisation de la caisse d'amortissement.

e. 25. Fête du 14 juillet. Les ingénieuses décorations des Champs-Elisées, les illuminations, les feux d'artifice et la satisfaction générale, tout contribue à l'embellir et à la rendre agréable.

f. 26. Convention entre le gouvernement français et sa Sainteté Pie VII, signée par les conseillers d'état Joseph Bonaparte et Crétet, et le curé d'Angers Bernier, d'une part; et le cardinal Gonsalvi, M. Spina, archevêque de Corinthe, et le père Cazelli, d'autre part.

Le Gouvernement français reconnait que la *religion catholique, apostolique et romaine est la religion de la grande majorité des Français. Voyez* 18 germinal an 10.

THERMIDOR. — *Juillet et Août.*

g. 12. Arrêté sur la nouvelle organisation de la

Législation civile et criminelle.		*Faits, Epoques et Lois remarquables.*
Nos.	Dates.	*THERMIDOR* AN 9. — *Juil. et Août* 1801.
		gendarmerie nationale, et l'institution d'un corps de *Gendarmerie d'élite.*
		h. 16. Arrêté portant qu'à compter de ce jour, il ne sera donné, sous quelque prétexte que ce puisse être, aucune main-levée de sequestre sur les bois et forêts non-aliénables, aux termes de la loi du 2 nivose an 4; que les individus qui auraient des droits à faire valoir pour raison de ces bois et forêts, seront indemnisés.
842	19.	Arrêté portant que les contestations relatives au paiement des fournitures faites pour le compte du Gouvernement, entre les particuliers et les agens du Gouvernement, seront de la compétence des préfets. (*Bull.* nº. 783.)
		a. 27. Combat devant Boulogne entre l'escadre de Nelson et les chaloupes canonnières françaises; l'ennemi est forcé de se retirer avec perte de quatre à cinq cents hommes, tués ou blessés, de huit bâtimens coulés bas, et de quatre péniches prises par les français.
		b. 28. Le Concile de France termine sa session par une séance publique; il déclare dans un décret qu'il n'a eu d'autre but que la *pacification de l'église gallicane*, ainsi qu'il l'a manifesté par sa lettre adressée au pape.
		FRUCTIDOR. — *Août et Sept.*
		c. 3. Arrêté qui ordonne que la Bibliothèque nationale sera placée au Louvre.
		d. 6. Traité de paix entre la République française et l'électeur de Bavière.
		e. 7. Proclamation du premier Consul, à l'occasion d'une insurrection qui a eu lieu le 23 messidor parmi les troupes composant la garnison de Turin, et dans laquelle le chef de bataillon

Législation civile et criminelle.		*Faits, Époques et Lois remarquables.*
Nos.	Dates.	*FRUCTIDOR* AN 9. — *Août et Sept.* 1801.

bataillon, Jaquemain, commandant la citadelle, a été tué en voulant en défendre l'entrée aux soldats révoltés : elle prononce la dissolution du premier régiment d'artillerie, et porte que son *drapeau*, dont la vue n'a pu arrêter la sédition, *sera suspendu au temple de Mars, couvert d'un crêpe funèbre ;* que les officiers sont déclarés incapables de commander, etc.

Les coupables seront traduits devant une commission militaire, etc. *Voyez* 15 prairial an 10.

f. 7. Cassation du jugement du tribunal spécial de Tours, qui a acquitté les individus prévenus de l'enlèvement du Sénateur Clément de Ris.

Ils sont renvoyés devant le tribunal spécial d'Angers qui, par jugement de 11 brumaire suivant, condamne trois d'entr'eux à la peine de mort, et deux autres à six années de fers.

g. 9. Arrêté portant que les communes ne pourront à l'avenir porter d'autres noms que ceux sous lesquels elles seront désignées dans la division du territoire de la République en arrondissemens de justices de paix, et que ceux-ci conserveront le nom de *Canton*.

h. 12. Capitulation d'Alexandrie, proposée par le général Abdalla-Menou, et acceptée par le général Hutchinson. Six mille hommes de troupes françaises devront être fournis de vaisseaux dans dix jours, pour leur retour en France.

i. 19. Arrêté portant établissement d'inspecteurs généraux du trésor public, chargés de vérifier les caisses des receveurs généraux et particuliers, et celles des préposés des payeurs généraux dans les divisions militaires et les départemens.

k. 29. Arrêté portant création d'un directeur gé-

Législation civile et criminelle.		Faits, Epoques et Lois remarquables.
Nos.	Dates	*FRUCTIDOR* AN 9. — *Août et Sept.* 1801.

néral et de quatre administrateurs des douanes, lesquels jugeront, en conseil, les affaires contentieuses sur cette matière.

JOURS COMPLÉMENTAIRES. — Sept.

l. 1er. jour. Exposition publique, dans la cour du Louvre, des objets d'industrie française; les Consuls et les ministres viennent par leur présence encourager les efforts utiles des arts manufacturiers, etc. *Voyez* 2 vendémiaire an 10.

m. 3e. Arrêté contenant organisation de l'administration de l'enregistrement et des domaines.

n. 5e. M. de Markoff arrive à Paris, et vient remplacer M. de Kalitschew en qualité d'ambassadeur de l'empereur de Russie près le gouvernement français.

VENDÉMIAIRE AN 10. — *Sept. et Oct.*

o. 1er. Fête de la fondation de la République; les préparatifs long-temps connus d'avance, et qui attirent une foule d'étrangers; la variété des plaisirs et de plusieurs genres de spectacles réunis dans les Champs-Elysées et aux environs, la placent au nombre des fêtes nationales les plus remarquables.

p. 2. Le ministre de l'intérieur présente aux Consuls les fabricans et artistes qui ont obtenu des prix par la perfection des objets sortis de leurs manufactures ou de leurs atteliers.

q. 5. Arrêté portant création d'un *ministre du trésor public*, indépendant du ministre des finances.

Nomination du citoyen Barbé-Marbois à ce ministère.

Législation civile et criminelle.		*Faits, Epoques et Lois remarquables.*
Nos.	Dates.	*VENDÉMIAIRE* AN 10. — *Sept. et Oct.* 1801.
		r. 7. La paix entre la République française et le Portugal, est signée à Madrid par Lucien Bonaparte, ambassadeur de France, et M. Cyprien Bibeiro-Freire, ministre plénipotentiaire du prince régent de Portugal et des Algarves.
		s. 8. Convention conclue entre la République française et les Etats-Unis d'Amérique, signée à Morfontaine, chez le citoyen Joseph Bonaparte, plénipotentiaire français.
		t. 9. Préliminaires de la paix entre la République française et le roi d'Angleterre, signés à Londres par le citoyen Otto et le lord Hawkesbury.
		u. 11. Le contre-amiral Decrès est nommé ministre de la marine et des colonies, en remplacement du citoyen Forfaix, démissionnaire.
		v. 13. Le cardinal Caprara, *légat à latere* près le gouvernement français, arrive à Paris.
		x. 14. Arrêté portant qu'un conseiller d'état sera chargé de toutes les affaires concernant les cultes. Portalis est appelé à remplir ces fonctions.
		y. 16. Traité de paix conclu entre la République française et la Russie, signé à Paris par M. de Talleyrand, ministre des relations extérieures, et M. de Marcoff, ambassadeur de l'empereur de Russie.
843	17.	Arrêté relatif aux formalités nécessaires pour intenter une action contre des communes. (*Bull.* no. 896.)
		a. 17. Articles préliminaires de paix entre la République française et la Porte-Ottomane, signés à Paris par le ministre Talleyrand et Esseid-Aly-Effendy, ambassadeur ottoman. *Voyez* 6 messidor suivant.
		b. 19. La paix entre la France et la Russie est publiée aux flambeaux dans toutes les places de

Législation civile et criminelle.		*Faits, Epoques et Lois remarquables.*
Nos.	Dates.	*VENDÉMIAIRE* AN 10. — *Sept. et Oct.* 1801.
		Paris, et aux acclamations de tous les citoyens.
844	25.	Arrêté qui détermine le mode de paiement des traitemens et autres dépenses judiciaires et administratives. (*Bull.* no. 925.)
		a. 27. L'ambassadeur de France, Bourgoing remet ses lettres de créance au roi de Suède. On remarque ces paroles dans le discours qu'il prononce à cette occasion: *Assez long temps les Français ont effrayé l'Europe par leurs maximes; assez long temps ils ont allarmé la plupart de ses puissances par le succès de leurs armes; leur tâche est à présent de conquérir la confiance et l'affection des souverains aussi-bien que des peuples. Cette nouvelle phase de la révolution sera la dernière*, etc.
		b. 29. Le ministre de la police transmet à tous les préfets, l'ordre du gouvernement qui *défend aux sociétés* connues sous le nom de *théophilantropiques, de se réunir désormais dans les edifices nationaux.*
		BRUMAIRE. — *Oct. et Nov.*
845	13.	Arrêté relatif aux conflits d'attribution entre l'autorité administrative et judiciaire. (*Bull.* no. 950.)
		a. 15. Arrêté qui fixe le mode de paiement et de vérification des dépenses ministérielles.
		b. 18. On célèbre à Paris, dans la même fête, et la conclusion de la *paix générale*, et l'anniversaire de la *journée du* 18 *brumaire.* Un temple, *heureuse allégorie de la liberté du commerce*, et élevé sur la rivière, ouvre ses portes aux négocians de tous les pays qui y abordent, etc.
		c. 19. Convocation du Corps législatif pour le

Législation civile et criminelle.		*Faits, Epoques et Lois remarquables.*
Nos.	Dates.	*BRUMAIRE* AN 10. — *Oct. Nov. et* 1801.
		premier frimaire an 10, et arrêté des Consuls concernant le cérémonial à observer pour l'ouverture de la session.
		d. 21. Départ de l'expédition de Saint-Domingue, commandée par l'amiral Villaret. Le général Leclerc, beau-frère du premier Consul, part en qualité de capitaine-général de la colonie, et l'ex-ministre de l'intérieur, Benezech, en qualité de préfet colonial. *Voyez* 21 pluviose suivant.
		e. 21. Convocation à Lyon, pour le 20 frimaire prochain, d'une *consulte* extraordinaire de la République cisalpine, dont l'objet est d'établir les bases de toutes les lois organiques de la constitution, et de donner au premier Consul les renseignemens qu'il pourrait desirer pour la nomination, suivant la loi du 15 vendémiaire dernier, des membres qui devront former les trois colléges électoraux.
		f. 23. Arrêté contenant l'organisation de la garde consulaire : elle sera commandée par quatre officiers généraux. Un gouverneur sera chargé de l'ordre et de la police du palais du gouvernement.
846	26.	Arrêté qui rétablit les communes dans la jouissance des amendes de police. (*Bull.* no. 989.)
		IVe. SESSION DU CORPS LÉGISLATIF.
		FRIMAIRE. Nov. et Déc.
		a. 1er. Ouverture de la session du Corps législatif. Il est reçu dans la salle par le ministre de l'intérieur.

Législation civile et criminelle.		*Faits, Époques et Lois remarquables.*
Nos.	Dates.	*FRIMAIRE* AN 10. -- *Nov. et Déc.* 1801.
		b. 2. L'exposé de la situation intérieure de la République est présenté au Corps législatif par le conseiller d'état Thibaudeau.
		c. 3. Portalis, Berlier et Boulay (de la Meurthe) conseillers d'état, présentent au Corps législatif le *premier projet de loi du Code civil*, concernant la publication des lois, leurs effets et leur application. *Voyez* le 24.
		d. 11. Boulay (de la Meurthe), Emery et Réal, conseillers d'état, présentent au Corps législatif le *deuxième projet de loi du Code civil*, concernant la jouissance et la privation des droits civils.
847	19.	Arrêté relatif à l'organisation de l'imprimerie nationale, et à l'envoi des lois. (*Bull.* n°. 1034.)
		a. 21. Thibaudeau, Réal et Français (de Nantes), conseillers d'état, présentent au Corps législatif le *troisième projet de loi du Code civil.*
		b. 24. Le Corps législatif, conformément au vœu du Tribunat, *rejette* le premier projet de loi du Code civil. *Voyez* 13 nivose suivant.
		c. 26. Traité de paix signé à Alger par le citoyen Dubois-Tainville, chargé d'affaires de la République française, et Mustapha Pacha dey d'Alger.
		NIVOSE. — *Déc. et Janv.*
848	8.	Loi portant que la peine de mort continuera d'être appliquée, jusqu'à ce qu'il en ait été autrement ordonné. (*Bull.* n°. 1157.)
		a. 8. Merlin, ex-directeur, et substitut près le tribunal de cassation, est nommé commissaire du gouvernement près le même tribunal.
		b. 11. Treilhard, ex-directeur, et vice-président du tribunal d'appel de Paris, est nommé président du même tribunal, en remplacement

Législation civile et criminelle.		*Faits, Epoques et Lois remarquables.*
N°s.	Dates	*NIVOSE* AN 10. — *Déc.* 1801 *et Janv.* 1802.
		de Daguesseau, nommé ambassadeur en Dannemarck.
849	13.	Avis du conseil d'état sur les formalités à observer pour les rectifications à faire aux registres de l'état civil. *Voyez* 12 brumaire an 11. (*Bull.* n°. 2058.)
		a. 13. Les Consuls arrêtent que les projets du Code civil, et celui sur le rétablissement de la marque des condamnés, seront *retirés* de la discussion.
		C'est avec peine, disent-ils dans leur message, *que le Gouvernement se trouve obligé de remettre à une autre époque des lois attendues avec tant d'intérêt par la nation*; *mais il s'est convaincu que le temps n'est pas encore venu où l'on portera dans ces grandes discussions, le calme et l'unité d'intention qu'elles demandent.*
850	13.	Arrêté relatif à l'apposition des scellés après le décès des officiers généraux ou supérieurs, des commissaires-ordonnateurs, des inspecteurs aux revues et officiers de santé. (*Bull.* n°. 1124.)
		a. 18. Le premier Consul part de Paris pour se rendre à Lyon près la *consulte* de la République cisalpine. Le ministre des relations extérieures l'accompagne.
851	19.	Arrêté qui règle le costume des officiers de paix. (*Bull.* n°. 1184.)
852	27.	Arrêté relatif à la consignation de l'amende sur l'appel. (*Bull.* n°. 1215.)
		PLUVIOSE. — *Janv. et Fév.*
		a. 5. L'assemblée générale de la *consulte* cisalpine exprime le vœu que le général Bonaparte veuille continuer de gouverner la Répu-

Législation civile et criminelle.		*Faits, Époques et Lois remarquables.*
Nos.	Dates.	*PLUVIOSE* AN 10. — *Janv. et Fév.* 1802.
		blique *italienne*, (nom qu'elle a substitué à celui de République cisalpine.)
		b. 6. Bonaparte accepte le titre de *président de la République italienne.*
		La *consulte* clos son procès-verbal, après avoir proclamé M. Melzi, *vice-président.*
853	9.	Arrêtés relatifs aux poursuites judiciaires contre les agens des administrations de l'enregistrement et des domaines, de la loterie nationale et de la poste aux lettres. (*Bull.* nos. 1225, 1226 et 1227.)
		a. 14. L'expédition de Saint-Domingue se présente devant cette île, et trouve les noirs armés et opposés au débarquement.
		b. 16. Le général Christophe, commandant les noirs au Cap, incendie la ville et fait massacrer les blancs, à la nouvelle du débarquement des troupes françaises : il déclare ne vouloir reconnaître d'autres ordres que ceux de Toussaint.
		c. 18. Entrevue de Toussaint Louverture et de ses trois enfans partis de France avec l'expédition; il reçoit par eux la proclamation et une lettre du premier Consul, qui l'invite à se soumettre au gouvernement de la métropole, et à aider de ses conseils, de son influence et de ses talens, le capitaine-général de la colonie.
		d. 21. Débarquement de l'armée de Saint-Domingue au port de Paix.
		e. 27. Arrêté relatif au remplacement provisoire des préfets en cas de mort.
		f. 28. Proclamation du général Leclerc. *Les généraux Toussaint et Christophe sont mis hors la loi*, etc. *Voyez* 18 floréal suivant.

Législation civile et criminelle.		*Faits, Epoques et Lois remarquables.*
Nos.	Dates.	*VENTOSE* AN 10. — *Fév. et Mars* 1802.
854	3.	Dispositions sur la réduction des legs à la portion disponible. (Art. XIII de *l'arrêté* sur l'acceptation d'une donation faite aux pauvres de Malines.) (*Bull.* n°. 1260.)
		a. 4. Traité de paix entre la République française et la régence de Tunis.
855	5.	Arrêté relatif à la confection par le tribunal de cassation, d'un tableau annuel des parties de la législation dont les vices ou l'insuffisance auraient été reconnus. (*Bull.* n°. 1263.)
856	9.	Avis donné par le Conseil d'état, sur une question relative à l'exercice des contraintes par corps résultantes d'arrêtés exécutoires, dont les vices ou l'insuffisance auraient été reconnus. (*Bull.* n°. 1273.)
		a. 13. Arrêté relatif à la formation, par l'Institut, d'un tableau quinquennal de l'état et du progrès des sciences, des lettres et des arts.
		b. 17. Arrêté relatif aux attributions du ministre de la guerre, à la création d'un *directeur de l'administration de ce département, ayant rang de ministre*, et d'un conseil d'administration composé de trois conseillers d'état et d'un secrétaire général, ayant rang d'ordonnateur.
		Les conseillers d'état Dejan, Dessoles, Berenger et Gau sont, par arrêté du 21, nommés, le premier directeur, et les autres, membres du conseil d'administration.
		c. 17. Arrêté relatif aux attributions données à deux conseillers d'état chargés de diriger, l'un tout ce qui concerne l'*Instruction publique*, l'autre tout ce qui concerne l'établissement et la perception des octrois, l'*Administration des communes*, le budjet de leurs recettes et dépenses, etc.
		Les conseillers d'état Rœderer et Français

Législation civile et criminelle.		*Faits, Époques et Lois remarquables.*
Nos.	Dates.	*VENTOSE* AN 10. — *Fév. et Mars* 1802.
		(de Nantes) sont, par arrêté du 21, chargés, le premier de la direction de l'instruction publique, le second des affaires relatives aux communes. Suppression des signatures griffées dans les ministères de la guerre, de l'intérieur et de la justice.
		d. 22. Sénatus-consulte relatif à la manière dont se fera le renouvellement des quatre premiers cinquièmes du Corps législatif en l'an 10, et dans les trois années subséquentes.
		e. 27. Arrêté qui ordonne la publication de la loi sur la conscription militaire dans les départemens de la 27e. division (le Piémont.) *Voyez* 24 fructidor an 10.
		f. 27. Proclamation qui convoque *extraordinairement* le Corps legislatif au 15 germinal, pour rester en session jusqu'au premier prairial.
		g. 29. Le président du Corps législatif prononce la *clôture de la session.*
		GERMINAL. — *Mars et Avril.*
857	3.	Arrêté qui nomme pour la rédaction du *Code de la Procédure civile,* une commission composée des citoyens Treilhard, président du tribunal d'appel de Paris; Try, substitut près le même tribunal; Berthereau, président du tribunal de première instance de la Seine; Seguier, commissaire par *interim* près le même tribunal; Pigeau, jurisconsulte; et Fondeur, greffier en chef du tribunal d'appel de Paris.
		a. 4. Traité de paix définitif entre la République française, le roi d'Espagne et la République batave d'une part, et le roi du royaume-uni de

Législation civile et criminelle.		*Faits, Epoques et Lois remarquables.*
Nos.	Dates	*GERMINAL* AN 10. — *Mars et Avril* 1802.

la Grande-Bretagne et d'Irlande, d'autre part, signé à Amiens, par Joseph Bonaparte pour la France, le marquis de Cornwallis pour l'Angleterre, Joseph-Nicolas Azzara pour l'Espagne, et Roger-Jean Schimmelpenninck pour la République batave. *Voyez* le 28.

858 | 5. | Avis du Conseil d'état qui, en interprétation de la loi du 9 floréal an 3, maintient les partages faits entre les ascendans d'émigrés et la République, le cas arrivant de radiation du prévenu d'émigration. (*Bull.* n°. 1339.)

Un second avis du Conseil d'état, en date du 24 thermidor an 10, valide néanmoins les restitutions faites aux familles, d'après une interprétation contraire.

a. 6. Le Sénat conservateur, le Corps législatif, le Tribunat et les autorités supérieures de la ville de Paris vont complimenter le premier Consul à l'occasion de la conclusion de la paix avec l'Angleterre. Tous ces corps lui paient un tribut d'éloges et d'admiration, et l'assurent de la reconnaissance de la nation française.

Ve. SESSION DU CORPS LÉGISLATIF.

---

b. 15. Ouverture de la session extraordinaire du Corps législatif.

Les conseillers d'état Portalis, Regnier et Regnault de (Saint Jean-d'Angely) présentent, 1°. le concordat passé entre le gouvernement français et le pape; 2°. les articles organiques de ce concordat; 3°. d'autres articles organiques du culte protestant en France. *Voyez* ci-après.

859 | 18. | Loi relative à l'organisation des cultes, à la li-

Législation civile et criminelle.		Faits, Époques et Lois remarquables.
Nos.	Dates.	*GERMINAL* AN 10. — *Mars et Avril* 1802.

berté de conscience, aux appels comme d'abus, etc.

L'art. LVII fixe au dimanche les jours de repos des fonctionnaires publics ; les articles LXXIII et LXXIV, ce qui est relatif aux legs qu'on peut faire à l'église, etc. (*Bull.* n°. 1344.)

a. 18. Arrêté relatif aux formalités à observer par le cardinal Caprara, légat *à latere* près le gouvernement français, pour que l'exercice des facultés énoncées dans la bulle du 6 fructidor an 9, ne puisse préjudicier aux *franchises et libertés* de l'église gallicane.

b. 19. Le cardinal Caprara arrive aux Tuileries en grand cérémonial, et escorté de deux cents hommes de cavalerie : il est admis à l'audience du premier Consul, et lui présente ses lettres de créance en qualité de legat *à latere* ; il promet de se conformer aux lois de l'état et aux libertés de l'église gallicane, et de cesser ses fonctions quand il en sera averti par le premier Consul.

c. 21. Le cardinal légat sacre dans la cathédrale de Paris, M. l'abbé Bernier, évêque d'Orléans ; l'ancien curé de Saint-Sulpice, M. de Pancemont, évêque de Vannes, et M. l'abbé Cambacérès, archevêque de Rouen.

d. 28. Les ratifications respectives du traité de paix entre la République française et l'Angleterre sont échangées.

e. 28. (Jour de Pâques.) A onze heures du matin, les trois Consuls, réunis dans une même voiture, se rendent à l'église métropolitaine de Paris, précédés du Corps diplomatique, des conseillers d'état, des ministres, du Sénat conservateur, du Corps législatif, du Tribunat, etc. et accompagnés d'un nombreux et magnifique cortége de troupes de toutes armes.

Législation civile et criminelle.		*Faits, Époques et Lois remarquables.*
Nos.	Dates.	*GERMINAL* AN 10. — *Mars et Avril* 1802.
		Ils sont reçus à l'entrée de l'église sous un dais, par M. Dubelloy, nouvel archevêque de Paris, assisté de tout son clergé et de plusieurs évêques. L'archevêque leur présente l'eau bénite et leur offre l'encens. Après la messe, le cardinal entonne un *Te Deum* qui est chanté en musique, et après lequel les Consuls retournent aux Tuileries dans le même ordre.
		Le soir, illumination dans toutes les rues de Paris.
		f. 29. Arrêtés qui ordonnent la publication, 1°. d'une bulle contenant ratification de la convention passée entre le Gouvernement français et sa Sainteté Pie VII ; 2°. d'un indult concernant la réduction des jours de fête ; 3°. d'une bulle contenant la nouvelle circonscription des diocèses français ; 4°. du bref concernant l'institution des nouveaux évêques.
		FLORÉAL. — *Avril et Mai.*
860	6.	Sénatus-consulte relatif à l'amnistie accordée aux émigrés. *Voyez* 9 thermidor suivant. (*Bull.* n°. 1401.)
861	6.	Arrêté contenant approbation du réglement pour le service du tribunal de première instance du département de la Seine. (*Bull.* n°. 1404.)
862	10.	Arrêté relatif aux formes à observer pour la mise en jugement des percepteurs des contributions. (*Bull.* n°. 1496.)
		a. 11. Loi sur l'organisation de l'instruction publique, et l'établissement d'écoles primaires et secondaires, des lycées et écoles spéciales, etc.
863	13.	Arrêté portant que les publications de mariage auront lieu le dimanche. (*Bull.* n°. 1464.)
		a. 13. Loi portant fixation et répartition des contributions pour l'an 11. La contribution foncière est fixée à 210 millions de principal,

Legislation civile et criminelle.		*Faits, Epoques et Lois remarquables.*
Nos.	Dates.	*FLORÉAL* AN 10. — *Avril et Mai* 1802.
		et la contribution personnelle, somptuaire et mobiliaire, à 32 millions. La contribution des patentes de l'an 10 est prorogée ; et celle des portes et fenêtres, fixée à 16 millions en principal, etc.
		b. 13. Les évêques nouvellement nommés sont présentés au premier Consul par le conseiller d'état Portalis.
		c. 14. Prorogation pour l'an 11 des contributions indirectes de l'an 10.
		d. 17. Loi portant établissement d'une nouvelle compagnie d'Afrique. *Voyez* 27 nivose an 9.
		e. 18. Sénatus-consulte qui *proroge pour dix ans* le consulat de Napoléon Bonaparte. *Voyez* le 20.
		f. 18. Lettre de Leclerc, capitaine général de Saint-Domingue, qui annonce la soumission de Toussaint Louverture et des autres chefs révoltés, Christophe et Dessalines. *Voyez* 22 prairial suivant.
		g. 19. M. l'archevêque de Paris officie dans la chapelle du palais des Tuileries.
		h. 20. Arrêté des Consuls, signé Cambacérès, portant que le peuple français sera consulté sur cette question : *Napoléon Bonaparte sera-t-il Consul à vie ? Voyez* 5 messidor et 14 thermidor suivant.
		i. 21. Loi qui fixe un *maximum* que ne pourra jamais dépasser la dette publique, qui détermine le mode de paiement de ses arrérages, et donne à la dette perpétuelle le nom de *cinq pour cent consolidés.*
864	22.	Arrêté contenant une nouvelle division du département de la Seine en six arrondissemens, pour les substituts du commissaire du Gouvernement près le tribunal criminel. (*Bull.* no. 1573.)
865	23.	Loi relative aux délits emportant peine de flé-

Législation civile et criminelle.		*Faits, Epoques et Lois remarquables.*
Nos.	Dates.	*FLORÉAL* AN 10. — *Avril et Mai* 1802.
		trissure, et qui en attribue la connaissance à des *tribunaux spéciaux*, composés de trois juges criminels et de trois juges civils.
		Rétablissement de la marque pour les condamnés. (*Bull.* n°. 1574.)
		a. 24. Des députations du Corps législatif et du Tribunat se présentent à l'audience du premier Consul, et lui portent le vœu de ces deux corps, pour qu'il reste Consul à vie.
		b. 24. Loi portant amnistie pour crime de désertion à l'intérieur, commis avant le premier floréal an 10, par des sous-officiers et soldats des troupes de la République.
866	26.	Arrêté relatif à la détention des militaires dans des chambres de police et des prisons de discipline, etc. (*Bull.* n°. 1507.)
867	28.	Loi relative au remplacement des juges de paix, au choix de leurs huissiers, à la nomination et au cautionnement de leurs greffiers. (*Bull.* n°. 1596.)
		a. 28. Loi qui ordonne une levée de 60,000 conscrits de l'an 9, et 60,000 de l'an 10.
868	29.	Loi relative aux contraventions en matière de grande voirie. (*Bull.* n°. 1606.)
		a. 29. Loi qui autorise l'établissement de bureaux de pesage, mesurage et jeaugeage dans les communes où le gouvernement les croira nécessaires.
		b. 29. Loi qui accorde au Gouvernement le droit de régler ce qui est relatif à la taxe des douanes, aux entrepôts, aux importations et exportations de marchandises.
		c. 29. Loi qui autorise l'ouverture d'un canal de dérivation pour amener à Paris les eaux de la rivière d'Ourcq.
		d. 29. Loi relative au *maximum* du poids des voitures employées au roulage et messageries.

Législation civile et criminelle.		*Faits, Epoques et Lois remarquables.*
Nos.	Dates.	*FLORÉAL* AN 10. — *Avril et Mai* 1802.
		e. 29. Loi portant création d'une Légion d'honneur, composée d'un grand conseil d'administration et de quinze cohortes : les militaires et les autres citoyens qui auront bien mérité de la patrie, y seront admis.
		f. 29. Conclusion d'un traité de paix entre la République française et le duc de Wirtemberg.
		g. 30. Loi relative à l'établissement d'un droit de navigation sur les fleuves et rivières navigables, et portant que les contestations auxquelles la perception de ce droit peut donner lieu, seront jugées administrativement.
		h. 30. Le président du Corps législatif déclare qu'en vertu de l'arrêté des Consuls du 27 ventose dernier, *la session est terminée.*
		PRAIRIAL. — *Mai et Juin.*
869	1er.	Arrêté portant que les rabbins ne pourront donner la bénédiction nuptiale qu'à ceux qui justifieront avoir contracté mariage devant l'officier de l'état civil. (*Bull.* no. 1597.)
		a. 3. Arrêté qui admet, pendant un an, les ecclésiastiques à faire liquider leurs pensions qui ne l'auront pas été pour défaut de promesse ou prestation de serment.
		b. 4. Le pape publie à Rome, dans un consistoire extraordinaire, tous les objets relatifs à l'église gallicane, ainsi que la nomination des évêques français.
		c. 5. Lettre du général Richepanse, annonçant qu'il s'est rendu maître de la Guadeloupe, malgré la résistance des rebelles.
		d. 6. Arrêté qui détermine la manière dont seront régies les îles de la Martinique et de Sainte-Lucie.

Législation civile et criminelle.		*Faits, Epoques et Lois remarquables.*
Nos.	Dates.	*PRAIRIAL* AN 10. — *Mai et Juin* 1802.

e. 12. Le ministre plénipotentiaire et envoyé extraordinaire de la Sublime Porte, Ghalib-Effendi, arrive à Paris, et est conduit à l'hôtel Monaco, que le Gouvernement a destiné à la légation ottomane. *Voyez* 6 et 25 messidor suivant.

f. 12. Les autorités nouvellement élues et organisées de la République italienne, écrivent au premier Consul des lettres de remercîmens pour les bienfaits et la protection qu'il a toujours accordée à ce nouvel état.

g. 13. Formation d'un conseil de liquidation générale de la dette publique.

Par arrêté du 19, le conseiller d'état Defermont en est nommé directeur général.

h. 15. Le premier Consul, à la grande parade, rend au premier régiment d'artillerie à pied les drapeaux qui, après l'insurrection de Turin, lui avaient été ôtés pour être suspendus, enveloppés d'un crêpe noir, à la voûte du temple de Mars. Il adresse aux officiers, sous-officiers et soldats une harangue touchante : tous jurent de les défendre jusqu'à la mort.

i. 17. Arrêté qui permet la libre exportation des matières, monnaies et ouvrages d'or et d'argent. *Voyez* 23 ventose an 11.

k. 20. Suppression des ordres monastiques et congrégations régulières des quatre nouveaux départemens de la rive gauche du Rhin.

l. 21. Evacuation de Porto-Ferrajo (île d'Elbe) par les Anglais ; les Français en prennent possession aux acclamations du peuple. *Voyez* 8 fructidor suivant.

m. 22. Lettre du capitaine général Leclerc, qui annonce que les trames et la perfidie de Toussaint Louverture l'ont décidé à l'embarquer, lui et sa famille, pour la France.

n. 25. Nouvelle officielle de la mort de Benezeck,

Législation civile et criminelle.		*Faits, Epoques et Lois remarquables.*
Nos.	Dates.	*PRAIRIAL* AN 10. — *Mai et Juin* 1802.
		préfet colonial de Saint-Domingue, et regretté de toute la colonie.
870	27.	Dispositions portant que tout receveur ou tout comptable convaincu d'avoir omis ou retardé de se charger en recette, des sommes qui lui auront été versées pour le service public, sera poursuivi comme coupable de détournement des deniers publics : article IV de l'*arrêté* relatif aux recettes faites par les receveurs généraux et particuliers sur les contributions indirectes. (*Bull.* no. 1741.)
871	27.	Arrêté concernant la police des bourses de commerce, les obligations et opérations des agens-de-change et courtiers, etc. (*Bull.* no. 1740.)
		a. 29. Arrêté relatif à l'administration de la justice dans les colonies rendues à la France par le traité d'Amiens.
		MESSIDOR. — *Juin et Juillet.*
		b. 4. Arrêté qui ordonne la formation d'un état des écoles de chaque département, susceptibles d'être considérées comme écoles secondaires.
872	6.	Arrêté relatif à la manière de constater l'insolvabilité ou l'absence des redevables du trésor public. (*Bull.* no. 1786.)
873	6.	Arrêté qui détermine le mode de liquidation des fermages arriérés de biens nationaux. (*Bull.* no. 1788.)
		a. 6. Traité de paix entre la République française et la Porte-Ottomane, signé à Paris par M. de Talleyrand, ministre des relations extérieures, et Esseyd-Mohamed-Seid-Ghalib-Effendi, ministre plénipotentiaire de Sélim. Les rapports entre la Turquie et la France sont rétablis sur le même pied où ils étaient avant la guerre ; la liberté d'entrer et de naviguer dans la mer Noire est assurée aux vais-

Législation civile et criminelle.		*Faits, Epoques et Lois remarquables.*
Nos,	Dates.	*MESSIDOR* AN 10. — *Juin et Juillet* 1802.

seaux français, comme à ceux des nations les plus favorisées.

b. 10. Bref du pape, qui rend à la vie séculière et laïque le citoyen Talleyrand, ministre des relations extérieures, ci-devant évêque d'Autun.

c. 11. Arrêté portant qu'à dater du 1er. vendémiaire prochain, la constitution sera mise en activité dans les départemens de la Roër, de la Sarre, de Rhin-et-Moselle et du Mont-Tonnerre.

d. 11. Formation d'une commission pour s'occuper des moyens de répartir les contributions avec la plus grande égalité possible.

e. 11. Organisation administrative et judiciaire de l'île de Tabago; maintien de ses lois civiles et criminelles; création d'un capitaine général et d'un préfet colonial. Un arrêté du 28 germinal an 11, renferme entr'autres dispositions additionnelles, la suppression de la place de préfet colonial.

f. 13. Arrêté relatif à l'organisation de la Légion d'honneur.

g. 13. Arrêté portant défense aux noirs d'entrer sans autorisation sur le territoire continental de la République.

h. 13. Le général Kellerman est nommé par le Sénat conservateur, grand officier de la Légion d'honneur.

Joseph et Lucien Bonaparte sont, peu de temps après, promus à la même dignité; le premier, par le Conseil d'état; et le second par le Tribunat.

i. 23. Arrêté relatif à l'administration des biens affectés à la Légion d'honneur.

k. 25. Fête du 14 juillet. La commune de Paris dote douze jeunes filles peu fortunées, et chacune d'elles est mariée devant le maire de son

Législation civile et criminelle.		*Faits, Époques et Lois remarquables.*
Nos.	Dates.	*MESSIDOR* an 10. — *Juin et Juillet* 1802.
		arrondissement, et conduite ensuite en pompe à l'église paroissiale, pour y recevoir la bénédiction nuptiale.
		l. 27. Les militaires qui ont obtenu des armes d'honneur, sont répartis dans la Légion d'honneur.
		THERMIDOR. — *Juillet et Août.*
		m. 2. Publication du traité par lequel la France, l'Helvétie et la République italienne garantissent l'indépendance du Valais.
		n. 4. Convocation extraordinaire des conseils municipaux, pour procéder à constater l'état de l'actif et du passif, et celui des recettes et dépenses de chaque commune.
874	9.	Avis du Conseil d'état sur différentes questions relatives à l'exécution du Sénatus-consulte portant amnistie pour fait d'émigration. (*Bull.* no. 1870.) *Voyez* 24 thermidor suivant et 5 floréal an 11.
		a. 10. Lettre des Consuls au Sénat, pour l'inviter à se charger du *dépouillement des votes sur le Consulat à vie* de Napoléon Bonaparte.
		b. 14. Sénatus-consulte qui proclame Napoléon Bonaparte premier Consul à vie, et qui constate que *sur* 3,577,259 *citoyens qui ont donné leur suffrage*, 3,568,185 *ont voté pour le Consulat à vie.*
		c. 15. Une députation du Sénat porte au premier Consul le sénatus-consulte du 14, et lui exprime par l'organe de Barthélemy, son président, le vœu des Français et du Sénat. Le premier Consul, dans sa réponse, témoigne sa reconnaissance et *accepte le Consulat à vie.*
875	16.	Sénatus-consulte organique de la constitution. Création (par le titre IX) d'un Grand-juge;

Législation civile et criminelle.		*Faits, Epoques et Lois remarquables.*
Nos.	Dates.	*THERMIDOR* AN 10.— *Juil. et Août* 1802.

établissement d'une hiérarchie parmi les tribunaux, depuis les justices de paix jusqu'au tribunal de cassation, qui peut mander à sa barre, censurer et même suspendre les juges inférieurs. Rétablissement (titre X) du droit de faire grace.

Les trois Consuls sont à vie, etc. (*Bull.* n°. 1876.)

a. 16. Lettre du ministre de l'intérieur, qui ordonne pour le 27 (15 août) la publication du sénatus-consulte qui proclame Napoléon Bonaparte Consul à vie.

b. 18. Arrêté relatif à la levée des conscrits au mode de recrutement de l'armée, et à la formation d'une armée de réserve.

c. 25. Installation du doge de Gênes, en présence du plénipotentiaire et de plusieurs généraux français.

d. 27. Députation de tous les corps constitués résidans à Paris, pour féliciter Bonaparte à l'occasion de sa nomination au Consulat à vie.

M. le cardinal Caprara célèbre dans l'église métropolitaine de Paris, une messe solennelle, pendant laquelle il sacre archevêque de Lyon M. Fesch, oncle du premier Consul. Le soir, *Te Deum* en musique.

Fête illuminations et concert au jardin des Tuileries.

e. 29. Des lettres de Suisse annoncent une insurrection de plusieurs cantons, et une opposition déclarée au Gouvernement actuel. *Voyez* 8 vendémiaire an 11.

f. 30. Le Tribunat et les autres autorités constituées résidant à Paris, vont en corps rendre visite aux Consuls Cambacérès et Lebrun.

Législation civile et criminelle.		Faits, Époques et Lois remarquables.
Nos.	Dates.	*FRUCTIDOR* AN 10. — *Août et Sept.* 1802.
		g. 3. Les Consuls, accompagnés des ministres, des présidens des sections du Conseil d'état, du secrétaire d'état, du préfet et du gouverneur du palais, des généraux commandans de la garde consulaire et d'une nombreuse escorte, se rendent au Sénat. Le premier Consul préside la séance, et on y observe toutes les formes nouvellement établies par le sénatus-consulte du 16 thermidor. Cinq projets de sénatus-consulte y sont présentés. *Voyez* ci-après. Le ministre des relations extérieures y fait un rapport sur les arrangemens pris pour l'exécution du traité de Lunéville, relativement aux indemnités des princes et états de l'Allemagne.
		h. 8. Sénatus-consulte qui désigne les villes dont les maires seront présens à la prestation du serment du citoyen nommé pour succéder au premier Consul.
		i. 8. Sénatus-consulte relatif à la classification des membres du Corps législatif en *séries*, et au mode de réduction des membres du Tribunat.
		k. 8. Sénatus-consulte relatif aux termes dans lesquels sera conçu celui qui prononcera la dissolution du Corps législatif ou du Tribunat, ou de l'un et de l'autre.
		l. 8. Sénatus-consulte *organique* portant réunion de l'île d'Elbe au territoire de la République.
		m. 12. Sénatus-consulte relatif à la tenue des séances, et à l'ordre des délibérations du Sénat.
876	14.	Arrêté portant organisation des tribunaux des quatre départemens de la rive gauche du Rhin. (*Bull.* no. 1945.)
877	14.	Arrêté relatif au remboursement des créances et rentes dues aux hôpitaux, et qui détermine

Législation civile et criminelle.		*Faits, Époques et Lois remarquables.*
Nos.	Dates.	*FRUCTIDOR* AN 10. — *Août et Sept.* 1802.
		par qui sera poursuivi le jugement des contestations qui en peuvent naître. (*Bull.* n°. 1956.)
		a. 14. Acte du Sénat, relatif au classement des membres actuels du Corps législatif dans les départemens de leur domicile.
		b. 14. Acte du Sénat sur le mode de renouvellement du Tribunat.
		c. 16. Arrêté relatif au retour des propriétaires blancs dans les colonies, et à la levée du sequestre mis sur leurs biens.
878	16.	Arrêté relatif à la résiliation des fermes d'habitation, maisons et magasins à Saint-Domingue et à la Guadeloupe, adjugés à vil prix, dans les cas d'émigration ou d'absence du propriétaire. (*Bull.* n°. 2002.)
		a. 17. Proclamation et installation du Gouvernement valaisin par les envoyés des Républiques française, cisalpine et helvétique, garantes de l'indépendance du Valais.
879	19.	Arrêté qui prononce un sursis aux poursuites faites à raison des dettes contractées avant 1792, par les colons de Saint-Domingue, et la suspension de la prescription, etc. (*Bull.* n°. 1961.) *V.* 23 germinal an 11.
		a. 19. Arrêté contenant réglement pour l'exécution du sénatus-consulte du 16 thermidor, relativement aux assemblées de canton et aux colléges électoraux.
		b. 20. Rapport fait au premier Consul, en Sénat, par le ministre des relations extérieures, sur les différends survenus entre la République française et la régence d'Alger, et la manière honorable pour la France dont ils se sont terminés.
		c. 27. Le premier Consul fixe sa résidence à Saint-Cloud, dont le château a été préparé pour son habitation.

Législation civile et criminelle.		*Faits, Epoques et Lois remarquables.*
Nos.	Dates.	*JOURS COMPLÉMEN.* AN 10. — *Sept.* 1802.

d. 1er. j. Exposition des produits de l'industrie nationale dans la cour du Louvre. Cent portiques ornés avec goût, renferment tout ce qu'une émulation active et bien dirigée, tout ce que l'art des différens manufacturiers français ont produit jusqu'à ce jour de plus parfait. On y remarque déjà une amélioration sensible depuis les précédentes expositions.

e. 3e. j. Le premier Consul, accompagné de son épouse, du second et du troisième Consul, visite chacun des portiques dans le plus grand détail; il distribue des éloges par-tout où ils sont mérités, de-là il se rend dans la galerie des tableaux. *Voyez* 2 vendémiaire suivant.

f. 5e. j. Le tableau des naissances, décès, mariages, divorces, adoptions pendant l'an 10, dans le département de la Seine, offre pour résultat 21,018 *naissances*, savoir: 15,319 *enfans nés dans le mariage*, 5,699 *enfans naturels*, 4,694 *mariages* et 902 *divorces*.

VENDÉMIAIRE AN 11. — *Sept. et Oct.*

g. 1er. Fête de la fondation de la République.

A 10 heures du matin, le ministre de l'intérieur précédé des autorités municipales de la ville de Paris, du préfet du département de la Seine, d'un groupe de musiciens et d'un piquet de cavalerie, se rend au lieu marqué près la barrière de la Villette, pour recevoir *le bassin du canal de l'Ourcq*, et scelle le poteau désigné comme point de repère du canal de dérivation.

h. 2. Le premier Consul, entouré des Consuls, des ministres, du Sénat et du Conseil d'état, distribue dans le palais des Tuileries, des médailles aux fabricans et artistes désignés par le jury.

Législation civile et criminelle.		*Faits, Epoques et Lois remarquables.*
Nos.	Dates.	*VENDÉMIAIRE* AN 11. — *Sept. et Oct.* 1802.
		i. 8. Le sang coule en Suisse ; les insurgés triomphent ; le Gouvernement est obligé de quitter sa résidence et d'invoquer l'appui des Français. Bonaparte, en sa qualité de premier Consul de la République française, et de président de la République italienne, écrit aux dix-huit cantons suisses : il *ordonne la dissolution de toutes les autorités formées depuis l'insurrection ; le désarmement des troupes insurgées, et l'envoi à Paris de députés pour lui communiquer le vœu des cantons sur la meilleure forme de gouvernement qui leur convient*, etc. *Voyez* 30 pluviose suivant.
880	12.	Arrêté qui règle les formes à observer pour l'instruction et le jugement des contraventions aux lois sur le commerce étranger dans les colonies. (*Bull.* no. 2021.)
		a. 12. Arrêté pour la formation d'une garde municipale pour la ville de Paris.
		b. 12. Etablissement d'une école d'artillerie et du génie à Metz.
881	20.	Arrêté qui détermine le costume du grand-juge et celui des membres du tribunal de cassation. (*Bull.* no. 2027.)
		a. 24. Incendie de la belle halle aux bleds de Paris.
		b. 24. Rétablissement de l'institution dite des *Sœurs de la charité*, précédemment vouées au soulagement des malades.
		c. 24. Le colonel Sébastiani, envoyé par le premier Consul en mission dans le levant, débarque à Alexandrie ; il somme le général Stuart, commandant les forces anglaises d'évacuer l'Egypte aux termes du traité d'Amiens. Le 3 brumaire il rend visite au pacha du Caire, et de-là se rend à Saint-Jean-d'Acre, où il est présenté à Djezzâr pacha, dont il reçoit un

Législation civile et criminelle.		*Faits, Époques et Lois remarquables.*
Nos.	Dates.	*VENDÉMIAIRE* AN 11. —*Sept. et Oct.* 1802.
		accueil favorable, quoique sous des formes peu civiles.
882	26.	Sénatus-consulte portant suspension des fonctions du jury dans plusieurs départemens, pendant l'an 11 et l'an 12, et l'organisation des tribunaux criminels de ces départemens, conformément à la loi du 23 floréal an 10. (*Bull.* no. 2045.)
		a. 26. Sénatus-consulte *organique*, relatif à l'admission des étrangers aux droits de citoyen français, pour services rendus à la République, importations d'inventions utiles, ou formation de grands établissemens.
		b. 29. Avis du Conseil d'état sur les élections de domicile, pour l'exercice des droits politiques, sur la durée des assemblées de canton, et sur la manière de procéder au remplacement des juges de paix.
		BRUMAIRE. — *Oct. et Nov.*
		c. 5. Arrêté qui règle le costume des membres du conseil d'administration, des professeurs, maîtres d'études et élèves des Lycées et Prytanées.
		d. 7. Départ du premier Consul pour un voyage dans la Normandie ; il va visiter les ports, manufactures, établissemens publics et particuliers de cette province ; il est précédé du ministre de l'intérieur, et accompagné de madame Bonaparte, de monsieur et madame de Lucais, des généraux Soult, Bessières, Caffarelly, et du chef de brigade Beauharnais.
		e. 11. Mort du général Leclerc, capitaine-général de Saint-Domingue. Il succombe à la maladie qui a déjà enlevé la plupart des Français arrivés avec l'expédition.

Législation civile et criminelle.		*Faits, Époques et Lois remarquables.*
Nos.	Dates.	*BRUMAIRE* AN 11. — *Oct. et Nov.* 1802.
883	12.	Avis du Conseil d'état, concernant les formalités à observer pour inscrire sur les registres de l'état civil, les actes qui n'y ont pas été portés dans les délais prescrits. (*Bull.* n°. 2067.)
884	12.	Arrêté qui annulle les dispositions de jugemens qui, en prononçant des condamnations contre une commune, ont réglé le *mode d'exécution* sur les habitans. (*Bull.* n°. 2109.)
		a. 12. Arrêté qui accorde la faculté de substituer les gendres aux fils, et les fils ou gendres aux interdits sur la liste des plus imposés d'une commune ou d'un département. *Voyez* les articles LXVIII et LXIX de l'arrêté du 19 fructidor an 10, par lesquels les fils peuvent être substitués sur ces listes à leurs pères, ou mères veuves.
		b. 13. Andréossy, ambassadeur de France, arrive à Londres; et le 17, M. de Withworth, ambassadeur anglais, arrive à Paris.
		c. 23. Retour du premier Consul à Saint-Cloud. Il est annoncé à Paris par une décharge de canons. Le 25, il reçoit les visites et félicitations du Sénat, du Tribunat, des membres de la commission du Corps législatif et du tribunal de cassation.
		d. 28. Arrêté qui supprime les listes locales d'émigrés formées dans les colonies.
		FRIMAIRE. — *Nov. et Déc.*
		e. 1er. Arrêté portant qu'il y aura auprès de l'épouse du premier Consul, quatre dames pour faire les honneurs du palais.
		f. 6. Les théâtres de la République et des Arts sont placés sous la surveillance et direction des préfets du palais. Un arrêté du 20, y place également ceux de Louvois, de Feydeau et de l'Opéra-Buffa.

Législation civile et criminelle.		*Faits, Époques et Lois remarquables.*
Nos.	Dates.	*FRIMAIRE* AN 11. — *Nov. et Déc.* 1802.
		g. 7. Sedi-Mustapha-Arnout, envoyé du Bey de Tunis, est admis à l'audience du premier Consul. Il le félicite sur son élection à vie. A la parade du 15 suivant, il lui présente au nom de son maître, dix chevaux arabes de très-belle race, et différens autres présens.
		h. 19. Arrêté concernant l'enseignement qui aura lieu dans les lycées, et leur police intérieure.
		i. 21. Une députation de la République valaisienne présente au premier Consul le décret par lequel il est proclamé *le restaurateur de la République du Valais.*
		k. 30. Arrêté relatif aux concessions de locaux pour l'établissement des écoles secondaires, à la surveillance de ces écoles, et au mode de paiement des frais d'instruction.
		NIVOSE. — *Déc. et Janv.*
885	2.	Arrêté qui règle le costume des juges, commissaires, défenseurs, avoués, etc. (*Bull.* n°. 2222.)
		a. 3. Établissement de chambres de commerce dans plusieurs villes, et d'un conseil général du commerce à Paris près le ministre de l'intérieur.
		b. 6. Installation du grand-juge, ministre de la justice : il arrive en grand costume au palais de Justice, dans une voiture attelée de cinq chevaux, et escortée d'un détachement de dragons. Il assiste, à la tête du tribunal de cassation, à une messe célébrée par l'archevêque de Paris, dans la grande salle du palais, dite des Libraires, et préside ensuite la séance du tribunal de cassation.
		c. 8. Sur la demande du Gouvernement français, les entrailles de Pie VI sont transportées en grande pompe de la basilique du Vatican à

Législation civile et criminelle.		*Faits, Époques et Lois remarquables.*
Nos.	Dates.	*NIVOSE* AN 11. — *Déc.* 1802 *et Janv.* 1803.
		Civitta-Vecchia, pour être de-là conduites en France et déposées à Valence, dans le monument destiné à les recevoir.
		d. 10. Convocation du Corps législatif pour le premier ventose.
		e. 13. Le général Rochambeau est nommé capitaine-général de Saint-Domingue, où il en remplissait provisoirement les fonctions depuis la mort du général Leclerc.
		f. 14. Sénatus-consulte portant création de sénatoreries, et réglement sur l'administration économique du Sénat.
		g. 16. Arrivée à Constantinople de l'ambassadeur français Brune : il est présenté en grand appareil à Sélim III.
886	18.	Arrêté qui déclare les traitemens ecclésiastiques insaisissables dans leur totalité. (*Bull.* n°. 2247.)
		a. 20. Les ministres, les membres du Sénat, du Conseil d'état, du Tribunat et du tribunal de cassation, sont présentés à l'audience du premier Consul, et lui font leur compliment de condoléance sur la mort du général Leclerc, son beau-frère.
		b. 27. MM. Joseph Fesch, archevêque de Lyon et oncle du premier Consul, Raymond Boisgelin, archevêque de Tours, Étienne-Hubert Cambacérès, archevêque de Rouen, et Jean-Baptiste Dubelloy, archevêque de Paris, sont nommés cardinaux.
		c. 28. Le tribunal d'appel des quatre nouveaux départemens de la rive gauche du Rhin, est installé à Trèves.
		PLUVIOSE. — *Janv. et Fév.*
		d. 3. Arrêté portant que l'Institut national sera divisé en quatre classes, et qui déter-

Législation civile et criminelle.		*Faits, Époques et Lois remarquables.*
Nos.	Dates.	*PLUVIOSE* AN 11. — *Janv. et Fév.* 1803.
		mine leurs fonctions respectives : première classe, des *sciences physiques et mathématiques* ; deuxième classe, de la *langue et de la littérature française* ; troisième classe, d'*histoire et de littérature ancienne* ; quatrième classe, des *beaux-arts*.
		Par arrêté du 8, les membres qui le composent sont distribués dans ces quatre classes.
887	4.	Arrêté qui valide les enquêtes faites soit dans la forme prescrite par la loi du 3 brumaire an 2, soit celles faites d'après celle prescrite par l'ordonnance de 1667, qui désormais sera la seule en vigueur à cet égard. (*Bull.* n°. 2260.)
888	25.	Ordonnances du préfet de police de Paris, concernant les déclarations à faire relativement aux étrangers à la ville de Paris, qui logent dans des maisons particulières, et ce qui est prescrit aux aubergistes, maîtres d'hôtels garnis et les logeurs, et qui rappellent les peines déterminées par la loi.
889	30.	Avis du Conseil d'état sur la suppression des prestations établies par des titres constitutifs de redevances seigneuriales et droits féodaux. (*Bull.* n°. 2540.)
		a. 30. Acte de médiation du premier Consul, portant une nouvelle constitution de chacun des divers cantons suisses et du gouvernement central.
		VIe. SESSION DU CORPS LÉGISLATIF.
		VENTOSE. — *Fév. et Mars.*
		b. 2. Le ministre de l'intérieur, précédé de deux messagers d'état, se rend à la salle du Corps

Législation civile et criminelle.		*Faits, Époques et Lois remarquables.*
Nos.	Dates.	*VENTOSE* AN 11. — *Fév. et Mars* 1803.
		législatif, et prononce le discours d'ouverture de la session.
		Exposé de la situation de la République, présenté par les conseillers d'état Muraire, orateur, Bruix et Gally.
		c. 4. Une députation du Corps législatif se présente chez le premier Consul pour le complimenter sur les travaux du Gouvernement.
		d. 6. Établissement et organisation d'une école d'arts et métiers à Compiègne.
		e. 8. Les ministres de France et de Russie présentent à la diète de Ratisbonne le plan définitif et général d'indemnités des différens états de l'empire. *Voyez* 5 germinal suivant.
890	14.	Titre préliminaire du Code civil, ou loi relative à la *promulgation, aux effets et à l'application des lois*; (*Bull.* nº. 2375.) Présenté au Corps législatif par les conseillers d'état Portalis, orateur, Miot, Lacuée et Regnault (de Saint-Jean-d'Angely.)
891	16.	Loi qui augmente le nombre des juges des tribunaux de première instance de Paris et de Rouen. (*Bull.* nº. 2383.)
892	16.	Loi qui fixe l'âge auquel on peut être juge, commissaire du Gouvernement, substitut ou greffier. (*Bull.* nº. 2389.)
893	17.	Titre Ier. du livre Ier. du Code civil, ou loi relative à *la jouissance et à la privation des droits civils*; (*Bull.* nº. 2398.) Présenté par les conseillers d'état Treilhard, orateur, Petiet et Regnault (de Saint-Jean-d'Angely.)
894	19.	Arrêté relatif au droit dû pour l'expédition d'actes et jugemens du tribunal de cassation, dans les affaires de la nature de celles mentionnées en l'article IX de la loi du 1er. décembre 1790. (*Bull.* nº. 2391.)
		a. 19. Loi relative aux conditions requises pour

Législation civile et criminelle.		*Faits, Epoques et Lois remarquables.*
Nos.	Dates.	*VENTOSE* AN 11. — *Fév. et Mars* 1803.
		être admis à l'exercice de la médecine dans ses diverses parties.
895	20.	Titre IIe. du livre Ier. du Code civil, ou loi relative aux *actes de l'état civil*; (*Bull.* no. 2437.) Présenté par les conseillers d'état Thibaudeau, orateur, et Français (de Nantes.)
		a. 22. Compte de l'administration des finances en l'an 10, publié aux termes de la loi du 13 novembre 1791, et *le premier* qui ait été rendu en exécution de cette loi.
896	23.	Titre III du livre Ier. du Code civil, ou loi relative au *domicile*; (*Bull.* no. 2438.) Présenté par les conseillers d'état Emery, orateur, et Dupuis.
897	23.	Titre IV du livre Ier. du Code civil, ou loi relative aux *absens*; (*Bull.* no. 2442.) Présenté par les conseillers d'état Bigot-Préameneu, orateur, Cretet et Boulay.
898	23.	Loi contenant organisation du notariat. (*Bull.* no. 2440.) Voyez pour la formule des grosses d'actes notariés, l'arrêté du 15 prairial suivant.
		a. 23. Arrêté qui prohibe l'exportation de toute espèce de matières d'or et d'argent.
		b. 23. Arrête qui ordonne la levée de deux mille conscrits pour le service des arsenaux.
		c. 23. Arrêté qui ordonne l'établissement de chambres de commerce dans les colonies de Saint-Domingue, la Martinique, la Guadeloupe, Cayenne, l'île de France et l'île de la Réunion, lesquelles auront chacune un député résidant à Paris auprès du Gouvernement.
899	26.	Titre V du livre Ier. du Code civil, ou loi relative au *mariage*; (*Bull.* no. 2443.) Présenté par les conseillers d'état Portalis, orateur, Réal et Gally.

a. 26.

Législation civile et criminelle.		*Faits, Epoques et Lois remarquables.*
Nos.	Dates.	*VENTOSE* AN 11. — *Fév. et Mars* 1803.
		a. 26. Rectifications dans les arrondissemens de justices de paix de plusieurs départemens.
		b. 26. Les Anglais évacuent Alexandrie en Egypte.
900	28.	Loi relative au mode de justifier des droits de pâturage, pacage et autres usages que les communes ou particuliers prétendent avoir dans les forêts nationales. (*Bull.* n°. 2535.)
901	30.	Titre VI du livre Ier. du Code civil, ou loi relative au *divorce*; (*Bull.* n°. 2524.) Présenté par les conseiller d'état Treilhard, orateur, Emery et Dumas.
		a. 30. Audience publique à Saint-Cloud, où se trouvent les Consuls, les Sénateurs, les ministres, les conseillers d'état et les députés suisses. Le Sénateur Barthélemy remet l'acte de médiation du premier Consul sur la constitution des Cantons Suisses, à M. d'Affry, nommé par cet acte, Landamman de la Suisse.
		GERMINAL. — *Mars et Avril.*
902	2.	Titre VI du livre Ier. du Code civil, ou loi relative à *la paternité et la filiation*; (*Bull.* n°. 2565.) Présenté par les conseillers d'état Thibaudeau, orateur, et Rhédon.
903	2.	Titre VIII du livre Ier. du Code civil, ou loi relative à l'*adoption et à la tutelle officieuse*; (*Bull.* n°. 2566.) Présenté par les conseillers d'état Berlier, orateur, Thibaudeau et Lacuée.
904	3.	Titre IX du livre Ier. du Code civil, ou loi relative à la *puissance paternelle*; (*Bull.* n°. 2567.) Présenté par les conseillers d'état Bigot-Préameneu, orateur, et Cretet.
		a. 3. Adoption par la diète de l'empire, du

Législation civile et criminelle.		*Faits, Epoques et Lois remarquables.*
Nos.	Dates.	*GERMINAL* AN 11. — *Mars et Avril* 1803.
		plan qui renferme la répartition et le *réglement définitif des indemnités des princes et états*, etc. *Voyez* 7 floréal.
		b. 4. Loi relative aux crédits ouverts pour les dépenses des années 5, 6 et suivantes, à la fixation et répartition des contributions de l'an 12. La contribution foncière est fixée à la somme de 210 millions ; la contribution personnelle, somptuaire et mobiliaire, à celle de 32 millions 800,000 francs, en principal.
905	5.	Titre X du livre Ier. du Code civil, ou loi relative *à la minorité, à la tutelle et à l'émancipation*; (*Bull.* no. 2579.) Présenté par les conseillers d'état Berlier, orateur, Emery et Miot.
		a. 6. A la messe célébrée dans la chapelle des Tuileries, le premier Consul remet aux cardinaux Dubelloy, Boisgelin, Cambacérès et Fesch, les barettes apportées de Rome par l'ab-légat Doria. A l'issue de la messe, les quatre cardinaux sont présentés au premier Consul, et lui adressent leurs remercîemens.
		b. 7. Loi sur la fabrication et la vérification des monnaies.
906	8.	Titre XI du livre Ier. du Code civil, ou loi relative *à la majorité, à l'interdiction et au conseil judiciaire*; (*Bull.* no. 2580.) Présenté par les conseillers d'état Emery, orateur, Treilhard et Gouvion-Saint-Cyr.
907	11.	Loi relative aux prénoms et changemens de noms. (*Bull.* no. 2614.)
908	14.	Loi portant que les pièces d'or et d'argent rognées ou altérées, ne seront admissibles qu'au poids, dans les paiemens. (*Bull.* no. 2578.)
		a. 15. Loi portant qu'aucune pension ne peut excéder six mille francs, etc. et qu'il n'en

Législation civile et criminelle.		Faits, Epoques et Lois remarquables.
Nos.	Dates.	*GERMINAL* AN 11. — *Mars et Avril* 1803.
		pourra être créé pour une somme au-dessus de la moitié des extinctions.
909	17.	Loi qui ordonne un sursis aux poursuites contre les communes des quatre départemens de la rive gauche du Rhin, leurs coobligés et cautions. (*Bull.* n°. 2620.)
		a. 17. Arrêté qui règle les dépenses des communes qui possèdent plus de 20,000 francs de revenu.
910	18.	Avis du Conseil d'état, qui prononce la validité d'un mariage contracté avant la loi du 20 septembre 1792, et dont la déclaration n'a pas été faite devant l'officier public du lieu du domicile. (*Bull.* n°. 207.)
		a. 18. Arrêté relatif aux augmentations de traitement des ministres du culte et autres dépenses accessoires, aux frais des communes.
		b. 19. Création d'auditeurs près des ministres et des sections du Conseil d'état.
		c. 19. Les citoyens Muraire, Malleville et Viellard sont réélus par le tribunal de cassation, présidens de leurs sections respectives.
911	19.	Loi concernant la révision des jugemens qui ont rétabli les communes dans la propriété de bois ou d'usages dans les forêts nationales. (*Bull.* n°. 2669.)
		a. 20. Ordre de faire débarquer les troupes françaises qui étaient prêtes à partir pour aller prendre possession de la *Louisiane*. Négociations pour la cession de cette colonie aux Etats-Unis.
		b. 21. Loi contenant organisation des écoles de pharmacie.
912	22.	Loi relative aux manufactures, fabriques et ateliers, aux obligations des maîtres et ouvriers, à la police de ces établissemens et aux peines en cas d'infraction aux réglemens publics. (*Bull.* n°. 2677.)

Législation civile et criminelle.		*Faits, Époques et Lois remarquables.*
Nos.	Dates.	*GERMINAL* AN 11. — *Mars et Avril* 1803.
913	23.	Arrêté additionnel à celui du 19 fructidor an 10, relatif aux actes conservatoires des créances sur les colons de Saint-Domingue. (*Bull.* n°. 2679.)
914	24.	Arrêté relatif à la manière dont les contestations entre différentes sections d'une même commune, doivent être suivies devant les tribunaux. (*Bull.* n°. 2699.)
		a. 24. Loi qui accorde à la *banque de France le privilége exclusif d'émettre des billets de banque*, et qui détermine les principaux statuts de cette association.
915	25.	Loi relative aux adoptions faites avant la publication du titre VIII du Code civil. (*Bull.* n°. 2700.)
916	25.	Loi interprétative de l'article XXXII de celle du 13 brumaire an 7 sur le timbre, relatif au délai pour signifier les procès-verbaux de contraventions. (*Bull.* n°. 2701.)
917	26.	Loi relative aux divorces prononcés ou demandés avant la publication du titre VI du Code civil. (*Bull.* n°. 2709.)
		a. 26. Loi qui autorise le remplacement de la contribution mobiliaire et somptuaire de la ville de Paris, par un autre mode d'imposition.
		b. 26. Loi qui détermine comment et par qui seront payées les contributions assises sur les biens communaux, lorsque ces biens sont d'un revenu insuffisant.
918	28.	Loi qui augmente le nombre des juges du tribunal criminel du département de la Seine, et lui attribue pendant cinq années la connaissance des crimes commis dans les colonies contre la sûreté générale et le gouvernement français. (*Bull.* n°. 2732.)
919	28.	Loi relative au délai des assignations pour les colonies. (*Bull.* n°. 2733.)

Législation civile et criminelle.		*Faits, Epoques et Lois remarquables.*
Nos.	Dates.	*GERMINAL* AN 11. — *Mars et Avril* 1803.
920	29.	Titre Ier. du livre III du Code civil, ou loi relative aux *successions*; (*Bull.* no. 2742.) Présenté par les conseillers d'état Treilhard, orateur, Gally et Najac.
		FLORÉAL. — *Avril et Mai.*
		a. 1er. Loi portant concession de propriétés territoriales aux vétérans qui s'établiront dans les 26 et 27e. divisions militaires.
921	2.	Loi qui attribue au tribunal criminel de Paris, la connaissance de tous les crimes de faux dans lesquels le trésor public sera intéressé. (*Bull.* no. 2744.)
922	3.	Arrêté portant que les successions directes et collatérales auxquelles la République était appelée par représentation d'un émigré, seront recueillies par les parens républicoles.
		a. 6. Loi qui ordonne la levée de 60,000 conscrits pour compléter l'armée sur le pied de paix; et celle de 60,000 pour rester en réserve et compléter, en cas de besoin, l'armée sur le pied de guerre.
		b. 7. L'empereur d'Allemagne donne *sa sanction* à l'acte de la députation extraordinaire de l'empire, contenant le plan général des indemnités accordées aux électeurs, princes et états, etc.
		c. 8. Loi sur le tarif des douanes, sur les importations, exportations, prohibitions, entrepôts etc.
		d. 9. Etablissement de commissaires-généraux de police à Brest et à Toulon.
		e. 9. Loi relative au régime des bois appartenans à des particuliers, aux communes, ou à des établissemens publics.
923	10.	Arrêté concernant l'amende à consigner pour l'appel des jugemens rendus par les tribunaux

Législation civile et criminelle.		*Faits, Époques et Lois remarquables.*
Nos.	Dates.	*FLORÉAL* AN 11. — *Avril et Mai* 1803.
		de première instance, de commerce, et par les juges de paix. (*Bull.* no. 2750.)
		a. 10. Arrêté sur le mode de comptabilité des caissiers des ateliers monétaires.
924	13.	Titre II du livre III du Code civil, ou loi relative aux *donations entre-vifs et aux testamens*; (*Bull.* no. 2767.) Présenté par les conseillers d'état Bigot-Préameneu, orateur, Thibaudeau et Duchatel.
925	13.	Loi relative à la répression de la contrebande avec attroupement et port d'armes, et aux préposés qui favorisent la contrebande. (*Bull.* no. 2761.)
926	14.	Loi relative à l'état des enfans nés hors mariage, dont les pères sont morts depuis la loi du 12 brumaire an 2. (*Bull.* no. 2762.)

NOTA.

La loi du 14 *floréal, sur les enfans nés hors mariage, étant la dernière loi transitoire de la partie du Code civil décrété en l'an* 11, *elle sera aussi la dernière de celles qui entreront dans le tableau de la législasion depuis* 1789.

Si des lois d'un grand intérêt eussent été rendues durant le reste de la session legislative, on eût néanmoins cru devoir les citer, et continuer le précis des évènemens politiques, faits, etc, jusqu'au 8 *prairial, époque de sa clôture; mais la prolongation de sa durée n'ayant eu pour*

Législation civile et criminelle.	*Faits, Epoques et Lois remarquables.*
	cause que l'incertitude de la continuation de paix entre le France et l'Angleterre, et divers ajournemens successifs n'ayant eu pour objet que l'attente de l'issue des négociations relatives à l'évacuation de Malte, stipulée dans le traité d'Amiens et réclamée par la France, il suffit de dire que ce ne fut qu'après qu'un message eut officiellement instruit le Corps législatif et des actes d'hostilités autorisées par le roi d'Angleterre, et des mesures de représailles ordonnées par l'arrêté des Consuls, (du 2 prairial) que la clôture de cette session fut enfin prononcée. Jusques-là, les députés, restant dans une sorte de permanence, avaient eu le temps de se convaincre des efforts que le premier Consul avait faits pour conserver le bienfait de la paix; aussi ne se séparèrent-ils qu'après l'avoir assuré de leur dévouement et celui de la France toute entière.

INTRODUCTION

Au Tableau de la législation par ordre de matières.

CE ne serait pas avoir assez fait pour l'utilité de cet ouvrage, d'avoir présenté dans l'ordre chronologique les lois dont l'application est chaque jour invoquée devant les tribunaux et doit être familière au jurisconsulte, de les avoir placées dans l'ordre le plus propre à faire connaître l'esprit et l'objet de chacune d'elles, par la comparaison des temps et des circonstances qui les ont précédées ou déterminées ; ce ne serait pas assez de les avoir indiquées dans le Tableau général par un numéro qui les fît distinguer et ressortir des faits, époques ou autres lois remarquables de la révolution ; il était indispensable de les classer d'après un ordre qui en facilitât la recherche et qui fît connaître d'un coup-d'œil les abrogations ou modifications qu'elles ont subies jusqu'à l'époque du Code civil.

Nous avions le choix de plusieurs méthodes, et nous devons rendre raison des motifs qui nous ont fait donner la préférence à celle que nous avons adoptée.

La classification par ordre alphabétique ne nous a pas paru convenable, nous avons pensé que c'eût été nous exposer à multiplier inutilement les chapitres, à placer à côté les uns des autres ceux qui ont souvent le moins de rapport et d'analogie, et jeter l'esprit dans le vague et l'arbitraire, pour deviner en quelque sorte sous lequel on peut retrouver la loi dont on a besoin : il nous a semblé qu'il était une division plus naturelle, plus philosophique, et plus relative au but que nous nous proposions, que cette division devait être établie d'après *l'ordre des matières.*

Cette classification laissera sans doute appercevoir quelques lacunes, puisque nos législateurs ne se sont pas attaché à faire des codes complets sur chaque partie de la législation, puisque les lois se sont succédé par la force des circonstances et ont été rendues sans ordre et souvent sans avoir été mûries dans le silence d'un comité. Plus d'une fois une loi a été *proposée, rédigée et décrétée* séance tenante, selon que son urgence paraissait plus ou moins forte d'après la direction des esprits et la marche des événemens. Ce sont des matériaux épars, préparés à la hâte, placés selon le besoin pour changer ou appuyer un bâtiment irrégulier, plutôt qu'un édifice construit sur un plan médité. Il est des parties qui ont subi des changemens plus complets, il en est sur lesquelles on ne remarque pas d'altération sensible ; mais cette irrégularité et ces lacunes mêmes ne sont pas indifférentes à distinguer, elles conduisent au contraire plus sûrement à une connaissance plus particulière de l'état de la législation nouvelle, et c'est l'objet que nous avons spécialement en vue.

Pour y parvenir, nous avons pensé qu'il convenait d'adopter dabord une division qui paraît la plus naturelle, et qui se présente la première à l'esprit, celle de placer sous trois titres distincts les lois rendues sur l'ordre judiciaire, civil et criminel.

Ainsi celles qui appartiennent à la législation civile proprement dite, qui ont des rapports directs et dépendans du Code civil, entreront dans le premier titre.

Celles qui se rapportent à l'organisation judiciaire, à la procédure ou aux fonctions qui se lient essentiellement avec l'ordre judiciaire, formeront la matière du second.

Enfin toutes les lois qui ont été rendues sur la répression des divers genres de délits, sur la procédure devant les tribunaux criminels, de police correctionnelle et municipale, militaires ou maritimes, et sur l'organisation de ces divers tribunaux seront classés sous le troisième.

Ces trois titres formeront, d'après notre méthode, *trois Codes principaux*, et divisés eux-mêmes en *chapitres et paragraphes* sous lesquels viendront se ranger naturellement les lois, décrets et arrêtés, d'après leur analogie respective.

Nous nous sommes attachés, comme nous l'avons annoncé dans l'exposition, à refaire la plupart des titres que portent les lois, afin qu'ils servissent, pour ainsi dire, d'analise qui en indiquât clairement l'objet et quelquefois les dispositions principales. Nous n'avons pas cru devoir répéter ces titres dans notre classification, mais seulement rappeler la date et le numéro qui les accompagnent dans le tableau chronologique. Ces deux indications suffiront pour parcourir promptement et comparer entre elles la courte série des lois rangées sous chaque paragraphe, et trouver aussitôt celle dont on aura besoin. L'on a évité par-là une répétition qui eût été fastidieuse et qui eût rendu l'ouvrage beaucoup trop volumineux.

Par-là aussi nous avons réuni tous les avantages de l'ordre chronologique et de la division par matières, en les rapprochant l'une de l'autre : en un mot, nous avons voulu simplifier, coordonner et jeter la lumière dans cette espèce de chaos des lois nées depuis la révolution, nous souhaitons y avoir réussi.

Quelques lois relatives aux créances et transactions des habitans des *colonies*, au mode de se pouvoir par appel dans la métropole, au délai des assignations, aux émigrations des colons, aux jugemens par contumace rendus contre eux, etc. eussent pu sans doute trouver place, selon leur nature particulière, dans les chapitres de la classification générale ; mais nous avons pensé qu'au lieu de les disséminer ainsi, il serait préférable de les réunir à la fin dans un chapitre unique et d'appendice. Ce sont d'ailleurs des lois d'exception qui, n'étant pas essentiellement liées à celles de la métropole, peuvent et doivent être rangées dans une cathégorie particulière.

SOMMAIRES

Des titres, chapitres et paragraphes de la classification des lois, par ordre de matières.

TITRE PREMIER.

CODE CIVIL.

CHAPITRE PREMIER.

De la Loi.

§ 1er. *Sur la préparation et la formation, la formule de promulgation et d'exécution de la loi, et les actes qui doivent être considérés comme lois.*

§ 2. *Sur la publication et la date de la loi, et la détermination de l'époque à laquelle elle devient obligatoire.*

§ 3. *Projets, arrêtés et lois relatifs au Code civil, depuis l'Assemblée constituante jusqu'au Gouvernement consulaire.*

§ 4. *Projets et arrêtés relatifs aux Codes civil et de commerce, depuis le Gouvernement consulaire jusqu'à la session législative de l'an* 11.

§ 5. *Premiers titres du Code civil et lois transitoires, adoptés dans la session législative de l'an* 11.

CHAPITRE II.

De l'État civil.

§ 1er. *Des actes de l'état civil en général, de la jouissance et de la privation des droits civils. Du domicile.*

§ 2. *Lois particulières sur les naissances, noms et qualifications, et sur la filiation.*

§ 3. *Sur le mariage.*

Sommaires des titres, chapitres et paragraphes.

§ 4. *Sur le divorce.*
§ 5. *Sur l'adoption, la tutelle officieuse et celle des enfans abandonnés.*
§ 6. *Sur la majorité et minorité, la puissance paternelle, l'interdiction, la tutelle, etc.*
§ 7. *Sur les décès, prédécès et sépultures.*

CHAPITRE III.

Des Successions.

§ 1er. *Sur les successions, donations et testamens en général.*
§ 2. *Lois particulières sur les successions féodales, droits d'aînesse et de masculinité.*
§ 3. *Sur les substitutions.*
§ 4. *Sur la successibilité et les droits des enfans naturels.*
§ 5. *Sur les successions et donations relatives aux religieux et à l'église.*
§ 6. *Sur les successions et biens restitués des religionnaires fugitifs.*
§ 7. *Sur les successions, legs, etc. de personnes absentes ou qui intéressent des héritiers absens.*
§ 8. *Sur les successions du fisc provenant d'émigrés, étrangers et autres.*
§ 9. *Sur les héritiers des auteurs d'ouvrages ou de découvertes utiles.*

CHAPITRE IV.

Des Transactions.

§ 1er. *Des actes et obligations en général, de leur date, des stipulations défendues, de la déclaration de command.*
§ 2. *Lois particulières sur les intérêts, pensions, rentes et redevances annuelles.*

Sommaires des titres, chapitres et paragraphes.

§ 3. *Sur les dépôts et les obligations des dépositaires, séquestres, etc.*
§ 4. *Sur les effets à ordre, au porteur et lettres de change.*
§ 5. *Sur les ventes de grains.*
§ 6. *Sur les créanciers des émigrés, déportés, condamnés et détenus, et sur les ventes et autres dispositions faites par ces derniers.*
§ 7. *Sur les paiemens et remboursemens en général.*
§ 8. *Sur les aliénations d'immeubles, reprises matrimoniales, et le paiement des obligations contractées avant, pendant et après le régne du papier-monnaie.*
§ 9. *Sur la lésion et la rescision.*
§ 10. *Sur les engagistes, échangistes des biens de la couronne, et les concessionnaires de mines.*
§ 11. *Sur les lettres de ratification et le système hypothécaire en général.*
§ 12. *Sur les hypothèques qui intéressent la nation en particulier.*
§ 13. *Sur la contrainte par corps.*

CHAPITRE V.

Des Baux.

§ 1er. *Sur le mode de paiement des baux et fermages.*
§ 2. *Sur la dime et les contributions relativement aux fermiers de biens ruraux.*
§ 3. *Sur les baux à cheptel.*
§ 4. *Sur les domaines congéables, baux à culture perpétuelle, baux à complant, et sur la tenure convenancière.*

CHAPITRE VI.

Des Droits féodaux.

§ 1er. *Sur la suppression des droits féodaux en général.*

Sommaires des titres, chapitres et paragraphes.

§ 2. *Lois particulières sur la suppression des retraits féodaux.*
§ 3. *Sur le rachat et remboursement des droits féodaux.*

CHAPITRE VII.

Des Propriétés communes.

§ 1er. *Sur les acquisitions, aliénations ou baux à longues années, au nom des communes, corps administratifs, hospices, etc.*
§ 2. *Sur le rétablissement des communes dans les biens et droits usurpés par la puissance féodale.*
§ 3. *Sur le partage des biens communaux.*

TITRE II.

CODE JUDICIAIRE.

CHAPITRE PREMIER.

De l'Organisation judiciaire.

§ 1er. *Sur l'institution des nouveaux tribunaux, et les changemens dans leur organisation et leurs attributions.*
§ 2. *Lois transitoires au nouvel ordre judiciaire.*
§ 3. *Sur la manière d'opiner, le partage d'opinions dans les tribunaux, et sur les récusations.*
§ 4. *Sur la compétence ou l'incompétence, et les conflits de juridiction.*
§ 5. *Sur le costume des juges, commissaires, avoués, etc.*
§ 6. *Sur les traitemens et droit d'assistance des juges, commissaires, greffiers, sur le traitement des juges de paix, etc.*
§ 7. *Sur les vacances et jours de repos.*

Sommaires des titres, chapitres et paragraphes.

§ 8. *Lois particulières aux greffiers, avoués et huissiers près les tribunaux.*
§ 9. *Sur l'institution des justices de paix, et la manière de procéder devant elles.*
§ 10. *Sur la réduction des justices de paix, la suppression des assesseurs, le nouveau mode d'élection des juges, et la nomination de leurs greffiers.*
§ 11. *Sur les tribunaux de famille, les arbitres volontaires et forcés.*
§ 12. *Sur les tribunaux de commerce.*
§ 13. *Sur l'organisation du tribunal de cassation, et les cas de cassation en matière civile.*
§ 14. *Sur les délais pour se pourvoir en cassation, en matière civile.*

CHAPITRE II.

De la Procédure.

§ 1er. *Lois sur la procédure et les frais de justice en général.*
§ 2. *Sur les enquêtes et témoins.*
§ 3. *Lois particulières sur la procédure en appel et requête civile.*
§ 4. *Sur la procédure relative aux affaires qui intéressent la nation, des communes ou des hospices.*
§ 5. *Sur la procédure concernant les contraventions aux lois sur les douanes, et sur les moyens de répression.*
§ 6. *Sur la procédure relative aux prises maritimes, au sauvetage des bâtimens et les demandes en augmentation de frêt.*
§ 7. *Sur les consignations de valeurs, les saisies et oppositions.*
§ 8. *Sur les cas où il faut donner caution avant l'exécution provisoire des jugemens.*
§ 9. *Sur la consignation d'amende avant de procéder en cassation, requête civile, appel et première instance.*
§ 10. *Sur les expropriations et criées.*
§ 11. *Sur les scellés, inventaires, aliénations, etc. qui in-*

Sommaires des titres, chapitres et paragraphes.

téressent des mineurs, interdits, absens et défenseurs de la patrie.

§ 12. *Sur les ventes de mobilier, et les huissiers-priseurs.*

CHAPITRE III.

De quelques Fonctions publiques, et Perceptions de droits qui ont rapport à l'Ordre judiciaire.

§ 1er. *Sur les fonctions et obligations des notaires.*

§ 2. *Sur l'insinuation.*

§ 3. *Sur le droit d'enregistrement, et les actes qui y sont sujets.*

§ 4. *Lois particulières à l'enregistrement des effets publics au porteur.*

§ 5. *Sur la perception du droit de timbre, les actes et autres objets qui y sont soumis, et la poursuite des contraventions.*

§ 6 *Sur les dépôts judiciaires, et les droits de greffe.*

TITRE III.

CODE CRIMINEL.

CHAPITRE PREMIER.

Des Tribunaux criminels, de police et d'exception.

§ 1er. *Sur l'organisation des tribunaux criminels, de police correctionnelle et municipale, et des commissaires placés près d'eux.*

§ 2. *Sur la manière d'opiner, le partage d'opinions et les récusations.*

§ 3.

Sommaires des titres, chapitres et paragraphes.

CHAPITRE II.

De la Procédure criminelle.

CHAPITRE III.

Des Délits et des Peines.

Sommaires des titres, chapitres et paragraphes.

les émeutes, attroupemens et attaques sur les grandes routes.

§ 5. *Sur les malversations dans les ventes nationales, et d'autres infidélités envers la République.*

§ 6. *Sur la fabrication de fausse-monnaie, faux papier-monnaie, faux poinçons et faux timbre.*

§ 7. *Sur les accaparemens, délits relatifs aux subsistances et exportations de grains.*

§ 8. *Lois pénales contre les émigrés et déportés.*

§ 9. *Sur les détentions illégales, l'évasion des prisonniers, et la police des prisons.*

CHAPITRE IV.

De la Police spéciale.

§ 1er. *Sur les fonctions, costumes, etc. des commissaires, officiers de police et officiers de paix.*

§ 2. *Sur la police intérieure des communes, et celle qu'elles doivent exercer sur les spectacles, les ouvriers, les étrangers et les mendians.*

§ 3. *Sur la police de la presse.*

§ 4. *Sur la police des cultes.*

§ 5. *Sur la police des bourses de commerce, la vente du numéraire et des matières d'or et d'argent.*

§ 6. *Sur la police pour la vente, achat et fabrication des armes et de la poudre à tirer.*

§ 7. *Sur la police relative aux poids et mesures.*

§ 8. *Sur la police de la navigation et ports de commerce.*

§ 9. *Sur la police rurale.*

§ 10. *Sur la police de la chasse et de la pêche.*

CHAPITRE V.

Du Code pénal militaire et maritime.

§ 1er. *Sur les tribunaux militaires, et la procédure qui y est suivie.*

Sommaires des titres, chapitres et paragraphes.

CHAPITRE D'APPENDICE.

Lois civiles et criminelles rendues relativement aux colonies.

TITRE PREMIER.

CODE CIVIL.

Sous ce titre l'on trouvera toutes les lois qui ont changé plus ou moins l'ancien droit français, et qui ont, pour ainsi dire, préparé la Nation à recevoir le bienfait d'un Code uniforme, fondé sur les principes de l'éternelle justice. Par ces lois, chaque coutume locale avait subi des altérations sensibles : la suppression de ces grandes et formidables corporations, accoutumées à maîtriser l'opinion et à résister toujours avec succès aux innovations même les plus salutaires, avait rendu désormais impossible toute résistance sérieuse. Le langage de la raison livrée à elle-même, pouvait dès-lors se faire entendre dans tout l'empire français : aussi a-t-on vu les mêmes provinces, jadis si fortement attachées à leurs lois et usages, que l'autorité souveraine avait été obligée de les respecter jusques dans leurs défauts les plus reconnus, souhaiter elles-mêmes une fin à toutes ces abrogations partielles ; appeler unanimement et soupirer après une loi générale qui effaçât jusqu'à la trace de la plupart de ces Codes bisarres, nés dans des temps d'orages et de barbarie, établis par le droit du plus fort et sanctionnés par le temps.

Les lois renfermées sous le titre du Code civil sont distribuées, d'après leur nature particulière, dans les sept chapitres suivans : le Ier, de la loi en général ; le IIe, de l'état civil ; le IIIe, des successions ; le IVe, des transactions ; le Ve, des baux ; le VIe, des droits féodaux ; et le VIIe, des propriétés communes.

CHAPITRE PREMIER.

De la Loi.

Ce chapitre peut être considéré comme *préliminaire* relativement à ceux qui suivront, puisque les lois, décrets et arrêtés qu'il renferme ne sont que l'établissement des règles sur la confection de la loi en général, ou du Code civil en particulier.

Les paragraphes 1 et 2 contiennent toutes les lois, décrets et arrêtés concernant la formation, la publication, les effets de la loi, ou la détermination de l'époque à dater de laquelle elle devient obligatoire. L'historique de la publication de la loi, pendant et avant la révolution, a été trop bien tracé par le citoyen Portalis, dans le discours imprimé en tête du Code civil, pour qu'il ne parût pas superflu d'en parler de nouveau. Nous y renvoyons le lecteur, qui y trouvera toutes les notions qu'il peut desirer à cet égard.

Quant à la confection de la loi, nous nous bornerons à dire que selon la constitution de 1791, aucun acte ne pouvait être considéré comme *loi*, que celui qui avait été délibéré et décrété dans l'assemblée des représentans de la Nation composant le Corps législatif, puis sanctionné par le roi; que le roi pouvait refuser son consentement ou sa sanction aux actes du Corps législatif, mais que dans ce cas son refus n'était que suspensif; que cette suspension cessait à la deuxième législature, si celle-ci persistait à proposer la même loi. Par la constitution de 1793, le Corps législatif devait soumettre ses décrets à la sanction du peuple, qui seul pouvait leur donner force de loi; mais cette constitution n'a jamais été en vigueur : le gouvernement du comité de salut public l'a remplacée jusqu'à la constitution de l'an 3. Par celle-ci, le conseil des Cinq-cents proposait des résolutions ou projets de loi, le conseil des Anciens les acceptait ou les rejetait, le Directoire les publiait, quand elles étaient revêtues par cette acceptation du caractère de loi. Par la constitution de l'an 8, le Gouvernement a l'initiative, le Tribunat discute, et le Corps législatif accepte ou refuse le projet de loi; le premier Consul la promulgue dix jours après qu'elle a été décrétée.

Titre Ier. Code civil. Chap. Ier. De la Loi.

Dans les paragraphes 3 et 4, on voit la série des projets, arrêtés et lois relatifs à la confection des Codes civil et de commerce, depuis l'Assemblée législative jusqu'au Gouvernement consulaire. Si dans le paragraphe 5 on ne fait qu'indiquer les titres du Code civil qui ont paru en l'an 11, et si on les a classés dans les chapitres auxquels ils se réfèrent, c'est que l'on a pensé que ces divers titres étant le complément de la législation sur la matière dont ils traitent, il valait mieux les placer à la suite des lois qu'ils ont abrogées ou modifiées, que d'en faire une série particulière et incohérente.

On verra en parcourant ces derniers paragraphes, combien d'ajournemens successifs a éprouvés pendant douze ans le travail du Code civil. L'importance et l'urgente nécessité de ce travail s'étaient fait sentir dès les premiers pas de l'Assemblée constituante; plus d'une fois les hommes d'état qui y siégeaient en grand nombre, appelèrent son attention sur un objet aussi essentiel. *C'est de la bonté des lois civiles*, disait l'éloquent Casalès, *que dépend l'intérêt public, et ce ne sont point les lois politiques qui intéressent le peuple. Que lui importe en effet d'être régi par un monarque, par un despote, par un parlement, par une assemblée nationale, par un sénat? Toutes ces questions dont nous faisons tant de bruit, n'intéressent qu'un millier d'ambitieux.... au lieu que les lois civiles étant celles qui touchent de plus près chaque individu de la société, il importe au bonheur de tous qu'elles soient justes et sages....* Mais l'assemblée, soit qu'elle n'apperçût pas encore les esprits assez préparés pour une législation uniforme et générale, soit que l'entreprise lui parût trop vaste, n'osa point l'entreprendre : elle ne rendit que quelques décrets partiels dont nous parlerons aux chapitres suivans ; elle se borna à décréter en principe, en terminant sa session, qu'*il serait fait pour tous les départemens un Code civil uniforme.*

L'Assemblée législative, qui lui succéda, ne remplit pas l'importante tâche qui lui avait été léguée : elle se contenta de nommer une commission pour s'en occuper, et d'appe-

Titre Ier. Code civil. Chap. Ier. De la Loi.

ler à son secours les *lumières des jurisconsultes de tous les pays.* Les convulsions continuelles à travers lesquelles elle parcourut sa courte carrière, ne lui permirent pas de porter la main à un ouvrage qui exigeait du calme et de la méditation.

La Convention commença ce grand œuvre ; elle en fit souvent l'objet de ses délibérations : plusieurs projets furent présentés et discutés, mais heureusement elle l'ajourna et ne l'acheva pas. Le moment n'était pas venu où les principes pourraient être proclamés dans toute leur pureté ; il était réservé au Gouvernement consulaire de donner à la France un Code rédigé d'après les lumières de l'expérience et de la saine raison.

§ 1er. *Sur la préparation et la formation de la loi, la formule d'exécution et de promulgation, et les actes qui doivent être considérés comme lois.*

§ 2. *Sur la publication et la date de la loi, et la détermination de l'époque à laquelle elle devient obligatoire.*

§ 3. *Projets, arrêtés et lois relatifs au Code civil, depuis l'Assemblée consti-*

tuante jusqu'au Gouvernement consulaire.

§ 4. *Projets et arrêtés relatifs aux Codes civil et de commerce, depuis le Gouvernement consulaire jusqu'à la session législative de l'an* 11.

§ 5. *Premières lois du Code civil et lois transitoires, adoptées dans la session législative de l'an* 11.

Douze lois composant le 1er. livre et deux du 3e. livre du Code civil, ont été adoptées. *Voyez* toutes celles relatives à l'*état des personnes*, ainsi que les lois *transitoires*, au chapitre II ; celles relatives aux *successions*, *donations* et *testamens*, au chap. III du présent titre.

CHAPITRE II.

De l'État civil.

L'Assemblée constituante avait cru ne pas devoir séparer du Code civil, et ajourna avec lui toute discussion sur l'état des citoyens ; elle ne changea ni la forme, ni le mode de constater ces actes, qui marquent les diverses époques de la vie sociale : elle se borna à proclamer dans la constitution, que le mariage n'était plus qu'un contrat civil. L'Assemblée législative, au contraire, empressée d'établir dans le sein des familles, des rapports plus analogues à la nouvelle organisation politique de l'état, et à l'esprit d'indépendance qui tendait à s'étendre jusques dans les mœurs privées, empressée sur-tout de confier à des officiers publics la tenue des registres jusqu'alors restés dans les mains des prêtres dont elle redoutait l'influence, rendit le 20 septembre 1792, deux lois remarquables : dans l'une, elle change les conditions du mariage et la forme de tous les actes de l'état civil : dans l'autre, elle établit et régularise le divorce. Elle proclame aussi une époque uniforme pour la majorité, la cessation de la puissance paternelle et l'exercice des droits civils. L'on peut avancer que c'est sur ces divers points que la législation nouvelle a été plus complette. La Convention ne fit qu'expliquer et étendre les principes qu'elle trouva déjà établis ; et le Code lui-même n'est que la confirmation des articles les plus importans de ces lois, avec toutefois de grandes modifications à celle relative au divorce.

L'adoption, quoique indiquée à son comité par l'Assemblée législative, comme un point dont il devait s'occuper, ne fut cependant jamais l'objet d'une loi spéciale. La Convention rendit quelques décrets qui supposaient que cette nouvelle institution aurait lieu ; mais quoique le principe ait été implicitement et plusieurs fois reconnu, il ne reçut aucun développement jusqu'à l'époque du Code. Il a même fallu régler par des dispositions transitoires, les effets des adoptions qui ont eu lieu avant la loi du 2 germinal an 11.

Les lois sur l'état civil sont divisées en sept paragraphes, dont l'ordre est déterminé par la succession des événemens de la vie naturelle et civile, et se rapproche autant qu'il est possible de celui des titres du premier livre du Code.

Titre Ier. Code civil. Chap. II. De l'État civil.

Titre Ier. Code civil. Chap. III. Des Successions.

CHAPITRE III.

Des Successions.

Les successions *ab intestat* ont seules été l'objet des discussions de l'Assemblée constituante. Ayant détruit le régime féodal, il n'était pas possible de laisser subsister celles des dispositions des coutumes relatives aux successions *ab intestat*, qui étaient fondées sur la qualité noble jadis affectée aux biens; il n'était pas possible de laisser subsister des dispositions qui n'avaient été établies que pour maintenir l'intégrité des fiefs ou la noblesse. Le décret du 15 mars 1790, supprime tous les droits de primogéniture et de masculinité : bientôt on desira la même égalité pour le partage des autres biens, et cette égalité fut réglée par la loi du 8 avril 1791. Quant aux dispositions testamentaires, elle n'y apporta d'autres restrictions que celle de prescrire dans les testamens les clauses prohibitives ou impératives. Elle prononça également l'abolition du droit d'aubaine sur les biens des étrangers; la restitution de ceux des parens des religionnaires fugitifs, et quelques décrets tendant à favoriser le conjoint de préférence au fisc, à défaut d'héritiers de l'autre conjoint. Qu'aux précédens l'on ajoute celui par lequel l'Assemblée législative abolit la faculté de substituer, et l'on aura une idée de cette première législation sur les successions.

La Convention nationale, qu'aucun obstacle ne savait arrêter, conçut et exécuta un ordre entièrement nouveau sur les successions, donations et testamens. Après avoir aboli dès le 4 janvier 1793, le droit d'aînesse, que l'Assemblée constituante avait réservé en faveur des personnes mariées, ou veuves ayant des enfans, elle prononça le 7 mars suivant l'abolition de la faculté de disposer en ligne directe, et enfin donna en brumaire et nivose an 2, ces fameuses lois qui ont totalement changé l'ancien droit français. Elle fit disparaître la différence dans la nature et la qualité des biens dont on pouvait disposer, leur distinction en meubles et immeubles, nobles ou roturiers, propres ou acquêts. Elle adopta sur la transmission des biens par dispositions de l'homme, un système fondé sur la plus scrupuleuse égalité entre les cohéritiers naturels. Elle apposa des entraves et des difficultés de tout genre à la libéralité des donateurs, et aux efforts qu'ils pourraient tenter pour se soustraire au vœu de la loi. Elle ne craignit même pas de lui donner un effet rétroactif, que plus tard cependant elle se vit forcée de rapporter.

Par un effet naturel à des lois qui ont tant d'influence sur la fortune et l'existence de tous les individus, celles-ci donnèrent naissance à une foule de questions, et par suite d'explications et de modifications, sous les titres de décrets interprétatifs et d'ordre du jour motivés, etc. Néanmoins, jusqu'à la loi de germinal an 8, les principes posés comme bases principales de la loi du 17 nivose, ne furent point altérés. Cette dernière, née dans un temps où les idées commençaient à s'éloigner de l'esprit de système, et où l'on consultait davantage l'expérience du cœur humain, non seulement augmenta la quotité disponible, mais encore accorda la faculté de disposer en ligne directe. Du reste, nulle forme exclusive ne fut déterminée pour exécuter les actes de libéralité. Chaque province continua de se régler à cet égard selon ses coutumes : le Code seul contient des dispositions générales dont il n'est plus permis de s'écarter. Tout ce qui est relatif aux successions *ab intestat*, aux conditions et à la quotité des donations testamentaires et entre-vifs, y est également prévu et ordonné avec sagesse.

Titre Ier. Code civil. Chap. III. Des Successions.

La législation sur les enfans naturels, fut le résultat nécessaire du système favori d'une égalité universelle qui dirigeait la Convention dans toutes ses résolutions. Par la loi de brumaire an 2, les bâtards sont appelés à succéder concurremment avec les enfans légitimes. Il était probable que cette loi, qui a pu régler le passé, avait eu l'intention de disposer aussi pour l'avenir; cependant la jurisprudence résistant à toute interprétation favorable aux enfans naturels, a su tellement en restreindre les effets aux successions ouvertes lorsqu'elle fut décrétée, que toutes les lois rendues postérieurement n'ont pas suffi pour en faire étendre l'application aux successions ouvertes depuis. Le Code civil contient sur cette partie des dispositions plus politiques et plus morales; mais ne pouvant statuer que pour l'avenir, il a fallu une loi transitoire pour régler le sort des enfans naturels, au profit desquels des successions s'étaient ouvertes depuis la loi du 12 brumaire; et tel est l'objet de celle du 14 floréal an 11.

La Convention et les Assemblées suivantes ont encore introduit une législation particulière, relativement aux successions d'émigrés : ces lois de circonstances sont abrogées, ou modifiées par le sénatus-consulte du 6 floréal an 10. La plupart n'ont plus d'application que pour le passé, et cette application est le plus souvent du ressort de l'autorité administrative; néanmoins comme elles peuvent dans quelques cas donner naissance dans les familles à des contestations, que les tribunaux doivent décider, on a cru devoir leur donner une place dans ce chapitre. Celles qui sont relatives aux créances sur les émigrés, aux transactions faites par eux, etc. seront rapportées au chapitre suivant.

On trouvera également dans celui-ci les lois sur les cas généraux où le fisc est héritier; sur la transmission du droit d'auteurs d'ouvrages et de découvertes utiles; sur les successions ou legs dévolus aux religieux et à l'église; sur la restitution des biens des religionnaires fugitifs, à leurs héritiers, etc.

Titre Ier. Code civil. Chap. III. Des Successions.

§ 1er. *Sur les successions, donations et testamens en général.*

1791. 8 Avril....... n°. 85.
5 Septemb...... 113.
1793. 7 Mars......... 217.
An 2. 18 Vendém...... 294.
5 Brumaire..... 306.
5 Frimaire...... 325.
17 Nivose........ 341.
17 Nivose........ 342.
13 Pluviose...... 352.
22 Ventose...... 364.
23 Ventose....... 365.
9 Fructidor..... 425.
An 3. 5 Floréal....... 471.
9 Fructidor..... 503.
An 4. 3 Vendém...... 519.
An 5. 18 Pluviose...... 638.
An 8. 4 Germinal..... 786.
An 10. 3 Ventose...... 854.
An 11. 29 Germinal..... 920.
13 Floréal....... 924.

§ 2. *Sur les successions féodales, droits d'aînesse et de masculinité.*

1790. 15 Mars....... n°. 19.
19 Septembre.... 47.
1791. 8 Avril......... 85.
1793. 4 Janvier....... 209.
An 2. 28 Nivose....... 346.

§ 3. *Sur les substitutions.*

1792. 25 Octobre.... n°. 195.
14 Novembr..... 197.
An 2. 28 Pluviose...... 354.
An 2. 9 Fructidor..... 425.
An 11. 13 Floréal....... 924.

§ 4. *Sur la successibilité et les droits des enfans naturels.*

1793. 4 Juin....... n°. 238.
An 2. 12 Brumaire..... 311.
1er Jr. compl..... 430.
An 4. 3 Vendém...... 519.
26 Vendém...... 531.
15 Thermid...... 591.
An 5. 12 Ventose...... 645.
An 6. 2 Ventose...... 698.
An 11. 29 Germinal..... 920.
14 Floréal....... 926.

§ 5. *Sur les successions et donations relatives aux religieux et à l'église.*

1790. 20 Février..... n°. 16.
19 Mars......... 20.
8 Octobre...... 50.
An 2. 18 Vendém...... 293.
An 4. 2 Fructidor..... 599.
An 10. 18 Germinal..... 859.

§ 6. *Sur les successions et biens restitués des religionnaires fugitifs.*

1790. 10 Juillet...... n°. 35.
9 Décembr...... 63.
1792. 20 Septembr..... 184.
An 3. 1er Jr. compl..... 513.
An 5. 4 Nivose....... 625.

§ 7. *Sur les successions, legs, etc. de personnes absentes*

CHAPITRE IV.

Des Transactions.

Un grand nombre de lois sur les transactions sociales, dont la plupart sont nées du hasard des circonstances, des décisions, des interprétations demandées et obtenues la plupart par l'intérêt personnel, formeront en grande partie la matière de ce chapitre. Les divers paragraphes renferment presque tous une législation particulière et d'exception. Dans l'un, on trouve des dispositions relatives aux créances et transactions dans lesquelles les émigrés ou déportés, et par suite la Nation se trouvent intéressés. Par le système de confiscation qu'avait adopté la Convention contre les ennemis de la révolution, elle se vit forcée de rendre une multitude de lois pour régler les intérêts et faciliter la discussion des droits de la Nation avec les familles des proscrits, ou leurs créanciers.

Titre Ier. Code civil. Chap. IV. Des Transactions.

Dans un autre, l'on remarque les lois propres au règne du papier-monnaie, et par conséquent aux ventes de biens et remboursemens faits à cette époque; aux demandes en lésion fondées sur les paiemens faits pendant la dépréciation des assignats et mandats, et à la suspension de ces demandes, etc. Ces lois appartiennent en majeure partie à la Convention : l'avilissement du papier-monnaie marcha avec rapidité, par les fréquentes et considérables missions qu'elle fit de ce signe représentatif. (*Voyez le montant des sommes mises en circulation*, page 157.) En vain voulut-elle maîtriser l'opinion et forcer la confiance, les mesures les plus violentes, la terreur même n'empêchèrent pas le discrédit progressif, les désastres et les révolutions terribles qui eurent lieu dans les fortunes. Les remèdes qu'elle apporta furent tardifs et insuffisans; elle suspendit et autorisa tour-à-tour les remboursemens. Cependant les Assemblées qui la suivirent, s'occupèrent avec une honorable sollicitude à régler ce qui concernait les transactions passées avant et pendant la circulation du papier-monnaie, à réparer les maux et les injustices nés à une époque où il avait été impossible aux particuliers de prévoir que leurs conventions deviendraient illusoires ou ruineuses. Les principes du droit commun eussent été pernicieux à appliquer aux expressions rigoureusement exprimées dans les contrats, puisqu'il ne s'agissait plus que de valeurs fictives. Ces lois furent donc, de leur nature, transitoires et presqu'aussi multipliées qu'il se présenta de cas ou d'espèces qui pouvaient donner lieu à contestation.

Il a été, au surplus, très-facile de classer méthodiquement toutes les lois contenues dans ce chapitre. Il n'a fallu que considérer les transactions sous le rapport des divers élémens qui les composent, et de leurs suites nécessaires, et parcourir par degrés les différens rapports du créancier avec son débiteur, depuis l'acte qui contient une obligation jusqu'à l'hypothèque et à la contrainte qui en en assurent le paiement. La seule inspection des sommaires suffit pour donner une idée de ces lois, dont l'historique n'a pas besoin d'être plus longuement présenté ; elles ont en général laissé des traces assez profondes de leur existence.

Quelques lois prohibitives, sollicitées dans le temps par la rareté des subsistances, contre les traités ou transactions qui auraient pour objet la vente des bleds en verd, ou pendans par racines, et qui annulent tous marchés qui en contiendraient de pareilles, devaient naturellement se placer dans ce chapitre.

On devait y trouver aussi les lois relatives aux aliénations ou échanges des biens de la couronne, faits par le roi avec des particuliers, et sur lesquels les Assemblées nationales se sont diversement expliquées selon les époques où les transactions ont eu lieu, selon qu'elles ont été plus ou moins régulières ou de bonne foi. Par décret du 24 mars 1790, l'Assemblée constituante suspendit tous échanges non terminés ; et le 22 novembre suivant, elle déclara nulles toutes aliénations et concessions postérieures à l'ordonnance de février 1556, et les échanges faits depuis la convocation des états-généraux. La loi du 14 ventose an 7, est la dernière qui ait été rendue sur la matière. Elle règle définitivement le sort des aliénataires, concessnnioaires ou échangistes.

§ 1er. *Sur les actes et obligations en général, leur date, les stipulations défendues, la déclaration de command.*

1791. 13 Septembre.. n°. 116.
1792. 22 Septembre.... 186.
1793. 11 Avril......... 231.
An 2. 14 Vendém.... n°. 291.
8 Pluviose....... 351.
An 3. 13 Messidor...... 484.
An 4. 1er Vendém....... 517.
7 Germinal..... 564.
5 Thermid...... 588.
An 6. 23 Fructidor...... 731.
An 9. 13 Brumaire...... 815.

Titre Ier. Code civil. Chap. IV. Des Transactions.

Titre Ier. Code civil. Chap. IV. Des Transactions.

CHAPITRE V.

Des Baux.

Il a été rendu sur les baux et fermages grand nombre de lois essentielles. Les premières déterminèrent à qui appartiendrait la valeur de la dîme, que l'Assemblée constituante avait supprimée ; le prix en fut attribué aux propriétaires. D'autres, sur le mode de paiement des fermages et loyers, furent la plupart rendues à l'occasion du papier-monnaie. Ce sont des palliatifs successivement appliqués à de grands maux : la nullité du signe représentatif enrichissait les fermiers, et ruinait les propriétaires. D'abord la Convention obligea les premiers à payer une partie de leur fermage en nature ; puis, d'après les évaluations des baux antérieurs, à acquitter les contributions, sauf à en faire la retenue d'après un mode déterminé. La diversité des clauses exprimées dans les baux, la différence dans leur nature, selon les coutumes et les pays, celle de leur date et de leur durée, établissaient autant d'hypothèses qui multiplièrent les lois et les interprétations.

Les domaines congéables, la tenure convenancière, etc. espèces de baux particuliers à la Bretagne et à quelques autres pays, furent l'objet d'une législation désastreuse et d'une injustice révoltante. L'Assemblée législative, emportée par un zèle inconsidéré pour l'égalité et la liberté des propriétés, déclara le 27 août 1792, les domaniers propriétaires incommutables ; elle considéra comme droits féodaux, des concessions de fonds à longues années, qui n'avaient eu pour objet que l'amélioration de la culture et du sort des domaniers : elle ruina ainsi en masse une foule de familles qui ne tenaient point à la classe nobiliaire, et dont les champs n'étaient nullement régis par le système féodal. Ce n'étaient pas là, sans doute, les principes proclamés le 7 juin 1791 par l'Assemblée cons-

Titre Ier. Code civil. Chap. V. Des Baux.

tituante ; mais ils étaient trop conformes à ceux que professa la Convention, pour que celle-ci fût tentée de les rejeter. Elle les confirma, au contraire, et leur donna une plus grande extension par plusieurs décrets.

Cependant l'injustice était trop frappante pour que tôt ou tard elle ne fût pas réparée. Quand l'ivresse de l'absurde système des niveleurs fut dissipée, les réclamations des propriétaires purent se faire entendre ; et, après de longues et itératives discussions, ils furent enfin rétablis dans tous leurs droits par la loi du 9 brumaire an 6, la dernière qui ait été rendue sur ces sortes de baux.

CHAPITRE VI.

Des Droits féodaux.

Une des premières réformes dont s'occupa l'Assemblée constituante, fut l'abolition de la féodalité, de cette multitude de droits odieux fondés par la force, et sanctionnés par une longue prescription. Cette abolition fut un des objets principaux des arrêtés de la nuit du 4 août 1789: le colosse antique de la féodalité fut terrassé presque par enchantement, et comme par l'effet d'une commotion électrique de toutes les volontés. Cette nuit offrit une scène grande et sublime, mais qui fut bien mal jugée, dit Rabaut de Saint-Étienne, par ceux qui n'observèrent pas que ces sacrifices étaient ou ordonnés par les cahiers, ou évidemment nécessaires à l'exécution du projet d'une nouvelle constitution. Ce n'en fut pas moins un superbe spectacle que celui de la noblesse et du clergé, sacrifiant les droits de chasse, de pêche, de garenne et de colombier; des curés offrant le sacrifice de leur casuel; des bénéficiers déclarant qu'ils se borneraient à un seul bénéfice; des seigneurs reconnaissant la nécessité du rachat des droits féodaux, qui pesaient sur les habitans des campagnes. Dans cet enthousiasme universel, on vit les députés des pays d'état, et ceux de plusieurs villes privilégiées, venir tour-à-tour et avec un empressement patriotique, offrir le sacrifice de leurs droits antiques et de leurs chartes, couvrir les degrés du bureau, et proclamer leur vœu pour qu'il n'y eût plus de provinces, mais une seule nation, une seule famille, un seul empire.

La faculté du rachat de toutes les rentes foncières et autres, étaient une conséquence moins directe de l'abolition de la féodalité, mais non moins nécessaire, parce que l'interdiction du rachat portait en grande partie sur des divisions de propriété que l'Assemblée rejeta absolument.

Titre Ier. Code civil. Chap. VI. Des Droits féodaux.

La suppression des droits féodaux entraînait un grand travail pour la liquidation de ceux supprimés avec indemnité, et pour la solution d'une foule de questions que les changemens de tous les fonds chargés de vasselage, ou de cens en fonds allodiaux, devait faire naître ; ce qui a été la matière de beaucoup de décrets interprétatifs les uns des autres. L'Assemblée législative donna une plus grande extension aux décrets de l'Assemblée constituante. Elle abolit sans indemnité tous les droits féodaux qui n'avaient pas pour principe des concessions de fonds.

Enfin, la Convention en détruisit jusqu'aux derniers vestiges. Par son décret du 17 juillet 1793, elle supprima sans indemnité tous ceux dans lesquels se trouvait la moindre trace ou dénomination féodale ; condamnant au feu tous les signes et tous les titres qui pouvaient rappeler ce régime proscrit. Elle acheva de prononcer l'anéantissement de toutes les espèces de retraits, et s'attacha avec persévérance à restituer dans toutes les occasions, aux personnes et aux propriétés, la plénitude de liberté qu'elle avait pu leur supposer dans l'origine des sociétés.

§ 1er. *Sur la suppression des droits féodaux en général.*

1789.	11 Août...... n°.	2.
	28 Septembre.....	5.
1790.	24 Février.......	18.
	15 Mars.........	19.
	19 Avril.........	23.
	15 Mai..........	27.
	26 Juillet........	38.
1791.	13 Avril.........	86.
1792.	18 Juin..........	152.
	25 Aout.........	163.
1793.	17 Juillet........	253.
An 2.	9 Brumaire.....	310.
	8 Frimaire......	330.
An 2.	28 Nivose..... n°.	346.
An 11.	30 Pluviose......	889.

§ 2. *Lois particulières sur la suppression des retraits féodaux.*

1790.	17 Mai........ n°.	28.
	13 Juin..........	31.
	19 Juillet........	36.
1792.	13 Mai..........	149.
1793.	12 Février.......	212.
	2 Septembre....	275.
An 2.	9 Vendémiaire...	285.
	19 Floréal.......	392.

Titre Ier. Code civil. Chap. VII. Des Propriétés communes.

CHAPITRE VII.

Des Propriétés communes.

Dans tous les temps, les communes ont été astreintes à des autorisations pour pouvoir acquérir ou aliéner. Les lois nouvelles sur cette matière n'ont fait que régulariser le nouveau mode de se faire autoriser. Les corps administratifs, ou les départemens, actuellement les préfets, les hospices et établissemens d'instruction publique, ou leurs commissions administratives, peuvent avoir également besoin de faire des acquisitions, ventes, échanges, baux à longues années, etc: il était nécessaire de déterminer comment ils pourraient y parvenir. Ces divers actes ont toujours été jugés d'une telle importance, que le Corps législatif dans les diverses constitutions qui ont existé, n'a jamais cessé d'être investi du droit de les permettre ou de les défendre.

La chûte du régime féodal ne pouvait manquer de conduire à l'examen des diverses usurpations faites par les seigneurs et autres, sur les biens appartenans à des communautés d'habitans. Déjà l'Assemblée constituante avait prononcé le 19 septembre 1790, la révision des cantonnemens de bois, faits depuis moins de trente ans; mais l'Assemblée législative ne se contenta pas de cette mesure, elle abrogea bientôt après la chûte du trône, tous les partages, concessions etc. faits par les seigneurs, en vertu de l'ordonnance de 1669; elle accorda par la loi du 28 août 1792, cinq années aux communes, pour se pourvoir contre les cantonnemens, triages, etc. faits depuis cette ordonnance : dès le 14 précédent elle avait ordonné le partage entre les habitans de tous les terreins communaux, usages, terres vagues, etc. La Convention, par la loi du 10 juin 1793, détermina d'une manière particulière le mode de faire ces partages; plusieurs modifications et explications sur leur validité ou sur la manière dont les communes devaient jouir des bois dans lesquels elles avaient été réintégrées, ont suivi ces différentes lois; plusieurs autres en ont suspendu entièrement l'exécution. Les droits des communes ont été étendus ou restreints selon que leurs prétentions ont été jugées plus ou moins justes, que les principes d'égalité ou de popularité ont plus ou moins régné, ou que les intérêts de la République, représentant des condamnés ou émigrés, jadis détenteurs des biens revendiqués, ont été plus ou moins compromis.

§ 1er. *Sur les acquisitions, aliénations ou baux à longues années, au nom des communes, corps administratifs, hospices, etc.*

§ 2. *Sur le rétablissement des communes dans les biens et droits usurpés par la puissance féodale.*

§ 3. *Sur le partage des biens communaux.*

TITRE II.

CODE JUDICIAIRE.

L'ordre judiciaire était la partie de la législation française qui sollicitait les réformes les plus promptes et les plus générales; aussi ce fut celle dont l'Assemblée constituante s'occupa d'une manière plus spéciale, aussi ses travaux à cet égard, laisseront dans nos annales des traces durables de sa haute sagesse et de la profondeur de ses vues.

Elle avait de grands abus à détruire; on voyait par une confusion de pouvoirs qui remontait à des siècles, les juges supérieurs érigés en législateurs, refusant ou modifiant les lois du souverain; on voyait des tribunaux privilégiés, des formes de procédure privilégiées, pour de certaines classes de plaideurs privilégiés; on distinguait en matière criminelle un délit privilégié d'avec un délit commun; un président ne pouvait être contraint de donner l'audience, un juge rapporteur ne pouvait être forcé de rapporter, et à leur gré, la justice était retardée indéfiniment. La justice elle-même, devenue le patrimoine exclusif d'une classe de citoyens dans l'état, appartenait aux uns quant au droit de la rendre, et aux autres quant à l'exercice de ce droit. Divisée dans la hiérarchie féodale en haute, moyenne et basse, on n'obtenait ses oracles qu'avec des lenteurs et des frais ruineux. Ce droit étrange, au lieu d'être utile à celui qui en jouissait, ne servait qu'à jeter la confusion dans le système politique; il fatiguait également et le seigneur et le justiciable. Cette prérogative honorifique était devenue onéreuse, et depuis sur-tout que l'établissement de l'appel des justices seigneuriales aux bailliages royaux était devenu général, les grands n'en étaient plus si jaloux: ils se dessaisirent donc sans regret d'un droit qui ne ressemblait plus à celui que leurs ancêtres avait usurpé, lorsqu'ils se rendirent indépendans sous les faibles descendans de Louis-le-débonnaire.

D'après la méthode qui a été suivie au titre précédent, nous diviserons en trois chapitres les lois contenues dans celui-ci. Le Ier. contiendra les lois relatives à l'organisation des tribunaux civils, le IIe. celles qui concernent la procédure civile, et le IIIe. celles qui ont pour objet quelques fonctions publiques et perceptions de droit, qui ont des rapports plus ou moins intimes avec l'ordre judiciaire.

CHAPITRE PREMIER.

De l'Organisation judiciaire.

La première base du nouvel ordre judiciaire, fut posée le 4 août 1789, lorsque l'Assemblée constituante décréta que toutes les justices seigneuriales étaient supprimées. La seconde fut posée dans l'article 19 des principes de la Constitution, le 1er. octobre suvant, lorsqu'il fut décrété que le pouvoir judiciaire ne pouvait en aucun cas être exercé ni par le Corps législatif, ni par le roi, que la justice serait administrée au nom du roi et de la manière déterminée par la loi. Jusqu'alors on avait pu obtenir avec de l'argent la plupart des places de judicature; le 16 novembre il fut défendu de plus expédier d'offices ni de provisions.

L'Assemblée envisagea l'organisation judiciaire sous tous ses rapports, et conçut dans son ensemble un nouveau système d'administration de la justice. Après avoir établi les règles générales, après avoir reconnu que les tribunaux doivent être composés et distribués de la manière la plus favorable aux justiciables, et que ceux-ci ne doivent jamais être distraits de leurs juges naturels, elle créa pour premier degré de juridiction une institution paternelle, généralement desirée et demandée dans le plus grand nombre des *cahiers;* institution qui est sur-tout un bienfait pour les habitans des campagnes, celle des justices de paix, elle arrêta que chaque canton en posséderait une ou un plus grand nombre, selon son étendue où sa population; elle plaça ensuite dans chaque district un tribunal composé de cinq juges, détermina leur compétence respective, rendit les tribunaux de district, juges d'appel les uns à l'égard des autres; et comme l'excès d'un mal entraîne souvent dans un autre, le souvenir de l'influence dangereuse des cours souveraines lui fit embrasser l'idée d'établir entre tous les juges une égalité parfaite qui eut aussi ses inconvéniens. Enfin elle créa un tribunal suprême de révision destiné à maintenir l'exécution des lois et les formes de la procédure, à juger les prises à partie contre les tribunaux, les conflits de juridiction, etc. Elle voulut que les plaidoiries, rapports et jugemens fussent toujours faits public. Tous les juges indistinc tement furent déclarés temporaires et amovibles dans leurs fonctions, et le peuple appelé à les choisir par ses électeurs.

L'organisation criminelle, ainsi que l'établissement d'une haute-cour nationale, revêtue d'un assez grand pouvoir pour juger par des formes paisibles les attentats contre la constitution, font partie de ce vaste système; nous nous bornons ici à en faire mention, renvoyant à en parler plus en détail au titre III.

Les diverses branches du nouvel ordre judiciaire furent successivement décrétées et réunies en une seule loi, à la date du 16 août 1790 : il y est traité des arbitres, des juges en général, des juges de paix, des juges de première instance, des juges d'appel, de la forme d'élection, de leur installation, du ministère public, des greffiers, des bureaux de paix, des tribunaux de famille, et des juges en matière de police et de commerce.

L'Assemblée législative ne changea rien à l'ordre qu'elle trouva établi, mais la Convention en altéra bientôt l'esprit, et introduisit de graves innovations dans presque toutes ses parties. Dès le lendemain de sa réunion, elle décréta que nulle des conditions imposées par les lois précédentes n'était requise pour être juge, elle appela tous les citoyens sans distinction de talens ni de profession à remplir les fonctions les plus importantes de la société. Par la constitution de 1793, et par plusieurs décrets particuliers elle établit l'arbitrage forcé, ordonna aux juges d'opiner, de délibérer à haute voix et de prononcer les jugemens en public. Par la constitution de l'an 3 et la loi du 19 vendémiaire an 4, elle changea entièrement la distribution et la composition des tribunaux, n'en conserva qu'un par département, pour les matières civiles. Celui-ci cependant pouvait se diviser en sections, selon la population du département et le nombre des juges qui, en général, était de vingt.

Les tribunaux de famille dont on avait reconnu l'inutilité, l'arbitrage forcé dont on avait senti l'injustice, furent supprimés le 9 ventose suivant, et les citoyens cessèrent d'être exposés aux suites souvent funestes de l'un et de l'autre mode de décider sur leurs contestations.

La nouvelle organisation subsista jusqu'au 18 *brumaire*, époque où cherchant à profiter des remarques que l'expérience avait fait naître, on voulut perfectionner toutes les institutions et leur donner la stabilité et la force dont elles peuvent être susceptibles. Les législateurs de l'an 8 ont évité les extrêmes opposés dans lesquels les Assemblées constituante et conventionnelle étaient tombées; l'une avait trop multiplié les tribunaux, l'autre les avait rendus trop rares. Ils en ont déterminé le nombre d'après l'étendue et le besoin de chaque département. Dans ce dernier système, vingt-neuf tribunaux d'appel pour toute la République, jugent exclusivement toutes les affaires sur lesquelles les premiers juges n'ont pu prononcer en dernier ressort. La loi du 27 ventose règle la distribution des uns et des autres, sans rien changer ni à leur compétence, ni à leurs attributions. La constitution de l'an 8 a rendu les juges inamovibles, et leur a donné par conséquent plus d'indépendance et de considération. Le nombre des justices de paix a été diminué, les assesseurs supprimés, et la durée de leurs fonctions étendue à cinq ans.

Tit. II. Code judiciaire. Chap. Ier. De l'Organisation judiciaire.

Enfin, le Sénatus-consulte du 16 thermidor an 10, établit entre tous les tribunaux une hiérarchie nécessaire, et accorde à celui de cassation présidé par le grand-juge, un droit de censure et de discipline sur les tribunaux criminels et sur les tribunaux d'appel, qui exercent eux-mêmes sur les juges de première instance un droit de surveillance que ceux-ci exercent à leur tour sur les juges de paix de leur arrondissement.

Tel est en abrégé le tableau des changemens successifs et des améliorations dans l'ordre judiciaire; les lois qui les ont opérés, sont classées d'après la division des divers tribunaux; leur composition, leurs attributions et leur compétence respectives, d'après le ministère des fonctionnaires qui leur sont attachés, ou qui postulent près d'eux, etc.

§ 1er. *Sur l'institution des nouveaux tribunaux, et les changemens dans leur organisation et leurs attributions.*

1789.	16 Novembre.. n°.	12.
1790.	16 Août..........	41.
	2 Septembre....	44.
1791.	28 Février.......	78.
	6 Mars..........	80.
1792.	22 Septembre....	187.
An 2.	8 Vendémiaire ..	282.
An 3.	24 Vendémiaire ..	437.
An 4.	19 Vendémiaire ..	526.
An 8.	27 Ventose	784.
An 9.	19 Vendémiaire ..	812.
	2 Pluviose......	817.
	19 Pluviose......	823.
	24 Germinal.....	836.
An 10.	6 Floréal	861.
	16 Thermidor....	875.
	14 Fructidor.....	876.
An 11.	16 Ventose.... n°.	891.
	16 Ventose	892.

§ 2. *Lois transitoires au nouvel ordre judiciaire.*

1790.	7 Septembre.. n°.	46.
	12 Octobre	51.
1791.	27 Avril.........	89.
1792.	10 Décembre.....	203.
1793.	20 Septembre	280.
An 2.	6 Brumaire	307.

§ 3. *Sur la manière d'opiner, le partage d'opinions dans les tribunaux, et sur les récusations.*

1793.	26 Juin .... n°.	246.
An 3.	5 Fructidor.....	501.
An 4.	23 Vendémiaire ..	529.
An 6.	14 Prairial.......	714.
An 9.	17 Germinal.....	835.

Tit. II. Code judiciaire. Chap. Ier. De l'Organisation judiciaire.

§ 4. *Sur la compétence ou l'incompétence, et les conflits de juridiction.*

§ 5. *Sur le costume des juges, commissaires, avoués, etc.*

§ 6. *Sur les traitemens et droit d'assistance des juges, commissaires, greffiers, sur le traitement des juges de paix, etc.*

§ 7. *Sur les vacances et jours de repos.*

§ 8. *Lois particulières aux greffiers, avoués et huissiers près les tribunaux.*

§ 9. *Sur l'institution des justices de paix, et la manière de procéder devant elles.*

Tit. II. Code judiciaire. Chap. Ier. De l'Organisation judiciaire.

1790. 14 Octobre.... n°. 52.
1791. 6 Mars......... 80.
21 Septembre.... 124.
1792. 16 Septembre.... 181.
An 2. 1er Brumaire..... 304.
An 4. 26 Ventote...... 562.
23 Floréal....... 574.
16 Thermidor.... 592.

§ 10. *Sur la réduction des justices de paix, la suppression des assesseurs, le nouveau mode d'élection des juges, et la nomination de leurs greffiers.*

An 7. 27 Germinal.. n°. 754.
An 9. 8 Pluviose.... 820.
29 Ventose.... 830.
29 Ventose..... 831.
An 10. 28 Floréal..... 857.
An 11. 26 Ventose.... 899 *a*.

§ 11. *Sur les tribunaux de famille, les arbitres volontaires et forcés.*

1790. 16 Août....... n°. 41.
1793. 24 Juin.......... 245.
An 2. 23 Ventose...... 365.
3 Messidor...... 408.
An 3. 8 Nivose....... 452.
17 Pluviose....... 458.
28 Thermidor.... 497.
An 4. 4 Brumaire..... 538.
9 Ventose....... 557.
12 Prairial....... 578.

§ 12. *Sur les tribunaux de commerce.*

1790. 16 Août....... n°. 41.
1791. 24 Mars......... 83.
1792. 10 Juillet........ 153.
An 3. 28 Nivose........ 454.
An 8. 28 Prairial....... 797.

§ 13. *Sur l'organisation du tribunal de cassation, et les cas de cassation en matière civile.*

1790. 27 Novembre.. n°. 59.
1791. 14 Avril......... 88.
1792. 19 Août......... 157.
1793. 19 Août......... 267.
22 Août......... 269.
An 2. 4 Germinal..... 369.
9 Messidor...... 412.
An 4. 5 Vendémiaire... 521.
2 Brumaire...... 533.
24 Messidor...... 586.
An 5. 7 Nivose........ 627.
An 8. 27 Ventose...... 784.
18 Germinal..... 791.
4 Prairial....... 794.

§ 14. *Sur les délais pour se pourvoir en cassation, en matière civile.*

1790. 27 Novembre.. n°. 59.
1793. 2 Septembre.... 272.
An 2. 1er Frimaire..... 321.
6 Pluviose...... 350.
An 4. 12 Prairial....... 578.
An 6. 4 Prairial....... 712.

CHAPITRE

CHAPITRE II.

De la Procédure.

Les règles de la procédure consacrées dans l'ordonnance de 1667, furent conservées par l'Assemblée constituante; elle supprima les procureurs, et les remplaça par des avoués dont les charges ne furent plus vénales. Elle abolit la corporation des avocats, et permit à tout individu de se défendre ou de se faire défendre par qui lui plairait. Du reste elle maintint provisoirement tous les anciens réglemens sur les émolumens des avoués, huissiers et sur l'exercice de leurs fonctions. Les huissiers-priseurs furent également supprimés, et leurs fonctions attribuées aux notaires, greffiers et huissiers ordinaires. Dans la vue de diminuer le nombre des procès, elle défendit qu'aucune procédure pût être commencée en première instance et en appel, sans avoir épuisé les préliminaires de la conciliation et avoir donné en tête de l'exploit d'assignation, copie du bureau de paix, constatant que les parties n'avaient pu se rapprocher. Elle exclut de ces tribunaux conciliateurs le ministère des avoués, défenseurs, etc. dans la crainte qu'ils ne paralysassent les effets de cette institution dont la théorie est philantropique et la pratique quelquefois heureuse. Elle rendit aussi quelques décrets sur la procédure relative aux contraventions aux lois sur les douanes, aux actions qui intéressent la Nation, aux saisies et oppositions sur le trésor public, etc.

La Convention, par la loi du 3 brumaire an 2, supprima les avoués, et introduisit une nouvelle forme pour l'instruction des affaires devant les tribunaux; elle abolit les consultations d'homme de loi, jadis nécessaires pour se pourvoir en requête civile ou en cassation; et rendit sur divers points de la procédure ou en dépendans, plusieurs décrets dont l'objet sera facilement saisi à la simple lecture des sommaires sous lesquels ils sont rangés.

Titre II. Code judiciaire. Chap. II. De la Procédure.

Il en est qui sont spécialement relatifs aux scellés, inventaires, ventes judiciaires, etc. qui intéressent des absens, des mineurs, des interdits, des défenseurs de la patrie.

Les sessions législatives qui suivirent, ne firent qu'ajouter quelques dispositions nécessitées par des circonstances particulières, ou par la nouvelle organisation des tribunaux institués d'après la constitution de l'an 3. La loi la plus remarquable et la plus complette qui fût rendue, est celle du 11 brumaire an 7, sur la procédure en expropriation forcée, et qui est la mise en activité du nouveau système hypothécaire, adopté dans une autre loi du même jour. L'expropriation remplace le décret forcé; elle est un moyen et plus prompt et plus simple de contraindre le débiteur au paiement des obligations qu'il a contractées. Divers réglemens sur les ventes par décret avaient été faits depuis Saint-Louis, sous lequel cette procédure était déjà en usage, jusqu'à celui de Henri II en 1551; mais la variété des coutumes sur le mode de concilier l'intérêt des créanciers avec celui des débiteurs, faisait desirer une loi générale et uniforme. Avec quelques modifications que l'expérience sollicite, la loi du 11 brumaire aura rempli entièrement le but que s'est proposé le législateur.

Depuis la constitution de l'an 8, les avoués ont été rétablis, et l'arrêté des Consuls du 18 fructidor de la même année, rétablit la procédure prescrite par l'ordonnance de 1667, en attendant qu'un nouveau code dont la rédaction a été confiée à des jurisconsultes justement recommandables, vienne remplacer cette belle loi, qui rappelle avec une époque brillante de la monarchie les noms vénérés des Colbert et des Séguier.

Un petit nombre de lois ont successivement été ajoutées aux précédentes sur les douanes, sur la défense des intérêts de la Nation ou du trésor public, des communes, des hospices; sur les enquêtes, consignations, oppositions, etc.

Titre II. Code judiciaire. Chap. II. De la Procédure.

Ces lois, nées selon le besoin des circonstances et à des intervalles plus ou moins éloignés, se rapprochent néanmoins par des points de contact et d'analogie, et elles sont classées dans ce chapitre, d'après l'ordre des différens actes de la procédure et de ceux qui en sont une suite ou une dépendance.

Il est bon d'observer ici, que pour ne pas trop multiplier les subdivisions, et ne pas séparer des lois qui ont entre elles une grande connexité, celles qui sont relatives à la *procédure devant les juges de paix*, se trouvent rapportées au chapitre précédent, sous le paragraphe de l'institution des justices de paix; que par les mêmes raisons les lois sur la *poursuite des contraventions aux réglemens sur les douanes*, soit que cette poursuite soit purement civile, ou qu'elle ait lieu en police correctionnelle, et même au criminel, comme dans le cas de contrebande à main armée, se trouveront sous le paragraphe du présent chapitre, qui traite de la procédure relative aux douanes; et enfin qu'au chapitre III qui suit, l'on a réuni sous le paragraphe relatif à la perception du droit de timbre sur les actes, les lois mêmes qui peuvent prescrire des *poursuites* en police correctionnelle *pour contraventions dans la vente d'objets soumis au timbre.* Ce sont les seuls cas où l'on ait cru, pour simplifier les recherches, devoir s'écarter des règles générales de division qui ont été rigoureusement observées à l'égard de toutes les autres lois. L'on a été d'autant plus fondé à en agir ainsi, que souvent, renfermant selon les cas des dispositions qui ordonnent la poursuite civile ou correctionnelle, il eût fallu répéter chacune de ces lois autant de fois qu'on en eût formé des paragraphes distincts.

Nous ajouterons encore, quant aux douanes, qu'il ne faut pas s'attendre à trouver dans notre classification cette foule de tarifs sur les droits de transit, d'importations ou d'exportations des diverses marchandises, produits bruts ou manufacturés; ces dispositions sont purement administratives.

Titre II. Code judiciaire. Chap. II. De la Procédure.

Nous n'y avons compris que celles qui concernent la poursuite des contraventions aux réglemens quels qu'ils soient.

§ 1er. *Lois sur la procédure et les frais de justice en général.*

1791. 6 Mars ...... n°. 80.
28 Avril......... 90.
An 2. 3 Brumaire ..... 305.
6 Brumaire ..... 307.
An 6. 6 Messidor...... 718.
An 8. 18 Fructidor..... 809.
An 10. 3 Germinal ..... 857.

§ 2. *Sur les enquêtes et témoins.*

1790. 14 Octobre. ... n°. 52.
An 2. 2 Ventose ...... 355.
18 Prairial .... 401.
An 3. 7 Fructidor..... 502.
An 4. 11 Prairial....... 576.
20 Thermidor.... 594.
An 7. 21 Fructidor..... 758.
An 8. 14 Germinal. .... 790.
An 11. 4 Pluviose...... 887.

§ 3. *Lois particulières sur la procédure en appel et requête civile.*

1791. 12 Février..... n°. 77.
1792. 19 Août......... 267.
An 2. 24 Germinal..... 381.
An 4. 9 Messidor...... 583.
An 5. 17 Frimaire ..... 623.
An 6. 21 Frimaire...... 686.

§ 4. *Sur la procédure relative aux affaires qui intéressent la Nation, des communes ou des hospices.*

1790. 23 Octobre.... n°. 53.
1791. 27 Août......... 111.
An 4. 19 Nivose .... 552.
10 Thermidor.... 589.
An 5. 29 Vendémiaire.. 611.
24 Brumaire ..... 620.
An 7. 22 Frimaire...... 743.
An 9. 27 Ventose....... 828.
7 Messidor...... 841.
An 10. 17 Vendémiaire.. 843.
9 Pluviose...... 853.
6 Messidor..... 872.
14 Thermidor.... 877.
An 11. 12 Brumaire..... 884.
17 Germinal..... 909.
24 Germinal..... 914.

§ 5. *Sur la procédure concernant les contraventions aux lois sur les douanes, et sur les moyens de répression.*

1791. 6 Août (plus connue sous la date du 22, jour où elle a été scellée.)............ n°. 108.
1792. 7 Septembre .... 178.
1793. 1er Mars......... 215.
An 2. 18 Vendémiaire... 295.
4 Germinal...... 370.
An 3. 23 Brumaire ..... 442.
14 Fructidor...... 506.
An 4. 1er Vendémiaire... 518.
4 Floréal .... 570.
An 5. 10 Brumaire ..... 614.

Titre II. Code judiciaire. Chap. II. De la Procédure.

An 5. 19 Messidor... n°. 661.
An 7. 11 Brumaire..... 735.

§ 11. *Sur les scellés, inventaires, aliénations, etc. qui intéressent des mineurs, interdits, absens et défenseurs de la patrie.*

1791. 29 Janvier..... n°. 71.
1793. 2 Septembre.... 272.
An 2. 6 Pluviose...... 350.
An 2. 11 Ventose...... 360.
7 Messidor..... 411.
29 Messidor...... 418.
16 Fructidor..... 427.
An 3. 6 Vendémiaire.. 432.
An 4. 23 Floréal..... n°. 575.
An 5. 6 Brumaire..... 612.
An 10. 13 Nivose....... 850.
An 11. 24 Ventose...... 897.

§ 12. *Sur les ventes de mobilier, et les huissiers-priseurs.*

1790. 9 Juillet...... n°. 34.
21 Juillet........ 37.
1793. 17 Septembre.... 278.
An 4. 12 Fructidor..... 600.
An 5. 27 Nivose....... 631.
An 7. 22 Pluviose...... 747.
An 9. 27 Ventose...... 827.

CHAPITRE III.

De quelques Fonctions publiques, et Perceptions de droits qui ont rapport à l'Ordre judiciaire.

Il est quelques fonctions publiques, quelques perceptions de droits, quelques formalités rigoureusement prescrites pour la validité des actes dont les rapports avec l'ordre judiciaire sont tellement multipliés, que nous avons cru devoir les classer dans un chapitre particulier dépendant de ce titre. Le notaire, par exemple, fait les inventaires, représente les absens, rédige les testamens, les contrats de mariage et la plupart des actes dont les clauses sont discutées devant les tribunaux.

Tout ce qui concerne les fonctions de ces magistrats privés, dépositaires du secret des familles, rédacteurs impartiaux des volontés des citoyens, qu'ils lient aussi irrévocablement dans les transactions de la vie civile, que les jugemens même des tribunaux, et aux actes desquels l'autorité publique imprime le sceau et la force exécutoire, ne pouvait donc trouver sa place qu'au titre de l'ordre judiciaire, et cette place était indiquée par l'arrêté du Gouvernement qui met le notariat dans les attributions du ministre de la justice.

L'Assemblée constituante, par son décret du 30 septembre 1791, supprima les notaires royaux, tabellions, etc. mais respectant une institution aussi essentielle et aussi utile aux citoyens, elle créa en même temps des notaires publics, détermina leurs fonctions, les conditions d'admission et leurs ressorts respectifs. Quelque bonne que fût en général cette loi, puisque jusques à la dernière session elle est du petit nombre de celles qui ont résisté à l'esprit de novation qui a constamment régné depuis, et qu'il n'y a été fait que de très-légères additions ; l'expérience a cependant fait sentir le besoin de la modifier, spécialement dans ce qui est relatif aux résidences, ressorts et remplacemens des notaires. On a aussi jugé nécesaire de les distinguer en plusieurs classes, eu égard à la population des villes et arrondissemens. Des connaissances plus ou moins étendues ont été requises pour arriver aux différentes classes. Les fonctions de notaire sont d'une telle importance, que le législateur a cru devoir en régler jusqu'aux moindres détails, et tel a été l'objet de la loi du 25 ventose an 11.

La suppression des anciens tribunaux et de quelques corps dépositaires de registres publics ou de titres précieux à conserver, a motivé plusieurs lois qui ont établi différens dépôts où chacun peut consulter les pièces qui le concernent, et s'en faire délivrer des expéditions. L'on y a rassemblé tout ce qui est relatif à l'état civil des citoyens, et tous les documens qui peuvent amener à la certitude de faits importans pour la société ou pour les particuliers. Les diverses dispositions qui ont ordonné la formation de ces dépôts, ainsi que celles sur la perception, dans les tribunaux civils et de commerce, des droits de greffe établis par la loi du 27 ventose an 7, feront l'objet d'un paragraphe de ce chapitre.

Enfin la validité des actes, la certitude de leur date ou leur autorité en justice, dépendent tantôt de la formalité de l'insinuation, tantôt de celle du timbre et de l'enregistrement. Il a été rendu plusieurs lois importantes et complettes sur le timbre et l'enregistrement, soit par l'Assemblée constituante, soit par le Corps législatif. Les principales sur l'enregistrement sont celles des 5 décembre 1790 et 22 frimaire an 7, et sur le timbre celles des 7 février 1791 et 13 brumaire an 7. Quant à l'insinuation, si l'on en excepte celle du 6 frimaire an 3, qui a prorogé le délai, pour remplir cette formalité, en faveur des défenseurs et employés au service de la patrie, à l'égard des dons mutuels qui les intéressent, il n'a été rien statué d'essentiel, ni rien innové aux lois anciennes : seulement la tenue des registres relatifs a été attribuée successivement à différens fonctionnaires, et c'est aux receveurs de l'enregistrement que la loi de frimaire an 7 l'a provisoirement conservée. On trouvera ici les unes et les autres dans des paragraphes distincts.

§ 1er. *Sur les fonctions et obligations des notaires.*

1791. 30 Septembre. . n°. 131.
An 2. 1er Brumaire. . . . . 304.
18 Brumaire . . . . . 315.
6 Messidor. . . . . . 409.
An 4. 19 Brumaire . . . . . 543.
26 Frimaire. . . . . . 547.
16 Floréal . . . . 572.
An 7. 2 Vendémiaire. . 733.
An 11. 23 Ventose. . . . . . 898.

§ 2. *Sur l'insinuation.*

1790. 7 Septemb. . . n°. 46.
1791. 27 Janvier. . . . . n°. 69.
An 3. 6 Frimaire. . . . . . 444.
25 Thermidor. . . . 496.
An 7. 22 Frimaire. . . . . . 743.

§ 3. *Sur le droit d'enregistrement et les actes qui y sont sujets.*

1790. 5 Décembre. . n°. 62.
1791. 29 Septembre. . . . 133.
An 2. 13 Messidor . . . . . 413.
18 Fructidor. . . . . 428.
An 3. 3 Nivose . . . . 449.
26 Prairial. . . . . . . 478.
An 4. 9 Pluviose . . . . . . 555.

TITRE III.

CODE CRIMINEL.

Après avoir organisé les tribunaux civils, l'Assemblée constituante entreprit les réformes importantes qu'elle méditait depuis long-temps dans toutes les parties de l'ordre criminel; c'est dans ces discussions vraiment philantropiques et qui occuperont une place dans les plus belles pages de l'histoire de la révolution, que l'on voit briller tour-à-tour les lumières et la force du génie des grands hommes qui composaient cette auguste Assemblée; elle ne craignit pas d'aborder les questions les plus épineuses, de les approfondir, de les discuter avec solennité, et dans toutes ses décisions elle ne sépara jamais l'intérêt de l'humanité de celui de la société. Elle s'occupa successivement de l'établissement de nouveaux tribunaux, de la composition d'un nouveau code pénal, régla tout ce qui concerne la procédure, la police correctionnelle et la police de sûreté. Elle s'occupa également de la formation d'un code pénal militaire et maritime plus en harmonie avec l'état civil et politique des français.

Ce titre sera divisé en cinq chapitres, le Ier. renfermera les lois relatives aux tribunaux criminels, de police et d'exception; le IIe. celles relatives aux délits et à leur répression; le IIIe. celles concernant la procédure criminelle; le IVe. celles sur la police spéciale; et le Ve. le code militaire et le code maritime.

CHAPITRE PREMIER.

Des Tribunaux criminels, de police et d'exception.

La nécessité de défendre les individus contre les passions humaines fit adopter dans l'organisation des tribunaux criminels, des principes différens de ceux qui avaient dirigé l'Assemblée nationale dans la composition et la distribution des tribunaux civils; pour ceux-ci, elle n'avait considéré que la commodité des justiciables; pour les autres, elle crut devoir ne consulter que la sûreté et la protection due aux citoyens. Elle pensa qu'un homme ne devait pas être arrêté, accusé et condamné dans le même lieu, et que lorsqu'il s'agissait de la perte de la vie ou de la liberté, on ne pouvait se dispenser de mettre de l'appareil dans la procédure, et de placer les tribunaux criminels, non dans des arrondissemens circonscrits où les haines et les préjugés pourraient exercer une influence funeste, mais dans le chef-lieu de département, où des juges appelés de tous les tribunaux de district, se trouveraient nécessairement étrangers aux passions locales, et plus disposés à n'entendre que le langage de la vérité.

Les tribunaux de district furent seulement chargés de la police correctionnelle, et de décider si, avant de traduire un citoyen au criminel, il y avait lieu de l'accuser. Un directeur du juré pris tour-à-tour dans les juges de ces tribunaux, fut chargé de diriger cette première procédure.

La police ordinaire ou de surveillance, celle qui concerne les lois et réglemens relatifs à la sûreté et à la salubrité publique fut confiée aux municipalités, et l'appel de leurs jugemens fut porté aux tribunaux de district.

La constitution de l'an 3, en supprimant ceux-ci, n'apporta point de changemens essentiels dans la hiérarchie des tribunaux criminels et de police ; car les tribunaux correctionnels furent conservés, seulement le nombre en fut diminué ; le mode de composition des uns et des autres fut différent, mais leurs attributions restèrent les mêmes. Un juge pris dans le tribunal civil présidait pendant six mois le tribunal correctionnel, et remplissait les fonctions de directeur du juré.

La loi du 27 ventose a remplacé les tribunaux de police correctionnelle par ceux d'arrondissement ; les accusateurs publics par des commissaires du Gouvernement, a changé encore une fois le mode de la composition des tribunaux criminels, mais a laissé subsister leurs attributions et leur juridiction. Les juges criminels comme les juges civils sont inamovibles, d'après la constitution de l'an 8.

Différentes époques de la révolution ont vu naître des tribunaux provisoires, extraordinaires et spéciaux, des commissaires populaires et autres juges d'exception. Les circonstances, la victoire de certains partis, ont donné naissance aux uns ; le besoin de la paix intérieure, d'une police plus active et du rétablissement de la sûreté publique ont nécessité les autres. Quoique dans le principe ils ne soient pas entré dans le plan de l'organisation judiciaire, néanmoins ils en dépendent, et quelques-uns, tels que ceux destinés à connaître des crimes de faux, de fausse monnaie, etc. peuvent être aujourd'hui regardés comme en faisant partie, puisqu'ils doivent leur création au résultat de l'expérience, qui a fait sentir le danger pour la société de l'impunité de pareils crimes.

L'établissement d'une haute-cour nationale pour juger les ministres, les premiers fonctionnaires publics et tous ceux dont le Corps législatif pouvait se porter accusateur, fut le complément de l'ordre criminel institué par l'Assemblée constituante. Supprimée le 25 septembre 1792, elle fut rétablie par la constitution de l'an 3, et se trouve conservée dans celle de l'an 8.

§ 1er. *Sur l'organisation des tribunaux criminels, de police correctionnelle et municipale, et sur les commissaires placés près d'eux.*

1790. 23 Mars....... n°. 21.
1791. 30 Mars.......... 84.
19 Juillet........ 103.
21 Septembre.... 125.
1792. 13 Octobre...... 192.
20 Octobre...... 193.
1793. 26 Juin.......... 246.
An 4. 19 Vendémiaire.. 435.
21 Ventose...... 560.
An 5. 4 Frimaire...... 622.
27 Nivose........ 630.
7 Floréal........ 654.
18 Floréal........ 657.
An 8. [illegible] Ventose....... 784.
[illegible] Ventose....... 785.
An 9. 7 Pluviose.... n°. 819.
29 Ventose...... 829.
27 Germinal..... 837.
An 10. 22 Floréal....... 864.
An 11. 28 Germinal..... 918.

§ 2. *Sur la manière d'opiner, le partage d'opinions, et les récusations.*

1793. 2 Juillet...... n°. 248.
An 2. 12 Vendémiaire. 289.
An 2. 27 Messidor..... 417.
An 4. 23 Vendémiaire.. 529.

§ 3. *Sur la création et l'organisation de la haute-cour nationale.*

1791. 10 Mai....... n°. 91.
1792. 25 Septembre.... 188.

An 3. 5 Fructidor... n°. 501.
An 4. 19 Thermidor.... 593.
20 Thermidor.... 595.
An 5. 12 Pluviose...... 634.
An 8. 22 Frimaire ..... 773.

§ 4. *Sur la création et l'organisation des tribunaux provisoires, extraordinaires et spéciaux.*

1789. 14 Octobre.... n°. 8.
1790. 1er Décembre.... 61.
1791. 5 Mars .... 79.
13 Mars .... 82.
1792. 17 Août .... 156.
1793. 11 Mars .... 221.
An 2. 8 Brumaire ..... 309.
15 Germinal ..... 374.
22 Prairial .... 404.
14 Thermidor .... 422.
23 Thermidor .... 423.
8 Nivose .... 451.
An 9. 18 Pluviose ...... 822.

An 10. 23 Floréal .... n°. 865.
An 11. 26 Vendémiaire .. 882.

§ 5. *Sur la compétence et les attributions particulières des tribunaux en matière criminelle.*

1790. 12 Janvier..... n°. 14.
1792. 29 Août .... 170.
1793. 16 Septembre .... 277.
An 2. 9 Vendémiaire .. 285.
17 Nivose .... 243.
19 Floréal .... 390.
29 Floréal .... 396.
4 Prairial .... 398.
An 3. 17 Germinal ..... 465.
4 Messidor ...... 479.
5e. Jr. Compl. ... 515.
An 4. 1er Vendémiaire.. 516.
22 Messidor ..... 585.
An 8. 25 Frimaire ...... 774.
An 10. 29 Floréal .... 868.
An 11. 2 Floréal .... 921.

CHAPITRE II.

De la Procédure criminelle.

Depuis long temps l'Europe accusait de barbarie notre législation criminelle; de terribles exemples avaient prouvé le vice de la loi, et le sang de plus d'une victime innocente que n'avait pu sauver la religion scrupuleuse de magistrats vertueux, déposaient contre les formes de notre procédure. Ne pouvant pas aussi promptement qu'elle en avait le desir donner l'ensemble des lois criminelles, l'Assemblée constituante se hâta, dès le 9 octobre 1789, d'introduire des formes provisoires et protectrices, par l'adjonction de citoyens notables aux différens actes qui émanent du juge et du ministère public ; elle montra encore son humanité, en supprimant par le même décret l'usage de la sellette et de la question, et, peu après, empressée de s'approprier toutes les idées généreuses et grandes, elle décréta en principe que la procédure par jurés aurait lieu en matière criminelle. Dès-lors cette partie essentielle de l'ordre judiciaire fut séparée entièrement du plan général qui devait comprendre le jugement des affaires civiles, et renvoyée pour être l'objet d'un travail particulier et d'une discussion plus tardive et plus lente. Il s'agissait de naturaliser une institution toute nouvelle pour la France, à moins toutefois que l'on ne veuille considérer les jurés comme les anciens *Ratchimbourgs* ou *Scabins* dont parlent la loi salique et la loi des Ripuaires, lesquels étaient des citoyens libres, pris parmi les francs, et qui assistaient les comtes dans leurs jugemens, ou en voir l'origine dans cette ancienne coutume, dont nos annales attestent la vérité, qui voulait que nul citoyen français ne fût jugé que par ses pairs, présidés par un juge supérieur.

Quoi qu'il en soit, l'institution de la procédure par jurés ne fut organisée que par le décret du 16 septembre 1791. L'Assemblée nationale crut, avant de se séparer, devoir publier une instruction sur ce décret, dont l'exécution fut différée jusqu'au 1er. janvier suivant. Cette instruction fut adoptée le 29 septembre.

Il n'entre pas dans notre objet d'exposer et de comparer les diverses parties qui constituent cette nouvelle forme d'instruction, d'en examiner les avantages ou les désavantages, de décider si la Nation française était assez sage et assez vertueuse pour que l'on pût confier à tous les citoyens cette terrible magistrature, et si enfin il ne conviendrait pas aujourd'hui de modifier cette sublime institution, plutôt que d'en prononcer l'abolition que semblent appeler les vœux de quelques hommes recommandables. Ces questions sont sans doute de la plus haute importance, mais nous ne nous sommes pas proposé et nous n'oserions entreprendre de les résoudre.

Quelques lois explicatives ont suivi celle du 16 septembre. L'on trouve dans le code du 3 brumaire an 4, le recueil des dispositions sur la marche de l'instruction et la répression des délits ; il en contient plusieurs qui ont pour but de veiller d'une manière plus particulière à la conservation de la liberté civile, et qui multiplient les formalités en raison de la grandeur du pouvoir dont les fonctionnaires publics pourraient abuser. La loi du 6 germinal an 8, a changé le mode de formation du jury ; et celle du 7 pluviose an 9, celle de la marche de la procédure, la forme des accusations, etc. Enfin une commission a été nommée le 7 germinal an 9, pour préparer un nouveau code de procéder devant les tribunaux criminels.

§ 1er. *Sur la poursuite et l'instruction criminelle.*

1789.	9 Octobre.... n°.	7.
1790.	22 Avril.........	24.
1791.	16 Septembre....	119.
	29 Septembre....	132.
An 2.	4 Thermidor....	421.
An 3.	6 Vendémiaire..	431.
An 4.	18 Germinal.....	566.
An 5.	13 Germinal.....	652.
An 6.	8 Frimaire......	683.
An 8.	25 Brumaire.....	769.
An 9.	7 Pluviose......	819.
	7 Germinal.....	853.

§ 2. *Sur les jurés, leurs fonctions, obligations, indemnités, etc.*

1791.	16 Septembre.. n°.	119.
1792.	27 Février.......	145.
	29 Mai..........	151.
1793.	3 Juin..........	237.
	16 Août.........	266.
An 2.	2 Nivose.......	337.
	23 Germinal.....	379.
An 5.	6 Ventose......	643.
	10 Germinal.....	651.
	19 Fructidor.....	671.
An 8.	8 Frimaire......	683.
	6 Germinal.....	788.
	6 Germinal.....	789.
An 9.	7 Pluviose......	818.

Tit. III. Code criminel. Chap. II. De la Procédure criminelle.

§ 3. *Sur les preuves et les témoins, et le faux témoignage.*

An 2. 9 Vendém.... n°. 286.
7 Frimaire...... 327.
5 Pluviose...... 349.
6 Ventose....... 357.
7 Ventose...... 358.
14 Germinal..... 373.
23 Germinal..... 380.
18 Prairial....... 401.
2 Messidor..... 406.
An 4. 15 Ventose...... 558.
20 Thermidor.... 594.
An 6. 27 Frimaire....... 687.
An 7. 21 Fructidor..... 768.
An 8. 14 Germinal..... 790.

§ 4. *Sur quelques cas relatifs à la manière de poser la question, et sur les déclarations du jury.*

An 2. 3 Germinal... n°. 368.
21 Prairial....... 402.
16 Messidor..... 415.
An 3. 14 Vendémiaire.. 433.

§ 5. *Sur les demandes en commutation de peines, les lettres de grace, et sur les ménagemens prescrits pour les femmes enceintes, en jugement ou condamnées.*

1791. 5 Juin....... n°. 94.
1792. 31 Août......... 173.
3 Septembre.... 177.
1793. 29 Juin....... n°. 247.
An 2. 15 Brumaire..... 314.
8 Frimaire...... 329.
An 3. 23 Germinal..... 467.
An 10. 16 Thermidor.... 875.

§ 6. *Sur les demandes en cassation, et revision de jugemens.*

1791. 27 Septembre.. n°. 129.
1792. 10 Avril......... 147.
29 Août......... 170.
1793. 15 Mai.......... 235.
1793. 27 Juillet........ 257.
29 Juillet........ 259.
An 2. 1er Brumaire..... 301.
28 Ventose...... 366.
23 Germinal..... 377.
28 Germinal..... 383.
An 3. 19 Vendémiaire.. 434.
14 Thermidor.... 491.
An 4. 18 Fructidor..... 602.
An 5. 27 Nivose....... 629.
16 Pluviose...... 637.

§ 7. *Sur les frais de justice et d'expédition, et la communication des pièces de la procédure.*

An 5. 30 Nivose..... n°. 632.
An 7. 18 Germinal..... 753.
An 8. 29 Frimaire...... 775.

§ 8. *Sur l'impression et l'exécution des jugemens.*

1792. 20 Mars....... n°. 144.

1793.

Titre III. Code criminel. Chap. III. Des Délits et des Peines.

CHAPITRE III.

Des Délits et des Peines.

La sévérité des anciennes lois pénales, leur disproportion avec les délits avaient depuis long temps frappé les regards des publicistes et des écrivains philosophes. Les progrès du régime féodal avaient donné naissance à des usages dignes des temps barbares où furent rédigées ces lois. La peine de mort et celle des galères, appliquées avec une facilité cruelle et en punition de délits, qui souvent ne pouvaient être caractérisés que de fautes légères, appelaient de toutes parts la réforme sur ces lois.

Le code de 1791 fut conçu dans des sentimens plus humains; on y trouve les premiers principes de la gradation des peines et le commencement de la justice dans leur application. Dès le 21 janvier 1790, l'Assemblée constituante avait décrété que les délits du même genre seraient punis de la même peine, quels que fussent le rang et l'état des coupables, et déclaré que les condamnations infamantes n'imprimaient aucune flétrissure sur la famille des condamnés. La peine de mort fut conservée, mais séparée de tous ces appareils de supplices et de cruautés qui dégradaient encore plus l'humanité, qu'ils n'effrayaient le criminel.

La Convention ne rétablit ni la torture, ni la potence, ni la roue; mais elle fit des lois bien plus atroces que celles de l'ancien régime; elle appliqua la peine de mort et celle de la déportation à tous les crimes, ou plutôt à toutes les actions qui pouvaient être interprétées comme contraires à la révolution. Ces lois de sang se multiplièrent avec une rapidité effrayante jusques en l'an 3. Après le 9 thermidor, elles furent mitigées, puis remplacées par le code de brumaire an 4, qui lui-même n'est qu'une modification de celui de l'Assemblée constituante sur la police de sûreté, la police correctionnelle et municipale. Dans son retour à la justice, la Convention fit plus, elle décréta que la peine de mort serait abolie, à dater de la paix générale; mais ce vœu philantropique qui honore ses derniers instans, ne sera pas de long temps exécutable. Déjà le Corps législatif, dans la session de l'an 10, a cru devoir en éloigner le terme jusqu'à l'époque où l'on pourra y substituer celle de la déportation.

Le code de brumaire a été jugé insuffisant dans plusieurs de ses parties: il ne s'est pas assez occupé de la conservation du pacte social et du maintien de la sûreté publique. La loi du 29 nivose an 6, sollicitée par le Directoire pour la répression des vols et du brigandage; l'établissement des tribunaux spéciaux autorisé par celle du 18 pluviose an 9; l'absence du jury dans les cas prévus par celle du 23 floréal an 10; le besoin de relever la confiance et le crédit public, etc. ont successivement fait sentir la nécessité de peines plus sévères et d'une justice plus active.

L'Assemblée constituante avait proscrit d'une manière générale et absolue la confiscation, comme déshonorant une Nation généreuse; la Convention l'établit comme un moyen d'enrichir le trésor public, et les condamnations des tribunaux révolutionnaires, commissions populaires, etc. attribuèrent au fisc des richesses immenses. Quand la justice put se faire entendre, la peine de la confiscation fut restreinte à un très-petit nombre de cas, au crime de fausse-monnaie, d'émigration, et quelques autres.

Les peines contre les ecclésiastiques déportés et les émigrés, ont également varié avec les phases de la révolution. Le premier décret de confiscation rendu contre les émigrés, fut celui du 9 novembre 1791 ; et bien que le roi eût refusé de le sanctionner comme trop rigoureux, il ne fut que l'avant-coureur de plusieurs autres qui prononcèrent le bannissement perpétuel et la mort. La loi du 12 ventose an 8, a arrêté toute inscription sur la liste des émigrés, et l'amnistie prononcée en leur faveur par le sénatus-consulte du 6 floréal an 10, a définitivement statué sur leur sort, en déterminant quels seraient ceux qui continueraient d'être regardés comme tels, et quels seraient les biens qui seraient rendus aux autres. Les déportés furent assimilés aux émigrés, par les lois des 17 septembre 1793 et 22 ventose an 2, mais leurs biens leur furent restitués par celle du 22 fructidor an 3.

La disette de grains et autres comestibles qui se fit souvent sentir pendant la révolution, le pillage de plusieurs convois par le peuple, ou par des *malveillans*, pour se servir du terme alors usité, firent rendre un grand nombre de décrets sévères sur le commerce des grains, contre les accapareurs, le pillage, etc. et la peine de mort fut encore celle que l'on jugea la plus convenable; mais au lieu de remédier par-là à un mal pressant, la crainte de passer pour accapareur, éloigna les citoyens bien intentionnés, d'un genre de commerce utile à tous, et au lieu de l'abondance, il n'en résulta qu'une disette plus affreuse. Il fallut bien se décider à rapporter la peine de mort.

La multiplicité des prisons et la grande surveillance qu'elles exigeaient, donnèrent également lieu à nombre de lois contre les gardiens qui laisseraient échapper des détenus; la sévérité de leurs dispositions fut d'abord excessive, mais, les circonstances ayant changé, cette sévérité qui, dans le principe, avait eu pour objet de s'assurer de la personne des prisonniers, fut dirigée contre les geoliers, et contre les fonctionnaires publics qui concourraient à priver illégalement un citoyen de sa liberté.

Titre III. Code criminel. Chap. III. Des Délits et des Peines.

La contrefaçon des assignats et mandats, les infidélités dans les ventes nationales, les conspirations contre la République, les émeutes, attroupemens contre-révolutionnaires, etc. ont encore été l'occasion d'une foule prodigieuse de dispositions pénales, plus ou moins rigoureuses selon les temps. Pour en donner l'esprit, il faudrait peindre la révolution. Il suffira de rapprocher chacune d'elles avec les époques et les faits marqués dans le tableau chronologique, pour deviner facilement l'objet et la pensée du législateur.

§ 1er. *Dispositions générales sur l'effet des condamnations, sur la peine de mort et celle des galères, sur la sellette et la question.*

§ 2. *Sur la confiscation.*

§ 3. *Lois contenant le Code pénal en général.*

§ 4. *Lois particulières sur les conspirations contre la République et son gouvernement, la désobéissance et résis-*

Titre III. Code criminel. Chap. III. Des Délits et des Peines.

An 7.	17 Prairial....	n°. 759.

§ 8. *Lois pénales contre les émigrés et déportés.*

1791.	9 Novembre ..	n°. 138.
1792	9 Octobre.......	191.
	23 Octobre.......	194.
1793.	18 Mars.........	222.
	28 Mars.........	226.
	17 Septembre....	279.
An 2.	29 Vendémiaire ..	300.
	26 Frimaire	335.
	22 Ventose	363.
An 3.	25 Brumaire	443.
	22 Fructidor.....	510.
An 5.	19 Fructidor	671.
An 8.	8 Frimaire......	770.

An 10.	6 Floréal.....	n°. 860.

§ 9. *Sur les détentions illégales, l'évasion des prisonniers, et la police des prisons.*

An 2.	13 Brumaire..	n°. 312.
	17 Ventose......	362.
	3 Messidor.....	407.
An 3.	13 Ventose	462.
An 4.	4 Vendém.....	520.
	22 Vendém.....	528.
An 6.	4 Vendém.....	673.
	28 Germinal...	702.
An 8.	22 Frimaire.....	772.
	25 Thermidor...	807.
An 9.	23 Nivose.......	816.

NOTA. Dans le classement que l'on a fait, dans ce chapitre, des différens délits, on trouvera souvent, et la peine qui y est applicable, et la procédure pour en poursuivre la répression. La loi cumulant souvent l'un et l'autre, il n'a pas été possible de les séparer. La même observation a lieu pour le chapitre suivant.

CHAPITRE IV.

De la Police spéciale.

Il est un ordre de lois pénales qui devaient trouver place dans un chapitre particulier, ce sont en général les lois de police spéciale, de cette police qui s'exerce dans l'intérieur des villes, sur les mœurs et sur tout ce qui peut troubler la tranquillité publique, et dans les campagnes, pour le maintien et le respect des propriétés. Bien que les lois nées dans la révolution n'embrassent pas tous les cas qui y sont relatifs, il en est d'importantes sur lesquelles nous ferons quelques remarques.

Des commissaires de police, des officiers de paix, les maires et adjoints, les officiers de gendarmerie, gardes champêtres, etc. sont chargés d'exercer, chacun dans leurs attributions respectives, cette police précieuse dont chaque jour le paisible citoyen sent le prix.

La police des communes a excité souvent l'attention du législateur, les troubles et les désordres devenus plus fréquens par le relâchement des liens sociaux, et l'esprit de licence qui suit toujours les commotions politiques, ont provoqué plusieurs mesures répressives; quelques-unes ont rendu les communes responsables des délits dont la fortune des particuliers aurait souffert. Tel est particulièrement l'objet de la loi du 10 vendémiaire an 4, et d'autres dispositions explicatives.

La liberté de la presse, proclamée dès l'aurore de la révolution, souvent attaquée et défendue avec des armes égales, a reçu, dans la loi du 28 germinal an 4, quelques modifications qui l'ont restreinte, en garantissant la poursuite que peuvent intenter les particuliers blessés dans leur honneur ou leur réputation, par les atteintes de la méchanceté et de la calomnie. La censure sur les journaux donnée au directoire, par la loi du 19 fructidor an 5, et qui lui avait été ôtée par celle du 14 thermidor an 7, se trouve aujourd'hui entre les mains du Gouvernement.

La liberté des cultes, souvent invoquée et cependant n'existant jamais de fait, quoique stipulée dans trois constitions successives, quoique régularisée par la loi du 7 vendémiaire an 4; restreinte ou éludée par des interprétations postérieures, ou par l'intolérance autorisée des fonctionnaires publics, a été définitivement organisée dans le concordat du 18 germinal an 10, dont la religieuse observation a fait cesser toute réclamation.

L'introduction d'un système uniforme des poids et mesures

et la résistance de la routine à cette heureuse et bienfaisante innovation ; la suppression et le rétablissement des bourses de commerce, l'agiotage, etc. ont encore donné naissance à diverses lois dont les unes sont en vigueur, et les autres qui étaient dues aux circonstances du papier-monnaie, ont été abrogées aussitôt que le numéraire a reparu.

Enfin, une législation bien essentielle et que nous devons presque toute entière à cette Assemblée nationale dont toujours on rappelle les travaux avec un sentiment de reconnaissance, est celle qui traite de la police rurale. Le code du 28 septembre 1791 renferme des dispositions pleines de sagesse et de prévoyance. Par elle, la liberté de l'agriculture est solidement établie, les propriétés protégées, et les atteintes qu'on pourrait y porter, promptement et sûrement réprimées. Des gardes champêtres sont les sentinelles de la loi, les juges de paix sont chargés d'en punir les contraventions; déjà une police active commence à s'exercer dans les campagnes, et bientôt le cultivateur pourra sans inquiétudes laisser dans ses champs, ses instrumens aratoires jusqu'au travail du lendemain ; il pourra, la nuit, reposer près de sa famille, en attendant la maturité de ses fruits et de ses récoltes.

§ 1er. *Sur les fonctions, costumes, etc. des commissaires, officiers de police et officiers de paix.*

1791. 20 Juin........ n°. 98.
21 Septembre.... 122.
21 Septembre.... 123.
An 3. 25 Germinal..... 468.
An 4. 23 Floréal....... 573.
An 8. 12 Messidor...... 800.
An 9. 5 Brumaire..... 813.
An 10. 19 Nivose........ 851.

§ 2. *Sur la police intérieure des communes, et celle qu'elles doivent exercer sur les spectacles, les ouvriers, les étrangers et les mendians.*

1791. 27 Juillet...... n°. 107.
21 Septembre.... 125.
1793. 1er Septembre.... 271.
An 2. 24 Vendém...... 298.
An 4. 10 Vendém...... 524.
25 Pluviose...... 556.
27 Ventose...... 563.

Titre III. Code criminel. Chap. IV. De la Police spéciale.

Titre III. Code criminel. Chap. V. Du Code pénal, etc.

§ 11. *Sur les amendes de police.*	An 5. 27 Nivose..... n°. 629.
1793. 5 Octobre.... n°. 290.	An 9. 26 Brumaire..... 846.

CHAPITRE V.

Du Code pénal militaire et maritime.

La révision du code pénal militaire peut être placée au nombre des travaux importans de l'Assemblée constituante. Elle abrogea des lois et réglemens faits dans un temps où les conditions étaient distinctes, et où les hommes des classes inférieures étaient comptés pour peu de chose. Elle classa les fautes que l'on doit punir en deux espèces : celles qui n'intéressent que la discipline, et celles qui sont de véritables crimes ou délits contre le bon ordre, soit militaire, soit civil; elle laissa au roi le pouvoir de faire les réglemens de discipline intérieure, mais elle décréta les articles constitutionnels qui devaient leur servir de base. Elle ne voulut pas que les soldats fussent désormais livrés, pour les punitions, au caprice et à l'arbitraire de leurs chefs; elle les considéra comme des citoyens armés pour la défense commune, qui ne devaient pas être flétris par des châtimens indignes d'hommes libres. Elle détermina, par son décret du 22 septembre 1790, la compétence et l'organisation des tribunaux militaires, ainsi que la manière de procéder devant eux; et, le 30 septembre 1791, elle décréta le code pénal militaire.

Ces différentes lois furent rédigées dans un esprit de modération qui n'est pas toujours compatible avec la rigueur du service militaire. Peut-être avait-elle alors le desir de se concilier l'armée, et de s'appuyer de son suffrage pour la consolidation de la constitution. Quoi qu'il en soit, dès l'Assemblée législative, les revers des armées, occasionnés par l'insubordination et le relâchement dans la discipline, firent adopter des mesures qui tendaient à la rétablir. La Convention, elle-même, ne craignit pas de supprimer la procédure par jurés qui avait été introduite dans ces nouveaux tribunaux; et, par la loi du 2e. jour complémentaire, elle remplaça ceux-ci par des conseils de guerre dont les jugemens devinrent sujets à révision. Cependant cette dernière loi n'abrogea pas dans son entier la forme de procéder déterminée par les précédentes.

Les crimes d'embauchage et de désertion, nécessairement communs dans des temps de troubles, de révolutions et de guerres civiles, donnèrent lieu à plusieurs lois sévères pour en poursuivre la punition. Enfin, un nouveau mode de procéder contre les délits militaires fut consacré par la loi du 13 brumaire an 5; et, le 21 suivant, un code pénal plus complet, destiné à redonner du nerf à la discipline, remplaça celui de l'Assemblée constituante.

Le code pénal de la marine occupa également l'attention de cette Assemblée. On ne remarquait dans les lois anciennes nulle gradation dans les peines, la mort et les galères étaient prononcées pour des délits que la faiblesse humaine peut faire excuser; et les crimes que la religion seule doit punir, exposaient les malheureux ou les insensés qui s'en rendaient coupables, aux plus affreux châtimens. A la vérité, l'humanité qui réclamait contre cette sévérité, s'opposait presque toujours à leur exécution; mais, enfin, ces dispositions étaient des taches qu'il fallait effacer. Le décret du 21 août 1790 est le premier qui ait été rendu sur les délits maritimes; par le même décret, la procédure par jurés fut également introduite dans les tribunaux maritimes. Par celui du 17 septembre, elle organisa les cours martiales, détermina leur compétence, la forme de procéder, etc. et completta le code des délits qui n'avait pas été suffisamment développé dans la loi précédente.

On a depuis fortement réclamé contre l'institution du jury admis dans le jugement des délits maritimes. Un décret du 16 nivose an 2, qui n'est autre chose que l'approbation d'un arrêté des représentans du peuple en mission sur les côtes de Brest, et qui avait pour objet le rétablissement de la discipline, consacre en partie la suppression du jury ; mais cet arrêté, pris dans des circonstances extraordinaires, est tacitement abrogé ; et, malgré plusieurs rapports faits aux deux conseils du Corps législatif, dans la vue de cette suppression, elle n'a pas été prononcée. Quelques lois additionnelles à celles qui viennent d'être citées, parmi lesquelles on remarque celle du 13 thermidor an 7, qui admet le recours en cassation et en révision contre les jugemens des conseils martiaux, forment toute la législation sur le code maritime.

§ 1er. *Sur les tribunaux militaires, et la procédure qui y est suivie.*

1790. 22 Septembre . . n°. 48.
1791. 9 Septembre . . . . 115.
1792. 12 Mai . . . . 148.
13 Décembre . . . . . 204.
1793. 12 Mai . . . . 232.
16 Août . . . . 265.
An 2. 3 Pluviose . . . . . . 348.
14 Germinal . . . . . 373.
An 3. 4 Pluviose . . . . . . 456.
2e. Jr. compl. . . . . 514.
An 4. 4 Brumaire . . . . . 540.
27 Fructidor . . . . . 608.
An 5. 13 Brumaire . . . . . 615.
4 Fructidor . . . . . 664.
An 6. 29 Prairial . . . . 717.
An 7. 14 Fructidor . . . . . 767.

§ 2. *Sur les délits militaires, et les peines qui y sont applicables.*

1789. 14 Juillet . . . . . . n°. 1.
1791. 25 Juillet . . . . 105.
30 Septembre . . . . 135.
1792. 26 Août . . . . 164.
1793. 12 Mai . . . . 233.
16 Juin . . . . 243.
27 Juillet . . . . 258.
An 2. 3 Floréal . . . . 384.
29 Messidor . . . . . . 419.
An 5. 21 Brumaire . . . . . . 619.
An 10. 26 Floréal . . . . 866.

§ 3. *Lois particulières sur le crime d'embauchage et de désertion, et la procédure y relative.*

1792. 17 Mai . . . . n°. 150.
29 Août . . . . 170.
An 2. 9 Vendém . . . . . . 285.

Chapitre d'appendice. — Colonies.

CHAPITRE D'APPENDICE.

Des Lois civiles et criminelles rendues relativement aux Colonies.

Plusieurs lois de justice et d'indulgence en faveur des habitans des Colonies, particulièrement de ceux de Saint-Domingue, après les affreux désastres que la guerre et la révolte des nègres leur ont fait éprouver ; des sursis contre les poursuites de leurs créanciers ; des facilités pour rentrer dans leurs biens, composent à-peu-près tout le recueil des dispositions qui, d'après notre plan, devaient être rapportées dans ce chapitre. Elles sont divisées en trois paragraphes, d'après les rapports généraux qu'elles ont par leur nature ou leur objet, avec les trois titres de la classification générale. (*Voyez ce qui en a été dit à l'introduction, page* 298.)

Chapitre d'appendice. — Colonies.

§ 1er. *Sur les créanciers des colons, et la résiliation des ventes de biens de ceux-ci, faites à vil prix.*

1792. 25 Août . . . . . . n°. 161.
An 10. 16 Fructidor . . . . . 878.
19 Fructidor . . . . . 879.
An 11. 23 Germinal . . . . . 913.

§ 2. *Sur les appels des jugemens rendus dans les colonies, les délais des assignations qui doivent y être données, et le mode d'y poursuivre les contraventions aux lois sur le commerce étranger.*

An 5. 24 Pluviose. . . . n°. 640.
An 11. 12 Vendémiaire . . 880.
28 Germinal . . . . . 919.

§ 3. *Sur les colons émigrés ou contumax, et le mode de juger les conspirations et crimes commis contre le Gouvernement français dans les colonies.*

1792. 25 Août. . . . . . . n°. 161.
An 4. 18 Fructidor. . . . . 602.
An 11. 28 Germinal . . . . . 919.

FIN.

TABLE ALPHABÉTIQUE.

Les lois civiles et criminelles sont distribuées, dans la classification par ordre de matières, avec un ordre tel, qu'il sera facile d'en faire la recherche, par la seule inspection des sommaires, dont on trouve la récapitulation, page 299 et suivantes.

On a donc dû se borner à comprendre dans la table alphabétique, les lois historiques, les faits et époques, les noms des personnages et des villes dont il est fait mention dans cet ouvrage. Chaque article y est désigné par une numération en chiffres arabes, correspondant au numéro placé dans la colonne du tableau, à côté de la date des lois civiles et criminelles. Les lettres italiques qui sont le plus souvent à la suite de cette première désignation, indiquent également celles qui suivent le numéro. Quand enfin plusieurs articles se rencontrent sous le même numéro, chacune des lettres qui y renvoyent se trouvent séparées par un point.

A.

(*Voyez les noms des uns et des autres.*

D.

Dubelloy.

Mons.

P.

Q.

R.

T.

U.

V.

Fin de la Table alphabétique.

www.ingramcontent.com/pod-product-compliance
Ingram Content Group UK Ltd.
Pitfield, Milton Keynes, MK11 3LW, UK
UKHW020319200726
13857UKWH00001B/218